本成果受到中国人民大学 2022 年度"中央高校建设世界一流大学（学科）和特色发展引导专项资金"支持

"写历史：实践中的反思"丛书之三

网结
史织

王文婧 陈昊 主编

network society

历史中的
联系及其再现

中国社会科学出版社

图书在版编目（CIP）数据

结网织史：历史中的联系及其再现 / 王文婧，陈昊主编. -- 北京：中国社会科学出版社，2024.8. （"写历史：实践中的反思"丛书）. -- ISBN 978-7-5227-3983-0

Ⅰ. K10

中国国家版本馆 CIP 数据核字第 2024VY2778 号

出 版 人	赵剑英
责任编辑	耿晓明
责任校对	王　龙
责任印制	李寡寡

出　　版	中国社会科学出版社
社　　址	北京鼓楼西大街甲 158 号
邮　　编	100720
网　　址	http://www.csspw.cn
发 行 部	010-84083685
门 市 部	010-84029450
经　　销	新华书店及其他书店

印　　刷	北京明恒达印务有限公司
装　　订	廊坊市广阳区广增装订厂
版　　次	2024 年 8 月第 1 版
印　　次	2024 年 8 月第 1 次印刷

开　　本	710×1000　1/16
印　　张	14.75
字　　数	255 千字
定　　价	86.00 元

凡购买中国社会科学出版社图书，如有质量问题请与本社营销中心联系调换
电话：010-84083683
版权所有　侵权必究

目　　录

历史学家的网
　　——隐喻与历史写作的可能性（代导言）……………陈　昊（1）

近代中国的文化网络与政治实践

清末文法学的知识网络
　　——语法学、修辞学与近代文章学的刷新……………陆　胤（21）
"湘人江督格局"的形成与晚清政治 ………………………韩　策（71）
晚清京师政治中"同治"话语的形成与变异 ………………高　波（101）

纠缠于环境之网

美国环境管制中经济分析工具的政治化
　　——以成本—效益分析的运用及其争论为中心 ………刘向阳（125）
二战后日本地震社会记忆变迁与灾害文化构建
　　——以阪神淡路大地震为中心的考察…………………王瓒玮（148）

信息网络和社会组织

唐后期五代的支郡专达………………………………………闫建飞（163）

信息搜集与国家治理：近代早期英格兰信息国家的
　　兴起 ………………………………………………… 初庆东（183）
殴斗的逻辑
　　——乾隆至同治时期重庆的脚夫组织 ……………… 周　琳（199）

写在"写历史"丛书的边上（代结语）……………… 陈　昊（228）

历史学家的网
——隐喻与历史写作的可能性（代导言）

陈 昊[*]

引 言

1952 年，人类学家约翰·巴恩斯（John Barnes）来到挪威伯姆卢岛（Bømlo Island）的布雷姆内斯（Bremnes）进行田野调查。[①] 两年之后，他发表了自己的研究成果。在其中，他声称，自己想要观察在一个重视平等的社会中，如果存在阶级体系的话，它是如何通过各种面对面的关系来运作，以及在这样的社会中，集体行动是如何组织的。他锁定了一种社会场域（social field），并将其称为网络（network）。社会网络没有单位或边界，没有相应的组织，它由当地人的朋友和熟识的关系联结所构成，而这样一种关系很可能构成了当地的阶级体系。[②] 约翰·巴恩斯曾清晰地说明这个概念的思想渊源和学术脉络：他原本使用"网"（web）一词，源自梅耶·福特斯（Meyer Fortes）的著作《亲属关系之网》（*The Web of Kinship*）。但"网"这个词，让人想到蜘蛛网，是二维的。但约翰·巴恩斯想要一个多维度的概念，于是他将"网"改为了"网络"[③]。这一改动，创造出这样一个既是比喻性却又是图像化的术语和分析方式。其强烈的视觉意味，对读

---

[*] 陈昊，北京大学科学技术与医学史系。

[①] 关于田野经历的描述，可见其自传 John Barnes, *Humping My Drum: A Memoir* (Raleigh NC: Lulu, 2007)。

[②] John Barnes, "Class and Committees in a Norwegian Island Parish", *Human Relations*, 7, 1954, pp. 39-58.

[③] John Barnes, "Class and Committees in a Norwegian Island Parish", p. 43, note 3.

者造成的冲击和联想，甚至超越了其背后的理论和思想脉络。

当柯安慈（Agnes Kneitz）提议将2017年"写历史"会议的主题定为"网络"的时候，被同事们一致接受，因为它既强调了2015年"空间还有多少空间"会议中"多维度历史"的主题，又将2016年会议所强调的"差异"连接起来。我们并不确定，在提议的当下，她的脑海里是否浮现了约翰·巴恩斯。因为在这个时代，网络的意义已经远远不止于此。我们生活的信息时代（information age）已被称为网络社会（network society）。在我们生活的空间中，网络处处可见。这些网络千差万别，从菌丝连接真菌的生物性网络，到铁路网络，再到现代人类赖以交流却不可见的电磁二进制网络。在当代社会，网络的意义已经突破了学术界的边界。它成了一个动词，去社交（to network）成为当代职业和私人人际交往的核心观念。而以其为基本理念的各种社交媒体（social media），在近30年内，极大地改变着大众的生活。但是当下生活中网络的语言扩张与巴恩斯的讨论之间并非毫无关系，在贾斯丁·史密斯（Justin Smith）讨论互联网的历史时，他追述了织网（loom）的隐喻在人类思想中的历史，在他看来，人类一直都知道互联网是可能的。它在最近一个时代的出现，只是对所有事物的联系性和统一性进行反思的漫长历史中的最新转折。史密斯的论述既承认隐喻的局限，社会实际上并不是编织的，技术并不会缩小人与人之间的物理距离，而只是创造了接近的表象；却又相信隐喻的力量，即，大脑的结构强大到足以从大脑中倾泻出来，并将其强加于我们构建的现实之上。这使得说话的方式成为建立世界的方式[1]。网络的隐喻提供了一个机会，让我们反思，历史学以及其他人文社会科学的研究者如何追逐这一古老的隐喻，并将其变成了讲述过去和当下世界的方式。

一 社会网络和数学

从现在追述社会网络研究的讨论中，经常越过词汇的发明，重视更早的传统，其关注的核心是，可以通过怎样的方法实现对社会网络的分析。

---

[1] Justin E. H. Smith, *The Internet Is Not What You Think It Is: A History, A Philosophy, A Warning*, Princeton University Press, 2022, pp.124-149.

美国加州大学的社会学家林顿·弗里曼（Linton Freeman）曾强调，社会网络分析基于各种传统：人类学、传播学、人文地理学、信息科学、政治学、社会心理学和社会学。虽然社会网络思想传统上存在于这些领域，但这些思想在每个领域中都是边缘的，并各自独立发展。直到 20 世纪 70 年代，这些传统才融合成为一个具有内在一致性的专业领域，所谓的内在一致性，就是关注社会行动者之间的结构和关系。而数学的方法在其中扮演了重要的角色，林顿·弗里曼说："如果不是数学的话，社会网络的研究什么都不是。"[1]

究竟是哪些数学工具使得社会网络的研究成为可能呢？阿尔文·W.沃尔夫（Alvin W. Wolfe）强调："图论、拓扑学和矩阵代数为抽象系统网络的数学研究提供了概念和定理。如果没有这种数学上的进步，我们就不可能在社交网络模型的发展中取得进展。"[2] 图论是一个典型的例子，数学家弗兰克·哈拉里（Frank Harary）、罗伯特·Z. 诺曼（Robert Z. Norman）和社会心理学家多尔文·卡特赖特（Dorwin Cartwright）从结构的概念出发，指出在自然科学和工程学的研究中，科学家在应用数学的方法对结构进行讨论，其中重要的一支就是拓扑学和图论。因此，他们提出使用有向图论（digraph theory）建立任何由成对元素之间的关系组成的经验系统的结构特性的数学模型。如果将群体中的每个成员视为一个要素，并将一个特定成员可以直接与另一个成员交流的事实视为一种关系。然后，将这些经验实体和关系与有向图理论的抽象术语相协调，就获得了一个有向图，它代表了群体的交流结构。这个有向图的性质同时也是交流的性质。结构是由要素组成的，这些要素是人，以及成对的人之间的关系，可以构造有向图来表示任何特定的社会结构。而对于结构的分析也都可以用有向图表示[3]。在这里，数学模型与社会分析的两个重要的方向凸显出来，即，如何以数学模型分析抽象的社会概念，以及如何将分析结构图像化。也就意味着，如果需要将人/物之间的连接变成更为复杂的"结构"，需要数学模

---

[1] Linton Freeman, "Turning a Profit from Mathematics: The Case of Social Networks", *Journal of Mathematical Sociology*, Vol. 10, 1984, pp. 343-360.

[2] A. W. Wolfe, "The Rise of Network Thinking in Anthropology", *Social Networks*, 1, 1978, pp. 53-64.

[3] Frank Harary, Robert Z. Norman, Dorwin Cartwright, *Structural Models: An Introduction to the Theory of Directed Graphs*, John Wiley Sons Inc, 1966.

型的支撑。我们也需要记得，在这里，以数学模型构建起来的关系结构，是分析社会的工具，而不是社会本身。

这样的路径也带来了担忧。人类学家杰里米·布伊西芬（Jeremy Boissevain）曾指出，网络分析非常简单：它提出的问题是，谁与谁有联系，这种联系的性质，以及联系的性质如何影响行为。这些都是相对简单的问题，其解决方案也相当简单。但是这种解决方案，变成了对技术和数据的过度讨论和对琐碎结果的积累。为了可以解决的有限问题而出现的大量技术产生了过度利用，这样，网络分析有可能进一步远离人类生活，陷入方法退化的沼泽。越来越明显的是，如果人类学家和社会学家继续将网络分析视为一个特殊的研究领域，如果那些使用它的人继续鼓励这种观点，它将迅速变得过于技术化，其结果将逐渐微不足道。他特别担心对图论的应用，一方面，人类学家、社会学家和政治学家从数学图论中过度借用。因此，通过发展起来的用来解决另一门学科中完全不同的问题的术语、理论和技术，他们确实有窒息的危险；另一方面，无论是我们所提出的问题，还是数据的类型和可靠性，通常都不能保证使用我们从图论中得到的技术和概念。他在文章最后悲观提出一个带有隐喻性的预言，目前的趋向会将导致网络分析加入渡渡鸟、尼安德特人和社会计量学，成为一个灭绝的物种[1]。

二　网络时代：社会网络、分析工具和研究者的角色

曼纽尔·卡斯特（Manuel Castells）从1996年开始了一个野心勃勃的三卷本出版计划，三卷的总题是《信息时代——经济、社会和文化》（*The Information Age: Economy, Society and Culture*），而第一卷的题目是《网络社会的兴起》（*The Rise of the Network Society*）。书中强调在20世纪末产生了一种新的生产模式，即，信息化，而随之出现了一种新的社会结构。什么是网络社会中的"网络"？它与社会网络分析有何关系？曼纽尔·卡斯

---

[1] J. Boissevain, "Network Analysis: A Reappraisal", *Current Anthropology*, 20-2, 1979, pp. 392-394.

特将网络定义为一组相互连接的节点。这个定义有多个层次：第一，它继承了之前社会网络分析的基本观点，也承认在信息化之前存在着社会网络；第二，它与信息化技术密切相关，在这里，网络指向了互联网，以计算机为媒介的交流产生了大量的虚拟社区，新的信息技术范式为其在整个社会结构中的广泛扩展提供了物质基础；第三，曼纽尔·卡斯特强调这个网络是全球性的，在历史上第一次，新的生产方式塑造了整个地球的社会关系。那么，在此基础上，什么是网络社会？曼纽尔·卡斯特认为，网络构成了我们社会的新社会形态，基于网络的逻辑极大地改变了生产、经验、权力和文化过程中的运作和结果。他描述的基于网络的逻辑的核心是：流动的力量优先于权力的流动。网络中的存在或不存在以及每个网络相对于其他网络的动态是我们社会支配和变革的关键来源：由此，网络社会的特征是社会形态优于社会行动①。

曼纽尔·卡斯特认为，三股独立的潮流带来了网络社会和网络逻辑：信息技术革命、资本主义和国家主义的危机和重组，以及新的社会运动的兴起。但他关注的基于网络的逻辑似乎是一种由二进制产生的隐喻性的想象。在他2001年出版的《网络星系》（The Internet Galaxy: Reflections on the Internet, Business and Society）中，卡斯特强调，网络的灵活结构由最简单的二元逻辑控制：开或关、包含或排除：网络是"价值无涉的"。实现这些目标完全取决于给定网络的目标及其自我繁殖的形式②。而基于互联网的商业组织对待工作也基本上是相同的二元逻辑：输入或输出，打开或关闭，进而产生了一种新的经济分工。在这里，新技术的数学基础变成了想象新技术带来社会变化的隐喻工具。

社会科学和人文学的研究者，不仅是新网络社会的观察者，也成为其中的参与者。这样的关联可以起源于，一位研究者试图通过自己办公室或者家中的电脑检索乃至获取保存在其他地方的手稿、档案乃至于图像。但是这一需求意味着，那些手稿、档案和图像要被转化成为可以通过互联网访问、检索乃至于获取的对象。这种关联塑造的不仅是技术的演进，进而

---

① Manuel Castells, *The Rise of the Network Society*, *The Information Age: Economy, Society and Culture*, *Vol. I*. Cambridge, Massachusetts; Oxford, UK: Blackwell, 1996. 中译可参考夏铸九、王志弘译《网络社会的崛起》，社会科学文献出版社2003年版。

② Manuel Castells, *The Internet Galaxy: Reflections on the Internet, Business and Society*, Oxford: Oxford University Press, 2001, p.167.

创造出了一个边界模糊却快速变化的研究领域,甚至可以被称为"学科",即数字人文(Digital Humanities)。这个学科也有自己的起源故事,故事的主角是托马斯·阿奎那(Thomas Aquinas)、罗伯托·布萨(Roberto A. Busa)和IBM计算机。1949年,布萨用IBM计算机编制了一份56卷的圣托马斯·阿奎那作品的索引表[1]。但是学科建立乃至于机构化,意味着新的职位乃至于雇佣方式的创造。大卫·贝里(David M. Berry)和安德斯·法格舍德(Anders Fagerjord)声称数字人文正在创造出适合一种"新经济"(new economy)的新型员工、技能和知识[2]。那么,这种"新经济"是否也符合曼纽尔·卡斯特所论述的由二元逻辑所控制的经济分工原则呢?当这样的情况落到研究者的身边时,却带了强烈的焦虑。理查德·格鲁辛(Richard Grusin)追问说:数字人文学科的出现与高等教育人文学科经济危机的加剧相吻合,这只是一个偶然吗?还是这两个发展之间有联系[3]?不过,蒂姆·希区考克(Tim Hitchcock)对英语世界数字人文的观察,却试图揭示出一个不同的故事,即,人文研究者,特别是历史学家,其实并非此趋势的主要推动者和参与者。就目前可用的数字化的历史资料的总体而言,只有一小部分是在学术领导下的大学环境中产生的。绝大部分是因为谷歌(Google)看到了获得用户和内容的机会,也因为圣智/格尔(Cengage/Gale)、ProQuest、BrightSolid和Ancestry.co.uk很快就认识到了可以商业化的需求,并在快速变化的出版行业中打造了新的商业模式。历史学家现在进行日常研究和教学所依赖的主要资源,其创建的驱动力来自学院之外,这些网络资源是为了其他目的和其他受众设计并实施的。学者一方面受益于这些资源和项目,另一方面,在大部分研究者看来,这些发展似乎对学术界或学术写作实践没有什么负面影响。这其实意味着,历史学家尚未有效解决网络和数字化对他们学术的影响,或应对这些资源带来的挑战[4]。

---

[1] Susan Schreibman, Ray Siemens and John Unsworth eds., *A Companion to Digital Humanities*, London: Wiley-Blackwell, 2004. 关于早期可能构成数字人文渊源的研究项目,可参见 Fiona M. Barnett, "The Brave Side of Digital Humanities" (*Differences*, 25: 1, 2014, pp. 64-78).

[2] David Berry and Anders Fagerjord, *Digital Humanities: Knowledge and Critique in a Digital Age*, Polity Press, 2018.

[3] Richard Grusin, "The Dark Side of the Digital Humanities", 2013, www.c21uwm.com/2013/01/09/dark-side-of-the-digitalhumanities-part-2.

[4] Tim Hitchcock, "Confronting the Digital", *Cultural and Social History*, 10: 1, 2013, pp. 9-23.

在2014年的一篇文章中，蒂姆·希区考克开始讨论，网络和数字化带来的可能影响，即，大数据和长时段（Longue durée）历史写作的回归。他讲述了一个隐喻成为研究工具的故事。这个隐喻是宏观显微镜（macroscope）。这个词来自科幻小说家皮埃尔·雅各布（Piers Jacob，使用的笔名是Piers Anthony）1969年的小说的标题，在其中，宏观显微镜被描述为一种进行时空观察的工具[1]。之后，乔尔·德罗尼（Joel de Rosnay）也将其用作一本系统分析的著作的标题[2]。这个隐喻被用于数据分析，源于凯蒂·鲍纳（Katy Börner）倡导建立的即插即用的宏观显微镜（plug-and-play macroscopes），这是一种梦想中的软件工具，能以一种整体性的视野帮助我们理解复杂的科学数据集，可以综合相关元素，检测模式、趋势和异常值，同时可以访问无数细节[3]。而在此思路之下，激发出的颇具代表性的数字人文项目，就是乔·古尔迪（Jo Guldi）和克里斯·约翰森-罗伯森（Chris Johnson-Robertson）创造的造纸机（Paper Machines）。造纸机的主页这样介绍自己：Zotero书目管理软件的插件，使人文学科研究人员能够进行计算机科学领域的前沿主题建模分析，而无须大量的计算资源或技术知识。它在可访问度高的用户界面中综合了多种可视化方法[4]。之后，在乔·古尔迪和大卫·阿米蒂奇（David Armitage）的《历史学宣言》（*The History Manifesto*）中将视觉化的数字工具称为宏观显微镜，并寄希望于这样的工具带来宏大问题、大数据和微观史学中探寻档案方法的结合[5]。而基于此，蒂姆·希区考克将宏观显微镜从一种工具转化为了一种既包含微小的也包含巨大的世界观，它帮助我们理解在数字时代，计算如何改变我们习以为常的大小、复杂性和分析概念[6]。但是，被实在化的隐喻工具，就能改变当下网络社会中人文学科的知识和身份状况吗？

---

[1] Piers Anthony（pseudonym of Piers Anthony Dillingham Jacob），*Macroscope*, Boston：Gregg Press, 1985.

[2] Joel de Rosnay, *The Macroscope：A New World Scientific System*, Harper & Row, 1979.

[3] Katy Börner, "Plug-and-Play Macroscopes", *Communications of the ACM*, 54 - 3, 2011, pp. 60-69.

[4] Papar Machines 的主页是：Papermachines.org。

[5] Jo Guldi and David Armitage, *The History Manifesto*, Cambridge University Press, 2014. 中译可参考孙岳译《历史学宣言》，格致出版社2017年版。但在中译本中未明确地翻译 macroscope。

[6] Tim Hitchcock, "Big Data, Small Data and Meaning", Historyonics, http://historyonics.blogspot.com/2014/11/big-datasmall-data-and-meaning_9.html.

三 行动者网络理论

在曼纽尔·卡斯特描述网络社会中，不仅是社会分工在改变，社会交往的方式也在发生急剧的变化。网络成了一个动词，去社交成为当代职业和私人人际交往的核心观念。以其为基本理念的各种社交媒体（social media），在近 30 年内，改变着大众的生活，甚至在改变学术界的知识交流和信息传递方式。在这里，网络不再是社会领域之一，它甚至成为社会（society）的同义词。这样的状况，也使得研究者反思社会科学中的核心概念"社会"和作为社会分析方法的"网络"概念。布鲁诺·拉图尔（Bruno Latour）这样反思所谓的"社会"概念：

> 当社会科学家将形容词"社会"添加到某些现象时，他们指定了一种稳定的状态，一系列关系，后来可能会被调动起来解释一些其他现象。只要这个词的用法是指已经组装在一起的东西，而不对组装物的性质做出任何多余的假设，那么这种用法就没有错。然而，当"社会"开始意味着一种物质的（material）时，问题就出现了，就像形容词大致类似于其他术语，如"木制的""铁制的""生物的""经济的""精神的""组织的"或"语言的"。在这一点上，这个词的意思就崩溃了，因为它现在指定了两种完全不同的东西：第一，组装过程中的运动；第二，一种不同于其他材料的特定类型的成分。[1]

而拉图尔提出的解决方案，是重新界定 social 的意义。他强调，作为形容词的 social，并不是指一个事物和其他事物之间的联系，而是指事物之间的一种联系，而这些事物本身并不是社会性的[2]。这个研究理念得到了一个名字，行动者网络理论（actor-network theory），而这个名称来自法语 acteur réseau。

---

[1] Bruno Latour, *Reassembling the Social: An Introduction to Actor-Network-Theory*, Oxford University Press, 2005, p. 1.

[2] Bruno Latour, *Reassembling the Social: An Introduction to Actor-Network-Theory*, p. 5.

拉图尔将自己的思想渊源追溯到18—19世纪的植物学家奥古斯丁·彼拉姆斯·德堪多（Augustin Pyramus de Candolle，1778-1841）。他将德堪多称为植物社会学家（plant sociologist），因为在德堪多看来，植物和动物也都是社会性的①。将人类之外的对象纳入分析是行动者网络理论的重要特征。但是这一点需要在拉图尔之前的研究脉络中理解。

在约翰·巴恩斯的田野工作二十多年之后，拉图尔和史蒂夫·伍尔加（Steve Woolgar）来到了美国加州的神经内分泌学实验室进行他们的田野调查工作。在之后的著作中，他们多次提到了网络这个术语。他们在智力和社会网络之间的区分：部分原因是社会因素和智力因素之间的区别，因果关系的问题出现了：社会群体的形成是否会导致科学家追求某些智力探索路线，或者智力问题的存在是否会导致创建科学家的社会网络？在他们的论述中，科学家嵌入了不同的网络，资助者、政策制定者、监管者以及科学家自己不断增长的科学网络。而科学家构建的任何事实都必须经得起这些不同网络的考验②。在这里网络一方面是科学家的社会关系；另一方面，科学家所探索的对象以及基于对象建立起来的事实也被放在了这个网络中。之后，拉图尔在讨论路易·巴斯德（Louis Pasteur，1822-1895）的研究中多次提及了网络这个词。他声称要理解一门科学的内容和语境，在使用档案材料时需要呈现造成巴斯德式世界的关联的网络（the network of associations）③。在这里他依然关注的是实验室及其外部世界，而对于微生物的实验，及其在更为广泛的外部世界里获得认可的过程，使得科学内部和外部区别的解体，取而代之的是"使科学事实流通成为可能的狭长网络"④。因此，行动者网络理论关心的不是自然物，是科学和技术研究的对象。同时，如果对象不存在，所谓的"网络"也将不复存在。人类之外的行动者在网络中是多样的，具有流动性和差异性。

在重塑了社会的意义之后，拉图尔显然不希望将行动者网络理论视为

---

① Bruno Latour, *Reassembling the Social: An Introduction to Actor-Network-Theory*, p. 6.

② Bruno Latour and Steve Woolgar, *Laboratory Life: the Social Construction of Scientific Facts*, Sage, 1979. 重印为 *Laboratory Life: the Construction of Scientific Facts*, Princeton University Press, 1986。

③ Bruno Latour, *Les Microbes : guerre et paix*, Métailié, 1984. 英译见 *The Pasteurization of France*, translated by Alan Sheridan and John Law, Harvard University Press, 1993, p. 12。

④ Bruno Latour, *The Pasteurization of France*, p. 167.

网络分析的延续,他不断强调,行动者网络理论是社会网络分析的终结。而网络,这个隐喻/概念,显然困扰着他和其他研究者。他声称曾经已经准备好放弃这个隐喻,转而使用"转译社会学"(sociology of translation)、"行动—根茎存在论"(actant-rhyzome ontology)、"创新社会学"(sociology of innovation)等更复杂的词汇。但却又改变了立场①。

　　行动者网络理论试图终结网络分析,又受困于网络隐喻的限制。于是,研究者也尝试找寻新的隐喻,作为补充和替代。安妮玛丽·莫尔(Annemarie Mol)和约翰·洛(John Law)的选择是社会拓扑学(social topology),这个词能够描述在不同关联模式之间的流动性②。艾米莉·马丁(Emily Martin)则试图通过一系列隐喻来理解和替代行动者网络理论,她认为,"经典"的行动者网络理论是由一个特殊的隐喻支撑的,在这个隐喻中,科学位于一个"城堡"中,"未经教育的"公众则在城堡之外。为了消解这个隐含的隐喻造成的困境,艾米莉·马丁借鉴了吉尔·德勒兹(Gilles Deleuze)和皮埃尔-费利克斯·瓜塔里(Pierre-Félix Guattari)的根茎(rhizome)概念③。不过,在德勒兹和瓜塔里那里,根茎的隐喻建立在与树/根的隐喻的对比之上,虽然两者并非对立。艾米莉·马丁则强调,根的隐喻意味着,其关联的要素彼此以线性关系排列,像树枝一样分叉,或者说像网络一样分叉。而根茎的隐喻,意味着组合的任何部分都可以与任何其他部分连接。在这里,科学与科学之外的世界不再被城堡隔绝,从更广泛的文化趋势中扎根于科学的意象可以为其提供一种特殊的力量,使科学的对象扎根于网络中④。

---

　　① 他对原有概念的批评见 Bruno Latour,"On Recalling ANT",John Law and J. Hassard eds., *Actor Network and After*, Oxford: Blackwell, 1999, pp. 15 – 25. 但又转变了立场,见 Bruno Latour, *Reassembling the Social: An Introduction to Actor-Network-Theory*, p. 9。

　　② Annemarie Mol and John Law, "Regions, Networks and Fluids: Anaemia and Social Topology", *Social Studies of Science*, 24 – 4, 1994, pp. 641 – 671. John Law, "Objects and Spaces", *Theory, Culture & Society*, 19 (5/6), 2002, pp. 91–105.

　　③ Gilles Deleuze, Félix Guattari, *Capitalisme et schizophrénie* 2: *Mille plateaux*, Editions de Minuit, 1980. 中译可参考姜宇辉译《资本主义与精神分裂》(卷二)《千高原》,上海书店出版社 2010 年版。

　　④ Emily Martin, "Anthropology and the Cultural Study of Science", *Science, Technology, & Human Values*, 23 – 1, Special Issue: Anthropological Approaches in Science and Technology Studies, 1998, pp. 24–44.

四　什么是纠缠

在塞巴斯蒂安·康拉德（Sebastian Conrad）对于当下全球史特性的描述中，一个与网络隐喻密切相关的隐喻，和网络一起被并列为两个关键性的概念。这个隐喻就是纠缠（entanglement）[1]。在全球史中，此隐喻的使用可以追溯到尼古拉斯·托马斯（Nicholas Thomas），他将物视为观察西方世界和被殖民的地域之间联系的关键，在他看来，从殖民时代开始，被殖民的地区并非与世隔绝的初民社会，西方世界的产品进入到其中，也在与当地原有的仪式互动之中，不断彼此塑造[2]。塞巴斯蒂安·康拉德本人又是如何理解纠缠的？他曾以强调"纠缠的记忆"为题，他指出这一词其说是指被记忆的过去，即记忆的对象，本身必须置于跨国背景下，并被视为交流和影响过程的产物。相反，它关注的是记忆产生的时刻，这不仅被视为试图与个人或集体的过去联系起来，而且被视为当前众多复杂冲动的影响。此外，记忆产生的历史是一个纠缠的过程，而不是一个"共同的历史"，这表明人们希望对过去进行一致的解释[3]。

在全球史之外，另一个重视纠缠这个词的领域，是对环境和自然的人文社会科学研究。蒂姆·英戈尔德（Tim Ingold）试图指出，在世界上栖居是在开放（the open）中生活（live life）。生命是在一个区域（zone）中生活，在这个区域里，地上的物质和空气媒介一起构成了存在，各种存在通过他们的行动织就了大地的纹理。在其中，有机体不是有外部边界的实体，而是一束束交织的生长与运动之线，一起在流动的空间内构成了

---

[1] Sebastian Conrad, *What Is Global History*, Princeton University Press, 2016, p.3. 中译可参考杜宪兵译《全球史是什么》，中信出版社2018年版。

[2] Nicholas Thomas, *Entangled Objects: Exchange, Material Culture, and Colonialism in the Pacific*, Harvard University Press, 1991.

[3] Sebastian Conrad, "Entangled Memories: Versions of the Past in Germany and Japan 1945–2001", *Journal of Contemporary History*, 38-1, 2003, pp.85-99. 这个词之后被其他的研究者接受，比如林志弦（Jie-Hyun Lim）和伊芙·罗森啥夫特（Eve Rosenhaft）在帕尔格雷夫·麦克米伦（Palgrave Macimllan）出版社主编的全球南方纠缠的记忆（"Entangled Memories in the Global South"）丛书。

meshwork。而环境,并不是围绕着有机体而是纠缠的空间[1]。在这里,蒂姆·英戈尔德用 meshwork 替代了 network。他声称此词来源于亨利·列斐伏尔(Henri Lefebvre)和本杰明·奥洛夫(Benjamin Orlove),由交织的轨迹组成的 meshwork,而不是由交叉路线组成的 network。meshwork 是在线的纠缠中构成的,而不是在点的连接中。网状的线条是生命赖以生存的轨迹[2]。简而言之,生命的生态必须是由线索和踪迹组成的,而不是由节点组成的。它的研究主题,不只包括生物体与其外部环境之间的关系,更包括它们各自相互交织的生活方式之间的关系。简而言之,生态学就是研究线的生命[3]。

但是纠缠还可以有其他的意涵。艾利克斯·纳丁(Alex Nading)在他研究尼加拉瓜桑迪诺市(Ciudad Sandino)的登革热时,明确说他使用的纠缠概念,受到量子力学的影响。1935 年,薛定谔(Erwin Schrödinger, 1887-1961)读到了一篇爱因斯坦(Albert Einstein, 1879-1955)、波多尔斯基(Boris Podolsky, 1896-1966)和纳森·罗森(Nathan Rosen, 1909-1995)合著的一篇论文[4],其中描述了后来被称为 EPR 悖论(EPR paradox)的现象。薛定谔在之后的讨论中使用了 Verschränkung 这个词[5]。艾利克斯·纳丁借用了这个概念,他认为,纠缠这个概念可以在多个层次上替代以往的概念。比如并非健康和环境相互影响,而是身体与地景(landscape)中的变化相互回响(reverberate)。现有的研究试图强调生态的社会性和社会的生态层面,而用纠缠作为框架可以打破这个趋势。登革热这样的疾病并不止构成了一个社会生态系统,而是一个成分混杂的关联的绳节,削弱了空间、社会和物种的藩篱,提供了重思的角度,去思考身

---

[1] Tim Ingold, "Bindings against Boundaries: Entanglements of Life in an Open World", *Environment and Planning*, 40 (8), 2008, pp. 1796-1810.

[2] Tim Ingold, *Lines: A Brief History*, Routledge, 2007, pp. 80-81. 中译可参考张晓佳译《线的文化史》,北京联合出版公司 2023 年版。

[3] Tim Ingold, *Lines: A Brief History*, p. 103.

[4] A. Einstein, B. Podolsky, N. Rosen, "Can Quantum-Mechanical Description of Physical Reality Be Considered Complete?", *Phys. Rev.* 47 (10), 1935, pp. 777-780.

[5] E. Schrödinger, "Discussion of Probability Relations between Separated Systems", *Mathematical Proceedings of the Cambridge Philosophical Society*, 31 (4), 1935, pp. 555-563. Idem., "Probability Relations between Separated Systems", *Mathematical Proceedings of the Cambridge Philosophical Society*. 32 (3), 1936, pp. 446-452.

体和环境关联的一系列实践。他把纠缠定义为一种展开的，通常是偶然的关联和亲昵，对立和仇恨，它们把人、非人类动物和事物带入彼此的世界。纠缠同时是一种物质、时间和空间条件①。当艾利克斯·纳丁和其他人文社会科学的研究者援引量子纠缠来描述他们关心的关系时，是否意味着，纠缠脱离了隐喻，得到了物理世界原则的支持？但是艾利克斯·纳丁讨论的对象基本不在量子态之下，也就意味着，他援引的量子世界的原则又再次归于隐喻。赵家芳（Sophie Chao）提醒我们，即使在思考人、非人类动物和事物之间的纠缠时，也需要回到纠缠的语源，也即回归隐喻。纠缠一词来源于日耳曼语中的 thangul，意思是海藻。Thangul 让人联想到藻类与桨、网、鱼、其他海洋生物混合在一起的画面，纠缠并非全是正面的，它可以使得纠缠的物种茁壮成长；也可以是强加的，可能自己无法从中解脱出来，使一些生物窒息，以支持其他生物的繁殖。②

五 借来的网络隐喻：历史和语言问题

前文所述关于网络及其相关隐喻的使用，贡献者大都来自社会学和人类学。这样的借用，并非毫无基础。正如在与布迪厄的对话中，夏蒂埃所说："我觉得，目前的社会学、历史学、人类学等社会科学都在设法走出一种两难境地（这可能是个伪命题）：一方面是在 1960 年代主导它们的东西，即注重结构、等级和客观立场的研究方式；另一方面是复原个人的行动、策略和表象以及人际关系的愿望，尽管这种愿望在各学科的表现形式和追求目标上不尽相同。"③ 但这也意味着，当历史学家从别的学科借用网络作为分析工具时，他们也需要追问，网络分析对历史学意味着什么？而在历史学不同的研究邻域中，可能追问的方式并不完全相同。于是，网络会议的各位召集人提出了自己的问题：

---

① Alex Nading, *Mosquito Trails: Ecology, Health, and the Politics of Entanglement*, University of California Press, 2014.

② Sophie Chao, *In the Shadow of the Palms: More-Than-Human Becomings in West Papua*, Duke University Press, 2022, p. 208.

③ Pierre Bourdieu et Roger Chartier, *Le Sociologue et l'historien*, Marseille-Paris: Agone, 2010. 中译参见《社会学家与历史学家》，马胜利译，北京大学出版社 2012 年版，第 63 页。

地理知识的传播网络（召集人：胡恒）

地理知识的形成虽来自对物质世界的感知与观察，但因地域、人群、文化的差异而呈现为多元的结构。地理知识的传播同样以其多主体、多途径、多层次、多面向的展开过程，而构成一个复杂的知识网络，其面貌迄今仍晦暗不明。本组以"地理知识的传播网络"为题，既关注近代以来中西之间地理新知识的传播史与接受史，也关注中国古代地理知识传播与疆域拓展、交通贸易、宗教文化、商业出版、文书编纂之间的关系；既关注地理知识之间的内在关联，也关注地理知识传播的主体、路径以及选择机制；既关注铸就精英地理学知识的学术网络，也关注一般民众地理知识的来源与结构，但绝非将二者对立起来，而是试图寻求内在的互动机制。

近代中国的文化网络与政治实践（召集人：高波）

陈寅恪论中古史，以文化为一大关键要素。晚清民国世运由治而乱，局面与魏晋以降相似。加以西风东渐，中西文化互竞互渗、重叠交错，教育、阶级、地域、民族等因素亦纽结于其间。若以阶段而论，从自强运动到共产主义革命，伴随着不同的政治实践，文化网络持续地破缺重组；而政治实践本身的内容与形式，亦因之不断变动。在此过程中，不同群体相继登场，既担当文化网络的织造者与政治实践的主体，又受此种网络与实践的塑造与制约。本组即拟从文化网络与政治实践的互动中，寻找理解近代中国变迁的可能性。

近现代欧洲思想的社会网络（召集人：王文婧）

"若不承认思想家们互相影响、互相连接，就不可能写出一部欧洲思想史。"弗里德里希·希尔（Friedrich Heer）在他的《欧洲思想史》中如是说。近现代欧洲的思想领域群星璀璨，推动着欧洲甚至是整个世界智力事业的发展。思想家们（包括神学家、哲学家、科学家、诗人、艺术家等）的思想观念及其发展历程也因此在历史研究中得到了普遍关注。不过，正如弗里德里希·希尔指出的，任何观念和想法都不是无本之木，其广泛传播也绝非偶然：它们不仅是过去与现在的遭遇邂逅，更是当代各种观点思潮碰撞交锋的结果。因此，对欧洲思想的研究不仅应该包括寻找某一思想的学术谱系，努力绘制其背后的社会网络图景也应是题中之意。

纠缠于生命之网［召集人：侯深、柯安慈（Agnes Kneitz）］

智人并非孤独飘荡于地球行星的物种，其生命历程与各种其他物种：植物、动物、微生物相纠缠，共同建构了广阔而多层次的生命之网。这个网络因为人类以及其他物种的迁移而不断扩张，其各自在此网之中所占据的生态位也不断发生改变。人类历史的演化无从避免地构织于此网络之中，人类物质的丰裕与匮缺，其权力的消长与分布，其思想的演绎与碰撞，都同此网中的其他生命息息相关。而无论其所驯化的物种，抑或尚在自生自灭的野生生命，都不间断地在人类生命历程中留下它们的印记，或变作能源，或成为食物，或引发疾病，或被赋予某种神性、美学与精神的价值，或因为人类有意或无心之举而至灭绝。本组意在考察这一生命之网的演化过程，探寻人类与其他有机物之间一时不可或歇的纠结历史。

社会网络、社会资本与历史时期的经济发展（召集人：林展）

社会网络是人们在社会中与其他社会成员的联系，这种联系往往能够为人们的经济活动提供某种便利。社会网络也是社会资本的一部分，所谓社会资本，一般是指能够通过协调的行动来提高经济效率的网络、信任和规范。社会资本也是与物质资本和人力资本相对应的概念，在理解经济增长的过程时，人们发现除了物质资本和人力资本，社会资本也是促进经济增长的重要因素，这一促进作用体现为帮助传递信息、建立信任、推动合约的履行、推动创新等。如何对社会网络和社会资本进行度量，并通过量化方法将其在历史时期经济活动中的作用识别出来，是目前经济史学界研究的重要主题。

网络与社会：考古学节点与纽带［召集人：丁山（James Williams）］

远在脸书或微信之前，社会网络调节人类景观，为增长、变化与共同体间的相互作用提供机遇。一方面，将网络方法运用于考古学，源自功能理论路径学派。作为一种分析方法，它出现于20世纪60年代末。伴随近年来GIS应用的发展，将网络运用于考古学分析体现在全世界不同案例中。另外，作为考古学网络方法的领军人物，卡尔·奈佩特（Carl Knappett）在采用该方法时，却一直试图摆脱系统理论或功能路径的限制，更青睐于基于个体理论（agent based theories）。

无论采用何种理论视角，网络研究群体中明显缺失的一块是这些方法与理论在中国的应用。本组拟探讨网络分析及其与理想或物质理论之间的联系。参与者将运用中国考古学的案例发展并提升我们对网络方法及其运用的理解。

信息网络中的权力流动（召集人：杜宣莹、古丽巍）

信息网络不仅仅是消息及知识的传递媒介，亦是争夺利益的筹码，国家各机构及势力群体建立和控制多种信息网络，从而构成对国家社会的管理和控制，透过信息的流动往往映射出权力的版图。这些机构及势力群体更借由控管信息以竞逐权力，导致权力版图的转移与政治结构的转型。信息网络中的各环节，既包括信息传递过程中的起讫点、不同行政层级、不同地理单元之间的博弈；也涵括信息网络中各个层级的参与者，上至君王与统治精英，下至次级行政层的吏、门客，以及地方乡绅，或是位处信息末端的平民，乃至于在传统研究中被贬抑噤声的女性，皆受限于性别、活动空间，与信息性质等因素，在各权力活动中的此消彼长，催化权力在阶级间与政权空间内的流动、转移。而这些信息之载体，包括依托于政务文书的编撰、情报系统之监管、出版审查，与文教礼仪制度等，不仅形塑阶级或敌我意识形态，也塑成一系列权力网络。

召集人所提出的问题，意味着她/他们对于作为概念工具的隐喻的理解。而她/他们提出的问题在各自的学术网络中展开，变成了一种被建构的"学术现实"，构成了网络会议以及本论文集的基础。我们需要再次向会议的各位召集人、与会者和本论文集的作者们致谢。而本书的各位读者们也可以被视为是这些学术网络的进一步展开，也可以预料到，之后会有再一次的学术现实的建构，我们并不想冒昧地预测建构的结果。想要提醒的是，如果回到作为隐喻的网络，还有一个"历史问题"和一个"语言问题"值得被追问。历史问题是，网络的隐喻存在于不同的历史时代和地域吗[1]？它是如何表述的？这些表述能否帮助我们进一步历史化网络的分析

---

[1] 比如白瑞旭（Kenneth E. Brashier）曾讨论了中国古代的结构隐喻，并举出了四个重要的隐喻，但其中没有网络的隐喻。见 Kenneth E. Brashier, *Ancestral Memory in Early China* (Harvard University Press, 2011)。

工具？而语言的问题是，当网络及其相关的隐喻在当代的中文学术语言中被使用和讨论时，我们要怎样理解在当代中文学术语言中的对抽象概念性的隐喻性理解和表达？在此基础上，抽象推理是如何达成的？而跨语际的过程又造成了什么不同？对这些问题的历史探索，可以使得历史学的研究者不再是（且只是）借用隐喻的人。

近代中国的文化
网络与政治实践

清末文法学的知识网络

——语法学、修辞学与近代文章学的刷新

陆 胤[*]

光绪三十二年（1906）七月，《寰球中国学生报》刊出范祎《国文之研究》一文，针对新学制下文学教育由浅入深的困难，主张援引外来的学科工具：

> 彼以国文为难者，非国文之过，研究无术之过也。盖研究一国文字，必有两步：其初步曰成语法 Grammar 是已，其进步曰修辞学 Rhetoric 是已……成语法者，蒙学、小学之学科也；修辞学者，中学、高等学之学科也。凡农工商贾，必通成语法；学士、博士以上，必通修辞学；再进而上，则文学家之专门，非所论于普通矣。故修辞学为研究国文之第二步。[①]

范祎不仅如戊戌前后幼学论者那样，视"成语法"为蒙小学识字读书的基础，更提出"修辞学"一门，作为从"普通学"上达"文学家之专门"的阶梯。[②] 与同时代教育家多关注普通读写能力不同的是，其主张已

---

[*] 北京大学中文系长聘副教授。

[①] 范祎：《国文之研究》，《寰球中国学生报》第 2 期，丙午（1906）七月。按：《寰球中国学生报》是清末以联络世界各地中国留学生为宗旨的"寰球中国学生会"机关刊物，早期多刊有关于国粹、国文乃至国语（官话）问题的讨论。

[②] 范祎将识字启蒙、语法、修辞学三者分别对应到初、中、高等不同教育阶段的看法，很可能源自西洋古典教育的分级。参见［法］亨利-伊雷内·马鲁（Henri-Irénée Marrou）《古典教育史·罗马卷》，王晓侠、龚觅、孟玉秋译，华东师范大学出版社 2017 年版，第 83 页。

涉及近代意义上的专门文学研究。

语法学和修辞学知识的导入，充实了中等以上国文教育中"文法"环节的资源，却也有可能带来知识体系的混淆，造成清末民初独有的"修辞文法混淆时期"①。出于学科立场，现代语法学、修辞学史对这段"混淆时期"多致不满。然而，此类混淆、交错或学科未定的状态，亦有可能激发多样化的教学设计，甚至引起学科资源的再整合。本文虽从戊戌前后着眼于童蒙初学的"文法书"切入，却更关注新学制颁布以后中学以上"文法"教学和相关用书的展开。在西洋语法学和修辞学知识"文章学化"的过程中，来自日本的"文典"体裁和修辞学著译发挥了中间触媒的作用，激活了一部分中国固有的文论、诗文评和文章作法书。清末民初"文法"话语的宽泛意涵，不仅促进了古今东西文学资源的交汇，更为"文学家之专门"进入新教育场域开辟了门径。

一　东西知识网络中的"文法书"

明末中西交通以来，关于中国文言、官话以及各种方言的语法，来自欧洲的传教士和汉学家相继撰有多种著作，却对中国士大夫的知识世界影响甚微。② 晚清士人最初接触到语法学知识体系，更多时候是以西文教本为媒介，视之为一种学习外语的法则。光绪四年（1878），郭赞生据 *English School Grammar* 译成《文法初阶》，已开始采用指涉"砌字成章之学"的"文法"一词；③ 十年以后，《申报》登出推销京师同文馆汪凤藻所译《英文举隅》的广告，亦言及"英国向有'文法'一书，专讲以字造句之法"④。凡此皆为"文法"二字与西文"Grammar"概念对接的早期例证。不过，直到戊戌维新前后，此种外来的"文法"概念和"文法书"

---

① 陈望道：《修辞学发凡》，上海教育出版社 2001 年版，第 285—287 页。
② 17—19 世纪西人所撰中文语法书甚多，参见姚小平《〈汉文经纬〉与〈马氏文通〉》，《当代语言学》1999 年第 2 期；[意] 卡萨齐（G. Casacchia）、莎丽达（M. Gianninoto）：《汉语流传欧洲史》，学林出版社 2011 年版，第 92—158 页。
③ 关于郭赞生所译《文法初阶》的基本情况，参见黄兴涛《〈文学书官话〉和〈文法初阶〉》，《文史知识》2006 年第 4 期。
④ 《新印英文举隅出售》，《申报》光绪十四年二月初一日。

体例才逐渐转型为中国人学习本国文章的途径。而这一转变，仍肇端于康、梁一派改革幼学的主张。

（一）"文法书"的发端

康有为早年向门人出示"蒙学假定书目"，即含有《文法童学》一种，专讲"实字联虚字法，读〔续〕字成句，续句成章，续章成篇，皆引古经史证成之"①。其时康有为关于"文法"的认识，包括分别虚、实字类及字、句、章法等内容，已初具西洋近代语法书规模。光绪二十二年十二月（1897年初），梁启超发表《变法通议·幼学》篇，延续康氏书目思路，提出新编七种蒙书的方案，紧随"识字书"后的第二种书，即为"文法书"。在"言文一致"观念的启悟下，梁启超认定上古语言与文字合，"学言即学文"，后世言文分离，"魏文帝、刘彦和始有论文之作，然率为工文者说法，非为学文者问津。故后世恒有读书万卷，而下笔冗沓舛俗不足观者"；与之对照，则是西人识字之后就有"文法专书"，讲授"若何联数字而成句，若何缀数句而成笔，深浅先后，条理秩然"②。

梁启超区分泰西"文法专书"和《典论·论文》《文心雕龙》等古典文论，指出二者预设对象有"工文者"和"学文者"之别，启蒙意识相当明晰。但这一论点却在传播过程中引发了争议。戊戌年间，叶德辉撰文批驳梁氏幼学论，即曾就此发难。叶氏承认曹丕、刘勰所著"初非为教人"，却更强调中国文章本来就代有闻人，何须借径他方？况且"八家派别，大开圈点之风，时文道兴，而开阖承接之法，日益详密"，令叶德辉不解的是：梁氏既然唾弃古文、时文之"文法"，又为何唯独崇拜西人"文法"③？西洋"文法"当其引进之初，就已难免与中国传统上的文章笔法之学混淆。

尽管如此，戊戌前后引进西洋语法知识体系的最初努力，多半仍以促进启蒙识字为首要目的，词章之学尚非急务。光绪二十三年（1897），杭州趋新之士叶瀚出版《初学读书要略》，内含"文法"一节。叶瀚指出中

---

① 卢湘父：《万木草堂忆旧》，夏晓虹编校《追忆康有为》，中国广播电视出版社1997年版，第234页。
② 梁启超：《论学校五（变法通议三之五）·幼学》，《时务报》第17册，光绪二十二年十二月十一日。
③ 叶德辉：《非〈幼学通议〉》，苏舆编《翼教丛编》，上海书店出版社2002年版，第133—134页。

国古人"文法"本有定例:"其文字有借近、通转、代用之例,其解字有本义、引伸、转伸、旁伸诸义之例,其辨口气法有长短开合之法,其论辞势法有缓急轻重之法。"可知其所谓"文法"范围颇广,囊括文字、音韵、训诂、文章声气、布置取势等多方面内容。① 是年冬,叶瀚与友人发起《蒙学报》,并在该报连载自撰的文法书《中文释例》。其书根据高邮王氏《经传释词》体例,第一卷明音读,第二卷明义类,在实字、活字、虚字等传统名目之下,介绍西洋语法学的词类区分。② 在"开端小引"中,叶瀚凭借一种文白夹杂的文体,畅论"文法"与言文分合、词章演进之间的关系,显然引早先梁启超的论述为同调:

> 中国诗歌赋颂,及唐宋古文家,均属词章家。凡词章须规橅格调字句,词多而例少,故规橅之文,其所用虚字、活字,多是仿用留存的,以致古人词例之学,日即销亡,于是语言文字相离日远。③

跟梁启超一样,叶瀚认定上古言文一致,故有"文法"(语法)可言,三代以后则言文分离,词章家只以模仿为事,讲究辞藻格调,遂致"文法"衰落。同时期《蒙学报》上还登有王季烈所编《文法捷径》一种,包含"区别字类、推论文义、由字以成句、由句以成文"等内容,意在"使童子略识字义,即可缀句为文"④。丁酉、戊戌之间,包括《蒙学报·读本书》、南洋公学《蒙学课本》等最初的新体蒙学读本在内,幼学用书逐渐在字课中加注"字类"。外来文法新知的运用,大体不出康、梁划定的启蒙识字范围。

梁启超在《变法通议·幼学》篇的"文法书"条下,提到马建忠"近著中国文法书未成"⑤。《马氏文通·例言》则云:"此书在泰西名为'葛郎玛'。'葛郎玛'者,音原希腊,训曰字式,犹云学文之程式也。"⑥

---

① 叶瀚:《初学读书要略》,仁和叶氏光绪丁酉(1897)夏五月刻本,"初学宜读诸书要略",第10b页。
② 《中文释例》卷二,《蒙学报》第5册,光绪二十三年十二月初一日。
③ 《中文释例·开端小引》,《蒙学报》第1册,光绪二十三年十一月十一日。
④ 王季烈:《文法捷径》,《蒙学报》第23册,光绪二十四年四月十五日。
⑤ 梁启超:《论学校五(变法通议三之五)·幼学》,《时务报》第17册,光绪二十二年十二月十一日。
⑥ 马建忠:《马氏文通·例言》,商务印书馆光绪二十四年孟冬初版铅印本,第1b页。

光绪二十四年（1898）三月、九月，在维新事业大起大落的风潮中，马建忠先后为《文通》撰写序、后序。针对旧式训蒙弊端，马氏坚守与康、梁一致的立场，强调"文法"作为革新工具的宗旨："西文本难也而易学如彼，华文本易也而难学如此者，则以西文有一定之规矩，学者可循序渐进而知所止境，华文经籍虽亦有规矩隐寓其中，特无有为之比儗而揭示之。"① 又指出："童蒙入塾，先学切音，而后授以葛郎玛，凡字之分类与所以配用成句之式具在。明于此，无不文从字顺，而后进学格致数度，旁及舆图、史乘，绰有余力，未及弱冠，已斐然有成矣。"② 马氏以"葛郎玛"为学习一切科学的入门，其先学切音字，后授"葛郎玛"的思路，更与梁启超《幼学》篇首列"识字书"、继列"文法书"的次第若合符契。

然而，作为一部前无古人的体系性创制，《马氏文通》有其迎合时趋的启蒙宗旨，却也难掩深入堂奥的治学祈向。马氏引进"葛郎玛"新说，主要根据拉丁语法，同时"取材于《经传释词》《古书疑义举例》者独多，……亦食戴（震）学之赐也"③。在传授西洋语法学新知的同时，《文通》亦含有一些修辞意识，注重语气、语意、语势等"辞气"要素的语法作用。④ 正如论者早已指出的："语法和修辞、作文的相结合，原来是传统选文家'评点'所擅长；《文通》时而使用'评点'术语应付局面，解释文法。"⑤ 此种回向传统文章学的趋势，更体现在马氏对引例的选择：

---

① 马建忠：《马氏文通·后序》，第 2b 页。
② 马建忠：《马氏文通·例言》，第 1b 页。
③ 见中国之新民（梁启超）《论中国学术思想变迁之大势·近世之学术》，《新民丛报》第 55 号，光绪三十年九月十五日。关于《马氏文通》的著作来源，历来纷说不一，难以考实。姚小平认为来自拉丁语法及传统小学的影响可以断定，至于是否受"普遍唯理语法"影响尚难以断论。阿兰·贝罗贝指出《文通》受西方学者所撰中文语法书影响的可能性较小，马建忠"脑子想的肯定是西方学者编纂的关于西方语法规则的语法书"，特别是 17 世纪基于笛卡尔哲学原理创建的《波尔—罗瓦雅尔语法》（*Grammaire de Port-Royal*，1660），被认为是"《文通》的主要渊源"。分别见姚小平《〈马氏文通〉来源考》，《〈马氏文通〉与中国语言学史》，外语教育与研究出版社 2003 年版，第 112—137 页；[法] 阿兰·贝罗贝（Alain Peyraube）：《〈马氏文通〉渊源试探》，[德] 郎宓榭、阿梅龙、顾有信《新词语新概念：西洋译介与晚清汉语词汇之变迁》，赵兴胜等译，山东画报出版社 2012 年版，第 355—370 页。
④ 参见袁本良《〈马氏文通〉的辞气论》，侯精一、施关淦编《〈马氏文通〉与汉语语法学》，商务印书馆 2000 年版，第 92—110 页。
⑤ [日] 平田昌司：《光绪二十四年的古文》，《现代中国》第 1 辑，湖北教育出版社 2001 年版，第 164—165 页。

> 为文之道，古人远胜今人，则时运升降为之也。古文之运，有三变焉：春秋之世，文运以神，《论语》之神淡，《系辞》之神化，《左传》之神隽，《檀弓》之神疏，《庄周》之神逸。周秦以后，文运以气，《国语》之气朴，《国策》之气劲，《史记》之气郁，《汉书》之气凝，而《孟子》则独得浩然之气。下此则韩愈氏之文，较诸以上之运神、运气者，愈为仅知文理而已。今所取为凭证者，至韩愈氏而止。先乎韩文，而非以上所数者，如《公羊》《穀梁》《荀子》《管子》，亦间取焉。惟排偶声律者，等之自郐以下耳。①

马建忠标举"为文之道，古人远胜今人"，进而勾勒春秋以下文章按照"神、气、理"三要素依次递降的趋势。其例证来源，亦准此集中于先秦经、子，两汉史书，而下止于韩愈。这一退化的文章史图景，不同于清人推重"唐宋古文典型"的正统理念②，亦未必出自"词气必合于秦汉以上"的复古意识③。崇尚上古经子为"文章不祧之祖"，除了受制于清儒训诂引证的先例，更有可能与梁启超、叶瀚类似，仍是有取于"上古言文一致"的判断。《马氏文通》的文法分析，时或顾及口诵节奏、句读起伏、声调抑扬。④ 此处强调"文神""文气"相对于"文理"的优位，沿袭了古文声气论的术语，亦隐含着文章以"声音"为主的判断标准。作为普遍的作文原则，"葛郎玛"的作用领域不限于"姚姬传氏之所类纂、曾文正之所杂钞"，而是"诗赋词曲，下至八股时文，盖无有能外其法者"⑤。与此同时，

---

① 见马建忠《马氏文通·例言》，第2b—3a页。
② 参见郭英德《唐宋古文典型在清初的重构》，《中国社会科学》2021年第5期。
③ 章太炎：《膏兰室札记》卷二"论近世古文家不识字"条："凡曰古文者，非直以其散行而已，词气必合于秦汉以上，训诂必合于秦汉以上。"见沈延国等校点《章太炎全集》（一），上海人民出版社1982年版，第210页。
④ 吕叔湘、王海棻在《〈马氏文通读本〉导言》中指出："《文通》的作者不愿意把自己局限在严格意义的语法范围之内，常常要涉及修辞。"例如修饰语与被修饰语之间"之"的用与不用、字数的奇偶、语句的节奏、段落的起结等。见吕叔湘、王海棻《马氏文通读本》，上海教育出版社1986年版，第37—39页。
⑤ 马建忠《马氏文通·例言》，第3b页。按：关于"文法"能否涵盖诗歌韵文，"文学革命"酝酿时期仍有激烈争论。1916年2月2日，胡适致信任鸿隽，提出"诗界革命三事"，第二条即"须讲求文法"，且云"诗之文法原不异文之文法"。其立场实可回溯至《马氏文通》以"文法"涵盖韵散一切文类的主张。参见耿云志主编《胡适遗稿及秘藏书信》第19册，黄山书社1994年版，第86—87页。

《文通》却至少在原则上贬低"排偶声律",仍取狭义上与"魏晋六朝骈俪之文"对峙的"古文"为主要对象,划定了清末一系列文法书的分析范围。①

(二) 日式"文典"的导入

一方面,《马氏文通》在清末教育界广泛流行,特别是其开卷阐释的"九大字类",很快凝结为新学中人的常识,逐渐融入新体蒙学读本乃至国文教科书的框架;但另一方面,就《文通》本身作为教科书的适用性而言,历来评价却多为负面。② 适应教学实践的文法教科书,未必要如《文通》那样追求语法体系的完整性,当人们开始寻求更为简明实用的体裁之时,来自日本的"文典"形制进入了视野。

光绪二十六年(1900)前后,有一篇署名"仁和倚剑生"的《编书方法》流传于新学界,内著一节专论"汉文典"编纂之必要:

> 尚有最要者,即编"汉文典"是也。中国文理甚富,而文法则甚无定例。其故由于沿变而不求本,如古文只讲格段,八股只知局法、调法、字法,此皆为沿变而不返者也……中国汉文讲明词句之法,久已失传。秦汉诸古文,多用国语入文,故有释词之法。后至骈文兴,则只以积句积章为重矣。韩柳古文兴,则又只讲积章之法矣。文体屡变,故文法难明。③

---

① 曾国藩《复许振袆》(咸丰十一年三月十一日):"古文者,韩退之氏厌弃魏晋六朝骈俪之文,而反之于六经、两汉,从而名焉者也。"《曾国藩全集·书信》三,岳麓书社1994年版,第1971页。按:《马氏文通》处理的对象仍是一般意义上的"古文",同时却要强调"文法"的普遍性。"排偶声律者,等之自郐以下"一句,就曾引来怀疑:"究竟是不值研究呢,还是因套不上(西洋语法体系)而放弃呢?"见启功《汉语现象论丛·前言》,商务印书馆2018年版,第2页。据学者统计,《文通》的实际引书有56种,远远超出《例言》所举17种,甚至包括了《诗经》《楚辞》、束晳《补亡诗》等韵文。参见陈国华《普遍唯理语法和〈马氏文通〉》,见张西平、杨慧林编《近代西方汉语研究论集》,商务印书馆2013年版,第161—162页。

② 后出文法书对《马氏文通》多有批评,诸如"不合教科书体例"(猪狩幸之助著、王克昌译《教科适用汉文典·凡例》)、"非童蒙所能领悟""引据宏博,辨释精微……于蒙学教科之程度,尤相去甚远"(王绍翰《寻常小学速通文法教科书·序》)、"文规未备,不合教科"(来裕恂《汉文典》)、"详赡博衍,小学生徒领会匪易"(商务印书馆编译所《初级师范学堂教科书·中国文典》)等评语,大多针对其不适应教学实际的特点。

③ 仁和倚剑生:《选录教育一得:编书方法》,原载《中国旬报》第12、13、14期,庚子年(1900)四月二十五日、五月初五日、五月二十五日,引自张一鹏辑《便蒙丛书·教育文编》,开智书室光绪壬寅(1902)刻本,第19a—21a页。

此段认定秦汉时代言文相合（"用国语入文"），故有语法（"释词之法"）可言；后世古文、八股只讲格段句调之法，导致文法"无定例可循"，与戊戌前夜叶瀚《中文释例》所论如出一口。惟其称述的"汉文典"，却是来自日本的全新著作体裁，范围更广于《马氏文通》等探讨的"葛郎玛"。作者强调编辑《汉文典》须包含三部分：（1）"讲文字造作之原"：世界文字分为连字（英法德文）、交字（和文）、积字（汉文）三种，汉文须讲明六书，字法分名字、语字、词字三类。（2）"究明语词用法"："东文讲明词性，属于文典之第二部，西国文典亦如之，大致分为字法、句法两种……词法宜求诸上古文，句法、章法宜求之中古、近代之骈散文。"（3）"讲明文章结构之体裁"：上古文体分为"韵法文"（诗歌、骚赋、箴铭）和"词法文"（志语、经、论、史传、书、疏）两种，中古为"章句文"，韩柳以后为"格段文"，近代则成"坩合文体"。观此可知，这位"仁和倚剑生"心目中的"汉文典"，已囊括文字训诂、词性及句法章法、文章结构及文体三方面内容。正如其所自陈，应是受到"东文文典"分部体制的启发。①

日本幕末、明治初年的西文教科书往往冠以"文典"二字，同一时期导入的西洋语法读物，亦多以"文典"之名行世。明治中后期，解说本国文章和文法的"国文典"应运而生。明治三十年（1897）语言学家大槻文彦（1847—1928）在其集大成的著作《广日本文典》中，确立了"文字篇""单语篇""文章篇"三部结构，亦即"仁和倚剑生"文中提到的"东文文典"分部体制。不过，《广日本文典》的"文章篇"主要涉及句法成分（主语、说明语、客语、修饰语等）、句子结构（联构文、插入文、倒置文等），相当于《马氏文通》解说"词"（句法功能）、"句"（主句）、"读"（从句）的层面，仍在西洋语法学范围内。"仁和倚剑生"则似将"文典第三部"的"文章篇"误解为"文章结构体裁"，掺入了文体分类、文章演进、格调体段等溢出语法学的内容。

除了"洋文典"和"国文典"，日本明治时期还流行着一类以中国古典文章为研治对象的"汉文典"。明治十年（1877），大槻文彦、金谷昭（生卒年待考）各自将美国教士高第丕（Tarlton P. Crawford, 1821-1902）

---

① 以上介绍"仁和倚剑生"《编书方法》的内容，见拙撰《清末"文法"的空间——从〈马氏文通〉到〈汉文典〉》，《中国文学学报》第4期，香港中文大学出版社2013年版，第55—82页。该文发表后，有学者在其论文中袭取了以上文段，甚至连我原论文中引注的错误也照搬了过去。谨此揭出，以正视听。

与华人张儒珍合著的《文学书官话》（*Mandarin Grammar*）改写为训解本和训点本，分别题作《支那文典》和《大清文典》。高第丕原书以官话为分析对象，并不涉及古文（日本所谓"汉文"）。① 同年，汉学者冈三庆（生卒年待考）推出《开卷惊新作文用字明辨》，注明"一名《汉文典》"，自称根据唐彪《读书作文谱》中的"虚字用法"及"英国文典"结撰，重在分析"虚字"。十年后，冈三庆又撰成《冈氏之支那文典》（1887），"大体以 Pinneo 之《英文典》为母本"，注重词类、用词法的分析，被认为是"日本人所创作的最初的洋式汉文法"②。

光绪二十八年（1902）八月，杭州东文学社出版了题署"日本猪狩幸之助著、仁和王克昌译"的《教科适用汉文典》。管见所及，似为目前所见最早题为"汉文典"的中文著作。全书分品词、单文、复文、多义文字、同义文字、同音相通等篇，其"凡例"指摘《马氏文通》不合教科体例，自诩所译"虽以东西文典为本，而中国文法之大要，已尽于此"。关于引证例文，则强调："古今文虽有异，而文法则无不同，故文典必以古文为主，此编引用各语，皆以《史》《汉》以上之书为限。"③ 推崇上古的取材原则，与《马氏文通》并无二致。在介绍同时期日本文法体系时，译者认为"其中用语有沿用东名者，意极明显，亦不难一览而瞭然"。故"品词篇"介绍词类，完全沿袭日式"品词"的划分和称谓，而置《马氏文通》已有的九大字类体系于不顾。

猪狩幸之助（生卒年待考）此书原题《汉文典》，明治三十一年（1898）夏由东京金港堂出版；同年孟冬《马氏文通》才初印其前六卷，二者之间不可能存在影响关系。猪狩"以古文为主"的安排，应是考虑当时日本人读写"汉文"的实际需要。④ 书前著"凡例"声称："从来国语

---

① 参见［日］牛岛德次《日本汉语语法研究史》，甄岳刚等译，北京语言学院出版社1993年版，第39—43页；袁廣泉「明治期における日中間文法学の交流」石川禎浩・狭間直樹編『近代東アジアにおける翻訳概念の展開』京都大学人文科学研究所、2013、119—141頁。

② 三浦叶「明治年間に於ける漢文法の研究——その著書について」氏著『明治の漢學』汲古書院、1998、311—389頁。此处第361页。

③ ［日］猪狩幸之助：《教科适用汉文典》，王克昌译，杭州东文学社光绪壬寅（1902）仲秋铅印本，卷首。

④ 按：猪狩幸之助《汉文典》书前原有《序论》九篇，分述字体、文字之构成、音义、四声、字音、外国语汉译、音读、训读；书后附有《〈韵镜〉之解释》《本朝（日本）音韵学史》、意大利福罗秘车利（Zanoni Volpicelli, 1856-1936）撰《古韵考》（*Chinese Phonology*）以及《字音假名遣》（字音假名用法）等篇。以上内容均在王克昌译本中删去。

有国语文典，外国语有外国语文典，而汉文却无文典，此为教育上之一大缺点。"① 此说根本无视此前冈三庆等日本汉学者的先行著作，却津津乐道欧美传教士或汉学家的既有成果。② 猪狩幸之助还提到其书"是在文科大学教授上田万年（1867—1937）指导下创作，经过其校阅而公之于世"③，显示他与当时日本主流语言学者的关系。该书与汉学者所编"汉文典"最大的不同，可以说是更集中于语法问题本身，由词性分类（品词篇）进入单句（单文篇）、复句（复文篇）等句法层次，内容较为简明。中译本书名强调"教科适用"，自有补救此前《马氏文通》等体系化著作流于庞杂的用意。

（三）适应启蒙的"文法教科书"

与《教科适用汉文典》限定"文典必以古文为主"形成对照的是，学制颁布以前多数国人自编的文法书，主要仍着眼于启蒙的需要。光绪二十九年（1903）十月，上海开明书店出版刘师培《小学校用国文典问答》。刘氏此书有意识地要与《东莱博议》《古文观止》等代表的"古文文法"划清界限④，虽冠名为"文典"，其实却是模仿丁福保的《东文典问答》（1902），"以分析字类为主，而以国文缀系法继之"，定位为"小学校国文教课本"；同时，又将《马氏文通》分配到中学校以上课程，参用《文通》对丁福保原书词类作出修正。⑤ 当时采用问答体的文法启蒙书，至少还有光绪三十年十一月上海新学会社印行的王绍翰《寻常小学速通文法教科书》。该书同样标榜"为训蒙而作"，故"全用白话解说"；分析字类时

---

① 猪狩幸之助著・上田万年閲『漢文典』金港堂、1898、「凡例」1頁。
② 猪狩幸之助著・上田万年閲『漢文典』、「序論」8頁。按：猪狩在此处提到了艾约瑟（Joseph Edkins, 1823-1905）、华特士（Thomas Watters, 1840-1901）、阿恩德（Carl Arendt, 1838-1902）、甲柏连孜（Georg von der Gabelentz, 1840-1893）、翟理斯（Herbert Allen Giles, 1845-1935）等人关于汉字方音研究。所列参考用书中，除了来自江户时代伊藤东涯（1670—1736）、东条一堂（1778—1857）的旧派汉文法，更有甲柏连孜的《汉文经纬》（Chinesische Grammatik, 1881）和华特士的 Essays on the Chinese Language（1889）二书；其侧重"古文"的观念，也可能受到《汉文经纬》的影响。
③ 猪狩幸之助著・上田万年閲『漢文典』金港堂、1898、「凡例」3頁。
④ 参见刘师培《国文杂记》，《左盦外集》卷十三，南桂馨编《刘申叔遗书》，江苏古籍出版社1997年影印本，第1658—1659页。
⑤ 刘光汉：《国文典问答》，载万仕国辑校《刘申叔遗书补遗》上册，广陵书社2008年版，第72—97页。

亦注意变通，教法上则强调"教者将此编逐条讲解以后，必须令童蒙练习，或举数实字以令其分别字类，或举数虚字以令其仿造句式，如此方见功效"，均显示出适应童蒙初学的特点。①

清末民初"文法教科书"一语含义复杂，如《桐城吴氏文法教科书》《左传文法教科书》《孟子文法教科书》之类，实际上就是古文选本。但坊间更常见的，却是像《寻常小学速通文法教科书》那样，以字类区分等语法入门知识作为初学读书的门径。文法教科书的另一种形式，是充当"蒙学读本"配套的讲解书。光绪二十八年（1902）文明书局出版无锡三等公学堂《蒙学读本全书》时，就刊出了"文法书续出"的预告。次年六月同样由文明书局出版的朱树人编《蒙学文法教科书》，似即为此种蒙学读本的配套读物。在解说字类时，朱树人兼顾了文言、白话两方面"文法"：

> 动字一
> 语式　属一人或一物之两动字句式
> 鸦鹊飞而鸣　白马惊而驰　童子趋而进　老人醉而卧　儿惧而不入　客笑而不答
> 大家又笑又说　我一人悄悄儿坐着　一个孩子哭勒走　一个孩子笑勒跑　我快活到睡不着　他只管笑不说话
> 按此课两动字中间。以而字连之。以类相从。此而字乃类辞连字也。前四句而字可省。后二句而字不可省。②

此课讲两动字连用的句式，分别以大字的文言文段落和小字的白话文段落为例，并对连接两动字的"而"作出语法上的解释（类辞连字）。《蒙学文法教科书》首列教授法，内有一条指示："语言与文字，吾国既不能一致，则初学作文直与习外国文字者相等。欲引儿童渐进于文规，当先令熟于文、话之界限。是编每课文、话并列，意在便初学互为演绎之

---

① 王绍翰：《寻常小学速通文法教科书·例言四条》，上海新学会社光绪三十年十一月铅印本，卷首。

② 见朱树人《蒙学文法教科书》卷中，上海文明书局光绪三十二年五月第十二版（二十九年六月初版）铅印本，第1a—1b页。按：此段引文中段首空格、句间空格及字号异同、断句点等形式，悉照原书。

用。"① 值得注意的是，在上引段落中，白话文的句法形式比文言文更丰富，如"悄悄儿"是北方官话中的儿化，而"哭勒走""笑勒跑"又带有吴方言色彩。编者指出"是编所列名、代、动、静等名目，非欲执童蒙而语此轨则，但以便编次时之条理而已"，对于字类等语法学新知在启蒙教育中的局限相当清醒。

除了添加白话，图像也可以成为普及"文法"的有力媒介。光绪三十年前后，沈雁冰就读于浙江桐乡县乌镇小学，国文课本除了杜亚泉的《绘图文学初阶》之外，就是杭州彪蒙书室石印的施崇恩编《绘图速通虚字法》。施崇恩将"虚字"分为分量、代名、推量、命令、过去、未来、层复、决择、设想、疑问、承应、直拒、断定、禁止、接续、转折、停顿、指定、赞叹、根究、急迫、舒缓、原谅、经历、总结 25 类。较之《马氏文通》所揭介字、连字、助字、叹字四类，施编不仅重复繁琐，甚至多有不合语法体系之处，却往往是着眼于日常实用的安排。此书讲授语法知识"全用白话"，更尝试以图像来表现"顶虚的字"②，给少年沈雁冰留下深刻印象："例如用'虎猛于马'这一句，来说明'于'字的一种用法，同时那插画就是一只咆哮的老虎和一匹正在逃避的马；又如解释'更'字，用'此山高彼山更高'这么一句，插图便是两座山头，一高一低，中间有两人在那里指手划脚，仰头赞叹。"③（如图1）癸卯前后，彪蒙书室（原在杭州，后迁上海）专以出版各种蒙学用书知名，体裁介于旧式蒙书和新式教科书之间，多采石印，配以图画。总之，应对启蒙实践的需要，当时新学堂中"文法"教学的范围，虽然仍以浅近文言为主，却早已溢出《马氏文通》规定的文学性古文领域；在引进外来语法体系和著作体例的同时，也呈现了若干贴近幼童程度和教学实际的本土化创造。

---

① 见《教授法述略》，同前注书，卷首第 1a 页。
② 《绘图速通虚字法·凡例》第五条："顶虚的字本不能画图，但是不画图，更不容易明白。现在想出来一个变通的法子，把有神气可画的虚字，固然是画了；那不可画的，只得从实字中衬托出来，每页中只画一两件，略见大意。"见施崇恩编《绘图速通虚字法》，光绪二十九年杭州彪蒙书室石印本，卷首"凡例"第 1a—1b 页。
③ 茅盾：《我的小学时代（自传之一章）》，《宇宙风》第 68 期，1938 年 5 月 16 日。按：对照原书，茅盾的回忆略有误，其所称"此山高彼山更高"的图像，应为解释"彼"字的"彼山较此山尤高"（如图）。见施崇恩编《绘图速通虚字法》第 1 册，第 9a 页。

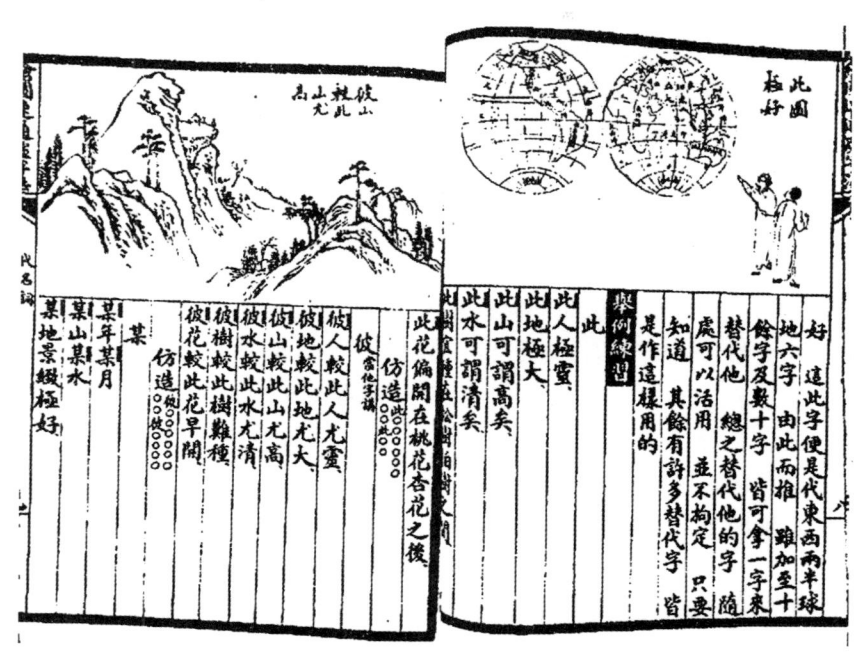

图1 施崇恩《绘图速通虚字法》以图像表现"虚字"文法

（四）适应学制的"文典教科书"

壬寅学制颁布前后，出现了署名为"泉唐戴懋哉克敦"和"伟庐主人"的两种《汉文教授法》，内容迥然不同。戴克敦《汉文教授法》在光绪二十八年八月由杭州编译局初版铅印，实是讲授词性、句法的文法书。该书原拟分上、下编："上编所言有识字、造句、分类辨用诸法；下编所言有句中之字、句中之句、句中各字之排列、句中各字之联属诸法。"目前仅见上编。其凡例声称："于汉文则采诸《马氏文通》《蒙学课本》《文学初阶》等书，于西文则采诸司温吞氏（William Swinton，1833-1892）、耐司非耳氏（John C. Nesfield，生卒年待考）、麦格斯活耳氏、克赖格氏、门由耳诸文法书，虽只语单词，间参臆说，而宏纲钜目，悉有折衷。"但从其所驱使的日式词汇来看，很可能也是借径日本，或利用了和译的西洋文典。该书课文仍是在字类项目下摘编例句，强调"专为童蒙而设，故各字各句皆就浅易立说"。戴氏《汉文教授法》在清末蒙小学教育实践中不无影响。光绪二十八年十二月，京师大学堂刊布《暂定各学堂应用书目》，在"字课作文"类中编入此种,并下按语云:"此书以西人文法部居汉字,以西文教法施之汉人,最为明确。惜太少。然以此发凡,不难推广。"光绪三十年十一月再版石印本,内封即有癸卯五月管学大臣张百熙的题笺。顺便一提的是,《暂定各学堂应用书目》亦列有《马氏文通》,仅注明"须节要讲授"而已。①

从戊戌前后到壬寅、癸卯学制颁布,新撰、新译的各种文法书多着眼于辅助蒙学识字造句的需要,有意与传统文章学保持距离。其所模拟的典范,则呈现出从拉丁语法向同时代日本"文典"著作转移的趋势。正如戴克敦《汉文教授法·例言》所云:"中国数千年来向无文法课本,惟马氏独创巨制,足启支那文字未宣之秘。"②《马氏文通》系统地引进"葛郎玛"体系,无疑大为拓展了国人对于"文法"的理解,但规模过于宏大、不适教科实际等缺陷,却使之并未能发挥最初预想作为科学津梁的启蒙功用,反而指向了一种专门之学。取代《马氏文通》成为典范的日式"文典",本有"文字""品词""文章"等多部,但在启蒙教育阶段受到关注的,仍然是"品词"即词类区划的部分。同时,亦已开始出现怀疑语法词类知识在初学阶段效用的看法。光绪三十年(1904)四月,蒋维乔在编辑《最新国文教科书》配套"教授法"时,日本顾问长尾甲就与他"谈及名、动等词惟中学校讲文法始用之,小学不宜用";蒋维乔质以日本小学教授书也有此等名目,长尾的回答是:"日本教授书求形式上之动目,铺排此等文法,实为缺点。著书者往往蹈此弊,不可从。"蒋维乔在日记中称自己"甚韪其言"③。

癸卯学制颁布以后,以古文讲读和作文为中心,中学堂、师范学堂、高等学堂的"文法"课程次第展开。但其时在中学堂、师范学堂流行的单行文法书,仍以讲述词性分类等语法内容为主,延续了按"品词"分章的形式。光绪三十二年九月,商务印书馆编译所《初级师范学堂教科书·中国文典》出版。由于初级师范学堂以培养小学教师为目标,该书实际上仍以"小学生徒"程度为准,分为正文和"参证"两部分。正文部分的语法解说,译自儿岛献吉郎(1866—1931)《汉文典》中分析词性分类的第二

---

① 《暂定各学堂应用书目》,京师大学堂光绪二十八年十二月刻本,第4b页。
② 戴克敦编:《汉文教授法》,杭州编译局光绪二十八年八月初版铅印本,"例言"第1a页。
③ 《鹪居日记》甲辰年四月十一日,《蒋维乔日记》第1册,第409页。

篇《文辞典》（详下节），在体辞、用辞、状辞、助辞四大类之下分别"十品辞"；"参证"部分则"列《马氏文通》并本馆《国文教科书》句"①。《马氏文通》《最新国文教科书》均为商务印书馆所出。通过《中国文典》的节取、参证，不仅打通了国文教科书与文法教科书的界限，更激活了此前因不适教科而遭到批评的《文通》内容，形成了商务馆从读本到文法的教科书序列。因此，《中国文典》亦可视作从教学实际的角度，利用日本"文典"的框架，对《文通》的庞杂内容进行了一次实用化、简捷化改写。

相较之下，光绪三十三年由东京多文社初版，后来又由商务印书馆改版行世的《初等国文典》，则更具有个人原创性。据作者章士钊自述，光绪三十二年有长沙同乡女士数人赴日留学，嘱其教授国文。章氏遂择取姚鼐《古文辞类纂》授之，诠释时则用"西文规律"，大获成功，遂整理而著为《初等国文典》一书，供"中学校一、二、三年级用之"。章士钊特别提到当时他与刘师培之间的分歧："吾友仪徵刘子，其文学当今所稀闻也。特其持论以教国文必首明小学，分析字类次之。（原注：刘子著有《中国文学教科书》。）余则以为先后适得其反。"章士钊认为"小学"（语言文字之学）实为专门之业，并举苏洵、苏轼父子之例，说明"为应用之文，固亦不必深娴雅诂者也……故小学者，当专科治之，不可以授初学"②。章氏指出"文典不外词性论、文章论二部，今以初级之故，专分词性，文章论暂未涉及也"，可知对于日式文典的分部体裁有一定程度的了解。惟其设想中的"文章论"，以联句成章的句法内容为主，并非有关"文章结构体裁"的讨论。

取代马建忠最初的启蒙教科书定位，《马氏文通》最终被确立为中学堂参考书。光绪三十三年（1907），学部批复章士钊上呈《初等国文典》，同时斥责马氏书"执泰西文法以治国文，规仿太切，颇乏独到之处；又征引浩繁，本非教科体裁，不适学堂之用"；而章氏《初等国文典》则"分类详备，诠解精当，实为近今不可多得之书，亟应审定作为中学堂一二年级国文教科用书"，并要求更名为《中等国文典》，以符名实。③ 但是到了

---

① 《中国文典第一编·凡例》，商务印书馆编译所《初级师范学堂教科书·中国文典》，商务印书馆光绪三十二年九月初版铅印本，卷首。
② 章士钊：《初等国文典》，东京多文社光绪三十三年四月初版铅印本，"序例"第2页。
③ 《长沙章士钊呈初等国文典请审定禀批》，《学部官报》第31期，光绪三十三年七月二十一日。

次年五月二十一日,《学部官报》第 57 期刊载出《审定中学暂用书目表》,则同时列有《马氏文通》及《中等国文典》两种文法书。《马氏文通》被认定为中学教员参考用书,部员所拟审定意见一改前次的苛责态度,指出:"近时作'国文典'者颇多,类皆袭其似而未知其所以然,亦可见此书之精审矣。虽非教科书,应审定为参考之善本。"针对"马氏征引稍繁,本非教科体例"的缺点,又规定章士钊的《初等国文典》作为学生参考用书,亦即同时认可了清末两种渊源不同的文法体系。① 新式"文法—文典"教科书虽然不尽符合癸卯学制对于"文法"的定义,到此还是被官方纳入了中学国文教育的范围。

二 "文典"与"文章"

光绪三十四年(1908)春,时任日本早稻田大学讲师的广池千九郎(1866—1938)来华调查学术。其间,得到与学部左侍郎严修见面的机会,并就中国文字、文典等问题与严氏交换了意见。广池亦曾撰有《支那文典》(1905)一书,被誉为明治时期日本汉文典的"集大成"之作。② 在其即将回国之际,严修赠以三部中国人自著的"文典书",分别为:

《初等国文典》　　一册　　光绪三十三年出版　　长沙章士钊著
《汉文典》　　　　二册　　光绪三十二年出版　　萧山来裕恂著
《文字发凡》　　　一册　　光绪三十一年出版　　桂林龙伯纯著

广池千九郎读过这些书以后,觉得三者都以《马氏文通》为底本,同时参考"日本文典教学"中得到的知识,"本来就是教育式的,而非学者式的著书;并非研究性的创作,而是说明性的教科书"③。其实,严修赠与广池氏的这三部书,在内容、风格、体裁等各方面都有很大差别:《初等

---

① 《审定中学暂用书目表》,《学部官报》第 57 期,光绪三十四年五月二十一日。
② 参见前揭牛岛德次《日本汉语语法研究史》,第 54—55 页。
③ 廣池千九郎『應用支那文典』早稻田大學文學科、1909、4—5 頁;袁廣泉「明治期における日中間文法学の交流」石川禎浩・狭間直樹編『近代東アジアにおける翻訳概念の展開』、131 頁。

国文典》为解说词性分类的纯粹语法书，《文字发凡》被后人视为修辞学著作，来裕恂的《汉文典》则介于二者之间。尽管最后只有《初等国文典》通过了学部的中学用书审定①，但在严修等朝廷教育主导者眼中，三者至少被认为是内容相近的书籍。可知当时"文典"的著述意识已趋于宽泛，逐渐从语法启蒙的门径深入到文章修辞的堂奥。

《汉文典》的作者来裕恂早年肄业诂经精舍，曾师从俞樾、孙诒让等朴学名家，据说"颇能通许、郑之学"②。光绪二十七年（1901），来氏任杭州求是书院（后改为浙江大学堂）教习，与高凤岐同事，亦熟识其弟高凤谦，奠定了日后与商务印书馆合作的人脉。③光绪二十九年（1903）夏，来裕恂赴日留学，入弘文书院普通师范班，亦曾应邀襄助横滨中华学校教务。次年夏初返里，"暑日在家无事，著《汉文典》以自遣"④。

商务印书馆广告将来氏《汉文典》列入"中学堂用"教科书。⑤但来裕恂自述著述宗旨，仍在文法启蒙意识的笼罩下，欲"以泰东西各国文典之体，详举中国四千年来之文字，疆而正之，缕而晰之，示国民以程途，使通国无不识字之人，无不读书之人"⑥。甲辰（1904）间来氏撰有《阅白话报》一诗，序述"欧洲当十六世纪前，本国言语尚未用诸文学。自达泰氏（但丁）以国语著书，而国民精神因之畅达。我国自古代来，言文不一，与欧洲十六世纪前同。欲救其弊，舍用白话文，其道何由？"云云，实取自《警钟日报》社说。⑦读其诗，可知他对普通教育、白话报及新小说的启蒙意识，都有相当程度的理解。⑧赴日留学经历和语言能力的获得，

---

① 《本部审定中学暂用书目表》，《学部官报》第57期，光绪三十四年五月二十一日。
② 俞樾：《叙》，见来裕恂《匏园诗集》，张格、高维国校点，天津古籍出版社1996年版，卷首第1页。
③ 来裕恂：《与宋燕生论近代学》《赠高梦旦（凤谦）江伯训（畲经）》《赠高啸桐（凤歧，时大学堂共事）》，分别见《匏园诗集》卷十三、十四，第246、254—255页。
④ 来裕恂：《暑日在家无事著汉文典以自遣》《海宁朱稼云（宝瑨）在长安办中学校邀任教科》《暑日予著文学史内子尝伴予至夜分或达旦》，《匏园诗集》卷十七，第321页。
⑤ 《上海商务印书馆新出各种教科书广告》，商务印书馆编译所《初级师范学校教科书·中国文典》卷末。
⑥ 来裕恂：《汉文典·序》，来裕恂原著，高维国、张格注释《汉文典注释》，第2页。标点有所调整，下同。
⑦ 见《论白话报与中国前途之关系（续昨稿）》，《警钟日报》甲辰（1904）三月十一日。
⑧ 来裕恂《阅白话报》："教育首当谋普及，言文一致用方宏。中流社会程犹浅，高等词章理曷明。但使俗情能露布，会看文化自风行。灌输民智此为易，常识多从说部生。"见来裕恂《匏园诗集》卷十六，第300—301页。

更使之有机会接触同时代日本"文典"著述的最新成果。① 在《汉文典》书前自序中，来裕恂有一段文字点评东、西洋各种"文典"，罗列书目颇丰，却又不无启人疑窦之处：

> 今〔未〕有合一炉而冶之，甄陶上下古今，列举字法、文法，如涅氏《英文典》、大槻氏《〔广〕日本文典》之精美详备者也。而或以《马氏文通》当之。夫马氏之书，固为杰作，但文规未备，不合教科；或又以日本文学家所著之《汉文典》当之，然猪狩氏之《汉文典》、大槻文彦之《支那文典》、冈三庆之《汉文典》、儿岛献吉郎之《汉文典》，类皆以日文之品词强一汉文，是未明中国文字之性质。故于字之品性、文之法则，只刺取汉土古书，断以臆说，拉杂成书，非徒浅近，抑多讹舛。②

这里所举编著《英文典》的"涅氏"，实即前引戴克敦《汉文教授法》中提到的"耐司非耳氏"（John Collinson Nesfield），所撰系列文法书在清末民国时期曾以"纳氏文法"之名风行一世。序中称为"涅氏英文典"，显然是袭自日文书名。③ 来裕恂似是以涅氏《英文典》与大槻文彦的《广日本文典》为本国人为本国文撰写"文典"的典范，既不满《马氏文通》不合教科书体例，又批评猪狩幸之助、大槻文彦、冈三庆、儿岛献吉郎等日本人所撰"汉文典"都是使汉文强就日文的词性分类，未明中国文字性质。

然而，前文已经提到，大槻文彦的《支那文典》其实是高第丕与张儒珍合著《文学书官话》（Mandarin Grammar）的注解本。原书主要分析官话，并不以日本人所谓"汉文"为对象，即便大槻氏在其"解"中沿用了日式词类名称，亦不存在"以日文之品词强一汉文"的问题。可见来裕恂未必看过他所批评这些先行著作。至少涅氏和大槻文彦的楷模，应是循着

---

① 来裕恂：《暑日在家无事著汉文典以自遣》其二，《匏园诗集》卷十六，第302页。
② 来裕恂：《汉文典·序》，《汉文典注释》，第2页。
③ 参见邹振环《清末民初上海群益书社与〈纳氏文法〉的译刊及其影响》，复旦大学历史学系编《中国现代学科的形成》，上海古籍出版社2007年版，第105—123页。邹文提及Nesfield文法书"在日本被毕业于东京大学英文科的岛文次郎补译为《涅氏邦文英文典》，该书正篇、后篇和续篇分别由富山房出版于1898年、1899年和1909年"。

日本汉学家儿岛献吉郎所著《汉文典》的"例言"发现的：

> 初，予读涅氏《英文典》及大槻氏《广日本文典》，聊有自得之处，乃始起欲著《汉文典》之志。后获马氏之《文通》及猪狩氏之《汉文典》，我心有甚慊者焉。因益欲完成前志，遂至于执笔起稿，时明治三十四年（1901）七月也。①

儿岛献吉郎先后著有《汉文典》及《续汉文典》，分别在明治三十五年（1902）8月和次年2月初版，正好赶上来裕恂赴日游学的时间。其时中国内地的文典、文法教科书，受猪狩、大槻等语法学家"汉文典"体例影响，基本上局限于词性分类、句法解说等单纯的语法知识。来裕恂的《汉文典》则分有"文字典""文章典"两部分，在文字学、词类划分之外，更着重文法、文诀、文体的探讨，甚至涉及修辞内容。其在选材和分部上的创新，貌似返回了中国固有的文章学传统，实则仍多受惠于儿岛《汉文典》等外来著作。只不过，这一时期随着国粹思潮的流行，对外国典范的别择范围和功能期待也在变化之中。在继续接引新思想、新语汇、新知识体系的同时，被选择、模仿的东西洋著作体式和学科观念，也有可能为回向传统资源提供契机。

明治十五年（1882），东京大学增设"古典讲习科"，次年又在该科设乙部，专门研修汉籍。出身备前国汉学世家的儿岛献吉郎，即为古典讲习科第二届毕业生。② 在其《汉文典》的开卷，儿岛献吉郎设置了一段自问自答："知我者评此书，曰参酌国文典、欧文典者也。予答曰然。不知我者读此书，曰并无参酌国文典、欧文典之处。予答曰然。"接下来，便解释自己受到涅氏、大槻氏触动，又不满于《马氏文通》及猪狩《汉文典》，从而起意著书的经过。但到起稿之时，却"发誓斥去前日诵读一切之文法书"③。故其书体制、内容与同时代日本的其他文典著作相比，都有较大差别。

明治三十五年（1902），东京富山房刊行了儿岛献吉郎《汉文典》的

---

① 兒島獻吉郎『漢文典』富山房、1902、「例言」1頁。
② 关于儿岛献吉郎生平与著述的简要情况，参见三浦叶「兒島星江（獻吉郎）とその學問——古典講習科漢書課卒業生の一活動」氏著『明治の漢學』、231—243頁。
③ 兒島獻吉郎『漢文典』、「例言」1—4頁。

第一版。该版包括第一篇"文字典"和第二篇"文辞典":前者以文字学为主,并及音韵学、训诂学常识;后者则分述十种品词,相当于当时一般"汉文典"著作的主体部分。针对言文一致论者指斥汉字"点画易谬""音义难记",儿岛认为当谋教授法的改良,先以六书、音韵训诂教授诸生,故有第一篇"文字典"的加入。该书例言最后提到:"当余欲著此书之时,本期待得出第一篇文字典、第二篇文辞典、第三篇文章典。今仅有第一篇、第二篇上梓,盖欲第三篇他日作为《汉文修辞法》出版,读者幸谅之。"① 但取代原计划中的《汉文修辞法》,第二年儿岛另出了《续汉文典》一书,分为"文章典""修辞典"两部。其"文章典"所研讨的"文章",并非大槻文彦《广日本文典·文章篇》以句法功能、句子结构为主的"文章",而是强调文章区别于语言而独有其"规矩""法式"的论点:

"文章典"者,论文章构成之典则者也……"文章"者,汇集言语及文法上之词汇,作句、为章、成篇,以完整表彰意思者也。故于文章典论述之范围,应自用字、造句之方法,推及于篇章之法则。若夫修辞学上之典型,则于第二篇"修辞典"有所叙述也。②

由此进入第二篇"修辞典"的探讨,则更"不止教授构成规则性的文辞之法则,乃指示作为美术性的文章的方法"。儿岛在这一部分并没有直接援引明治时期日本颇为流行的西洋修辞学(Rhetoric)或美学概念,而是更多地采用了和汉传统文章学的术语。他将文章分为"达意"和"修辞"两种:"达意之文,根据规矩典型,以正确与明晰为主,既能很好地发抒己意,又能使他人领解我意。而修辞之文则不一定遵守规矩典型,有抑扬,有擒纵,有正反,有详略,于正确中求圆活,明晰背后,以婉曲为旨。"③ 同时代日本的"汉文典"编撰者,或者出自新兴的语言学科,多从学理上强调西式语法内容的辨析;或者就实际应用的需要着眼,注重教科适用性。儿岛氏涵纳古典文章与修辞内容的新著《汉文典》,正是其早年古典讲习科背景与"反言文一致"论调的延伸,与大槻文彦、猪狩幸之

---

① 兒島獻吉郎『漢文典』、「例言」4頁。
② 兒島獻吉郎『續漢文典』富山房、1903、1—2頁。
③ 兒島獻吉郎『續漢文典』、117—118頁。

助、冈三庆等人的小册子相比，显得相当异类。①

前节已述，光绪二十六年（1900）"仁和倚剑生"著《编书方法》，向国人介绍"汉文典"的体例，已指出"汉文典"应包括"文字造作之原""究明语词用法""讲明文章结构之体裁"三部分。在同时期日本人所撰各种"汉文典"著作中，真正实现此种分部结构者，正是儿岛献吉郎的《汉文典》和《续汉文典》。无论是儿岛最初设想的文字典、文辞典、文章典三部，还是他对文章结构体裁的强调，均与"仁和倚剑生"所述相合。而当初在介绍"文典第二部"时，"仁和倚剑生"曾指出：

> 东文讲明词性，属于文典之第二部，西国文典亦如之。大致分为字法、句法两种。惟中国汉文讲明词句之法，久已失传，秦汉诸古文多用国语入文，故有释词之法。后至骈文兴，则只以积句积章为重矣；韩柳古文兴，则又只讲积章之法矣。文体屡变，故文法难明。今为略标文体之流变，曰词法宜求诸上古文，句法、章法宜求之中古、近代之骈散文。②

与此极为相似的一段话，出现在来裕恂《汉文典·文字典》论述词性分类的第三卷"字品"题下：

> 东文讲明词性，属于文典之第二部，西国文典亦如之，大致分字法、句法两种。中国讲明词句之法久已失传。秦汉以上多以国语入文，故有释词之法。至骈文兴，以积句积章为重，而释词之法废矣。厥后韩柳作古文，亦只作积章之法，而词法鲜有究及者。③

两相对照，可知来裕恂很可能读过"仁和倚剑生"此文。《编书方法》述毕"汉文典"的编法，更论及"取材于诸史文苑传、《文心雕龙》及诸家诗文集，可以创立一文学小史稿本，依文学史定例，再编文典"，对于

---

① 儿岛献吉郎曾于明治二十二年（1889）挑起"言文一致"论战，主张"言文一致乃未开之风习，言文分离乃文明之常态"，引来山田美妙（1868—1910）等知名作家的反驳。参见山本正秀『近代文体発生の史的研究』岩波書店、1965、704—727 頁。
② 仁和倚剑生：《编书方法》，张一鹏辑《便蒙丛书·教育文编》，第 19a—21a 页。
③ 来裕恂：《汉文典·文字典》第三卷《字品》，《汉文典注释》，第 74 页。

来氏稍后创编《中国文学史稿》之举，抑或不无影响。来裕恂应是在赴日以前就看过《编书方法》等介绍"汉文典"体裁的文字，到日本后又接触到儿岛献吉郎《汉文典》等著作。在其文字、文辞（词类）、文章分部体裁的启发下，来氏《汉文典》增加了当时内地一般文法书所无的小学训诂和文章学知识：其《文字典》述"字之源流与品性"，包括文字学和词类学，相当于儿岛《汉文典》的"文字典""文辞典"。其《文章典》"论文之法规与品格"，相当于儿岛《续汉文典》的"文章典""修辞典"。

按照儿岛献吉郎《汉文典》的分部顺序，来裕恂《汉文典》首列"文字典"，述汉字的起源、功用、称谓、变化以及六书形音义原理。与儿岛以"六书"改良汉字教法的初衷不同，来裕恂认为"六书"之学繁赜，考证家言人人殊，解说时不能"局蹐于汉学旧说，以戾文典义例"，更要立足于教学现实。① 在具体阐释"六书"之时，来裕恂则要比儿岛在行得多。如关于历来小学家聚讼的"转注"，儿岛《汉文典》释为"转其义，或注其意味，遂转化其音"，举日本音读汉字的一字多音为例，实为曲解。② 来裕恂则就《说文》"考""老"二字论之，强调转注不属声，应"以义统之"，历数自许慎、卫恒、贾逵直至清初顾炎武、潘耒论转注之说以为证明。③ 来氏"文字典"第三卷"字品"即词性分类部分，对应于儿岛《汉文典》的第二篇"文辞典"，却并没有采用儿岛原书的日式品词分类，而是沿用了《马氏文通》的九类字体系。

来氏《汉文典》下部为《文章典》，分为"文法""文诀""文体""文论"四卷。这部分所称"文法"，显然不是 Grammar 的译语，而颇接近癸卯学制定章中的"文法"，主要阐述包括字法、句法、章法、篇法在内的文章作法。论者不难从中发现搬用陈骙《文则》、陈绎曾《文筌》、高琦《文章一贯》、李腾芳《文字法三十五则》、归有光《文章指南》等传统文章学著作的痕迹。④ 又如其"字法"一篇述"语助法"，分为起语字、接语字、转语字、辅语字、束语字、叹语字、歇语字七

---

① 《汉文典注释》，第 7 页。
② 兒島獻吉郎『漢文典』、27—28 頁。
③ 《汉文典注释》，第 37—40、44 页。
④ 参见宗廷虎、李金苓《中国修辞学通史·近现代卷》，吉林教育出版社 1998 年版，第 177—185 页；朱迎平《〈汉文典〉的文章学体系及其特点》，王水照、朱刚主编《中国古代文章学的成立与展开》，复旦大学出版社 2011 年版，第 483—495 页。

节，各举例字进行解说，实是取自清初唐彪《读书作文谱》论"文中用字法"一大段。①尽管如此，涉及文章界说、变迁、品格、分类等问题，来氏仍不能不参考外来新资源。这些接近于后来文学理论、修辞学和文学史的学科专门知识，却都在"文法"的名义之下，纳入了"文典"的著述框架。

1. "文学"的界说和学科位置

来裕恂在《汉文典·文章典》第四卷"文论"的原理篇揭橥："地球各国学校，皆列国文一科。始也借以启普通知识，继则进而为专门之学。果何为郑重若斯哉？以文之盛衰，系乎国之存亡，故知保存其文，即能保存其国……故有文斯有国，有国斯有文。"②除了呼应《奏定学务纲要》宣扬的国文即国粹论，来氏此处更指出"国文"一科有"普通知识"和"专门之学"的区别。以往教育家多就初学启蒙谈国文重要性，作为"专门之学"的国文又如何定位？"文论"卷第二篇"界说"讨论文与辞、文与字、文与学、文与道四组关系，提出古今一切学术都可分为讲万殊之学的"理学"和讲一本之学的"道学"两种，"文学"则属于"理学"之下的"无形理学"③。来裕恂所述学科体系以及"文学"在其中的位置，可以归纳为下图：

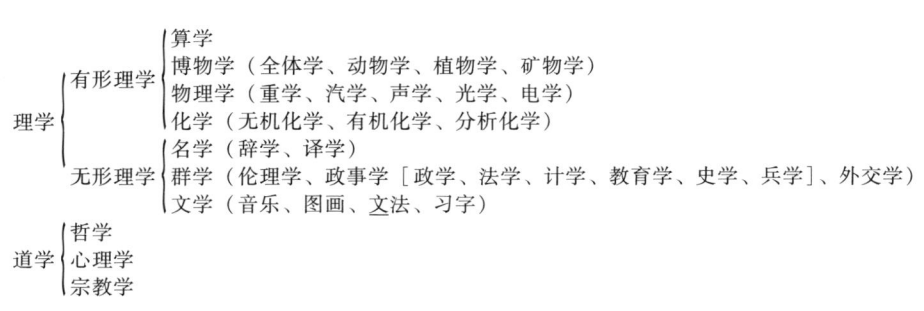

```
         ┌ 有形理学 ┌ 算学
         │         │ 博物学（全体学、动物学、植物学、矿物学）
         │         │ 物理学（重学、汽学、声学、光学、电学）
         │         └ 化学（无机化学、有机化学、分析化学）
理学 ────┤
         │         ┌ 名学（辞学、译学）
         │ 无形理学 │ 群学（伦理学、政事学［政学、法学、计学、教育学、史学、兵学］、外交学）
         │         └ 文学（音乐、图画、文法、习字）
         │
         ┌ 哲学
道学 ────┤ 心理学
         └ 宗教学
```

图 2　来裕恂所述学科体系

来裕恂强调"理学"与"道学"之分来自"吾中国之言学"，实际上却是源于近代西方广义上科学（Physik）与玄学（Metaphysik）的对立。

---

① 唐彪：《读书作文谱》卷七，白莉民等点校，岳麓书社 1989 年版，第 96—104 页。
② 《汉文典注释》，第 374—375 页。
③ 《汉文典注释》，第 382—382 页。

考来氏此处所述学科体系，实取自蔡元培于光绪二十七年（1901）九月出版的《学堂教科论》。蔡氏的相关论述则是以日本哲学家井上圆了（1858—1919）的著作为中介，吸收了德国学者多伊森（Paul Deussen, 1845-1919）的学科体系论。[①] 蔡元培根据井上之说，分学堂教科为"有形理学"（相当于自然科学）、"无形理学"（类似社会科学，又称"有象哲学"）、"哲学"（又称"无象哲学""实体哲学"）三部，并说明"彼云哲学，即吾国所谓'道学'也"。纳入"无形理学"的"文学"一门，亦见于《学堂教科论》。蔡氏指出："文学者亦谓之美术学，《春秋》所谓文致太平，而（斯宾塞）《肄业要览》称为玩物适情之学者，以音乐为最显，移风易俗，言者详矣"；其"文学"包括音乐、诗歌骈文、图画、书法、小说诸学。[②] 对照井上原书，可知《学堂教科论》所称"文学"，正处于多伊森学科体系中"美学"（Ästhetik）的位置，故能兼包诸种文艺。[③] 其下属的"诗歌骈文学"一项，才是来裕恂专论的词章之学。经过来裕恂的删并，"文学"与名学（逻辑学）、群学（广义社会学）并立，不再局限于传达科学知识或国族意识的工具。同时，广义的"文学"也无法自外于他科知识。来裕恂强调必须通一切之学，才有可能振起一国之文，所以"于学中求文，谓之不知务；于文中求学，谓之不知本"。[④]

2. 文章史的变迁

《汉文典·文章典》第四卷"文论"中值得注意的，还有"变迁"一篇。该篇推崇春秋战国为"极盛时代"，魏晋、六朝为"薄弱""淫靡"时代，尚不出近世古文家讲述文章流变的见解。但言及元代文章衰微，同时指出"小说戏曲……最发达"；认定明代为文章兴复时代，"惟震川（归有光）一派稍褊薄耳，然不得谓非文章之正宗也"；声言清朝文章昌明，"方（苞）以理胜，刘（大櫆）以才胜，姚（鼐）则兼其所长……后得曾涤笙（国藩）以雄直之气、宏通之识，合汉学、宋学，发为文章，不

---

① 蔡崔顾（元培）先生稿《哲学总论（续第一期）》，《普通学报》光绪二十七年十一月第2期；《妖怪学讲义录（总论）》（1906），高平叔编《蔡元培全集》第1卷，中华书局1984年版，第263—264页。按：相关内容蔡元培分别译自井上圆了《佛学活论本论》（1890）与《妖怪学讲义》（1894）二书，而井上的学科体系表，又源自多伊森的 *Elemente der metaphysik*（1877）一书。见井上圆了『純正哲學講義』哲學館、1894、47—48頁。

② 蔡元培：《学堂教科论》，高平叔编《蔡元培全集》第1卷，第142、144—145页。

③ 井上圆了最初译为"审美学"，在多伊森原书中即作 Ästhetik，见『純正哲學講義』、48頁。

④ 《汉文典注释》，第383页。

立宗派";而近今文章"以适用为主,……于论说、诗歌、小说等力为改良,以求适用"。① 这些判断应出自来裕恂的自家心得,同时融入了一些新出的文学史视点(如注重小说戏曲等)。辛丑年与好友评点学林,来氏曾写下"桐城(吴汝纶)、湘绮(王闿运)文章擅,艺苑犹资一木支"的诗句,可见他对同时代文章家数的看法。② 光绪三十二年《汉文典》出版时,来裕恂又写诗自陈:"学希许郑文班马,法准欧苏义柳韩。"学问宗主训诂考据,文章以马班格调扩充八大家的门庭,与曾国藩古文不立门户的宗尚相近。③ 相关论点,来裕恂在稍后撰写的《中国文学史》稿本中亦有所发露。

3. 文章的"品致"(Style 或 Taste)

来氏《汉文典·文章典》专设有"文品"一篇,首举"文品如人品,大抵不外阴阳二性",似乎仍是延续姚鼐、曾国藩等论阴阳刚柔的旧说;进而提及锺嵘、司空图《诗品》。然而,对读文本即可发现:来裕恂在具体阐释六类三十三种"文品"时,并没有那么依傍于古典诗文评的"诗品""文品",而是直接挪用了儿岛献吉郎《续汉文典·修辞典》中"文之品致"一章的分类:

表1 来裕恂论"文品"与儿岛献吉郎论"文之品致"的对照

	儿岛《续汉文典·修辞典·文之品致》	来裕恂《汉文典·文章典·文品》
庄重	雄浑 典雅 崇大 宏肆 森严 高远 苍古 沉郁……	典雅 雄浑 崇大 闳肆 谨严 高远
优美	丰润 秾艳 敦腴 富赡 委婉 流丽	丰润 殊丽 委婉 和易 秀美 蕴藉
轻快	平淡 洒脱 清新 奇巧 圆活 滑稽 嘲谑	神妙 飘逸 平淡 潇洒 新奇 圆适 滑稽
遒劲	豪放 跌宕 奔逸 锐利 奇峭 老健 简炼 高峻	清刚 强直 豪放 倾险 峭刻 英锐 劲拔
明晰	精核 简洁 平正 明鬯 疏通	简洁 平正 明畅
精致	精炼 详悉 曲折 周密	精约 缜密 纯粹 温厚

光绪三十年(1904)林传甲在大学堂优级师范科讲授国文,其《中国文学史》讲义已暗中引用了儿岛区分的"庄重、优美、轻快、遒劲、明

---

① 《汉文典注释》,第412、414、416—417页。
② 来裕恂:《与宋燕生论近代学》,《匏园诗集》卷十三,第246页。
③ 来裕恂:《赴沪为汉文典出版》,《匏园诗集》卷十八,第338页。

晰、精致"六类"文之品致",并摘取了其中部分例证。① 来裕恂《汉文典》则在挪用基础上再加以改写,不仅对六类"品致"的具体内容有所增删,还将儿岛氏的评语扩充为类似《二十四诗品》风格的赏析段落。如儿岛论"庄重":

> 庄重者,用谨严之笔,遣浑厚之意也。即雄浑、典雅、崇大、宏肆、森严、高远、苍古、沉郁,气魄渊厚,丰采莹彻,词尽而有余韵,意止而有余情。所谓有渊然之光、苍然之色者,皆属此部。远如《尚书》之典雅,《春秋》之谨严,近则韩退之《平淮西碑》之庄重,《原道》之崇大,及苏老泉《张益州画像记》之雄浑,皆此类也。②

到来裕恂《汉文典·文章典》中,则先总述"庄重"宗旨,实即檃栝儿岛氏语:"庄重之文,必运以浑厚之意,出以谨严之笔,其气魄则闳而大,其丰神则莹而澈,渊然之光,苍然之色,时发见于外。此类是也。"然后,再将儿岛所举"雄浑、典雅、崇大、宏肆、森严、高远、苍古、沉郁"以及引书时提到的"谨严""庄重"等要素合并,敷演为来氏书中的"典雅、雄浑、崇大、闳肆、谨严、高远"六节。

儿岛献吉郎将"文之品致"纳入《修辞典》,所论各种"文品",实与当时日本学者译自西洋修辞学的"风格论"不无相通之处。作为日本近代修辞学的开山之作,菊池大麓译自钱伯斯百科全书条目的《修辞及华文》(1879)论及"一般文体之品格",就已列有:简易(Simplicity)、明晰(Clearness)、势力(Strength)、感动(Feeling)、彻底(Expressiveness)、洗新(Freshness)、典雅雍容(Taste Elegance)、音调(Melody)、奇警(Epigram)、跌宕(Sublime)、富丽(Beauty)、哀情(Pathos)、滑稽(Ludicrous)、讥刺(Wit)、戏谑(Humour)等多种风格要素。日本明治时期的修辞学著作大多包含此类辨析,儿岛对西洋学问不无抵拒,却仍有可能受其濡染。其论"文之品致"时所列"优美""遒劲""明晰""典

---

① 林传甲:《京师大学堂国文讲义·中国文学史》第六篇,"初学篇章宜分别文之品致"条,武林谋新室宣统二年六月校正再版铅印本,第75页。
② 兒島獻吉郎『續漢文典』、126—127頁。

雅""崇大""滑稽""跌宕""周密"等名目，均可在同时代修辞学书关于"文体"（Style）或"嗜好"（Taste）的描述中找到。① 这些渊源于西洋修辞学的风格要素，随后又经过来裕恂的改写，被赋予"文品""诗品"等中国既有的词章赏析形式。

4. 文章的"辨体"

来裕恂在《文章典》的"文体"一卷开头，追溯了中国古来文家辨体的谱系：

> 中国文家，辨体者众矣……自《昭明文选》分类三十七，宋元以来，总集别集虽稍更其列目，要以《文选》为主。但《文选》分类，前哲已多有议之者。至明吴讷《文章辨体》径增为五十类，而徐师曾之《文体明辨》又细别为百一类，徒从形体上观察。故近人毛西河、朱竹垞之徒，痛斥《文体明辨》。自姚惜抱《古文辞类纂》分部十三，于是古文之门径，可于文体求之。然赠序、书说之分类，于义究有未安。曾涤笙《经史百家杂钞》易为十一类，文义较密，而体裁则未之及焉。②

来氏赞成清初毛奇龄、朱彝尊等学者的观点，认为从《文选》到明人《文章辨体》《文体明辨》都仅从形式上考察，失于烦琐，较认同姚鼐、曾国藩的分类。只是此段评议古今文体分类的文字，依旧取自儿岛献吉郎：

> 梁昭明太子之《文选》类别文章，分为……三十七类，宋元以来文集，即列朝之总集、名家之别集等，多据《文选》之分类法选次，或更有细别其名目者。明吴讷之《文章辨体》分文体为五十类，徐师曾之《文体明辨》更细别之为百一类。然而此等分类，毕竟不过文题上所见之皮相的观察。细讨其内容，则百一之类中，其名殊实同、题目异而性质相齐者，所在多有。宜清之毛西河、朱竹垞辈于徐氏《文体明辨》痛加贬斥，谓之不可视为书籍。故姚鼐之《古文辞类纂

---

① 速水博司『近代日本修辞学史——西洋修辞学の導入から挫折まで』有朋堂、1988、351頁。
② 《汉文典注释》，第292页。

〔篹〕》分文章部门为……十三类，大体得其要。然而如若从作家之著意及著笔上概观之，则应知毕竟不过叙记、议论而已。①

儿岛原书论"体裁上之分类"，别为叙记、议论二体。来裕恂《汉文典》中"文体"一卷则列有叙记（序跋、传记、表志）、议论（论说、奏议、箴规）、辞令（诏令、誓告、文词）三大类，自是延续真德秀《文章正宗》以来按照文章功能区分大类的惯例。来裕恂言及曾国藩《经史百家杂钞》，则为儿岛献吉郎未曾提到的资源。参用《文章正宗》四大类和《古文辞类篹》十三小类，《经史百家杂钞》以著述（论著、词赋、序跋）、告语（诏令、奏议、书牍、哀祭）、记载（传志、叙记、典志、杂记）三门统摄十一类，亦对来氏的分类法有所影响。

来氏所分小类中"文词""奏议"两种的归属较为特别。真德秀《文章正宗》单独列"诗赋"为一大类；曾国藩《经史百家杂钞》不录诗歌，而以词赋入"著述门"。来裕恂则将狭义之"文"（俳谐文或杂著文）、诗歌、词赋、乐府、小说统合为"文词"一小类，又将此"文词"挪入"辞令"大类。与此同时，不同于曾氏以"奏议"为"告语"之一种，来氏《汉文典》中的"奏议"在"议论"大类之下。关于"议论"中最为重要的"论说"文章，来裕恂指出：

> 盖原于名学，而合于论理学者也。②

清末"名学""论理学"均为西洋逻辑学（Logic）的译语，前者源自严复，后者则取自日本译词。③ 但若如此理解，则该句就成了同义反复。此处"名学"二字或指"名家之学"，正可呼应"议论"篇题旨中"议论之文……有诸子之遗风"等语。强调议论文的逻辑学要素，并将之上溯到先秦名家，本是晚清西学盛行与诸子学复兴两股潮流交汇而形成的认识，

---

① 兒島獻吉郎『續漢文典』，57—59頁。
② 《汉文典注释》，第310页。
③ 梁启超《近世文明初祖二大家之学说》："按英语 Logic，日本译之为'论理学'，中国旧译'辨学'，侯官严氏以其近于战国坚白异同之言，译为'名学'。然此学实与战国诡辩家言不同。"见《新民丛报》第1号，光绪二十八年正月初一日。并参见左玉河《名学、辨学与论理学：清末逻辑学译本与中国现代逻辑学科之形成》，《社会科学研究》2016年第6期。

经过章太炎、严复、章士钊等学者提倡，至民初遂有"逻辑文学"之称。①当诗词歌赋不再被视为"著述"而挪入"辞令"，原本在"告语"范围内，强调措辞应对当否的"奏议"则返回了注重逻辑思理的"议论"一类。在与真德秀、曾国藩近似的框架设计之下，来裕恂对细部归类的微调，亦可表现近代文体观念在西学影响下的暗中腾挪。

除了承自文章总集的"辨体"之学，来氏在《文章典》第四卷"文论"之下，又设立"种类"一篇，从体裁（撰著之体、集录之体）、格律（韵文、骈文、四六文、散文或古文）、学术（儒、道、阴阳、法、名、纵横、杂家之文）、世用（名世、寿世、经世、酬世之文）、性质（理胜、情胜、才胜、辞胜之文）、通俗（公移、柬牍、语录、小说之文）六方面，以更为宏观的视野区别文章种类。② 其中，"性质"上按照理、情、才、辞分述文章之能事，固然是古文或小说评点中古已有之的思路，却同样直接源自儿岛献吉郎《续汉文典·文章典》的论述：

> 从性质上，文章分为理的、气的、情的、才的、辞的五种。③

儿岛在此段下辨别谢枋得《文章轨范》"放胆文""小心文"亦似性质分类，可惜难以从中认识作者意趣，故未能纳入。来氏亦云："昔谢枋得分放胆、小心二体，亦从性质上观之，惜范围稍狭。"④ 在具体论述时，来裕恂往往自出机杼：不仅有细节的调整（如儿岛推崇苏轼、袁枚为"才的文章"之作手，来氏则改为贾谊、苏轼），更将儿岛所分五类当中"气的文章"一类完全删去。儿岛氏书中曾提及"相对而言，汉文家当中气的作家比较多"⑤，来裕恂则有意忽略古文家艳称的"气胜之文"。

值得注意的是，在来裕恂《汉文典》出版以前，儿岛献吉郎《汉文典》在清末新学界已经有了一定程度的接受。早在光绪二十九年（1903），章太炎致书刘师培论"辞典当分词性"，就已提到："日本九品之法，施于

---

① 见罗家伦《近代中国文学思想的变迁》，《新潮》，北京大学出版社1998年版；胡适《五十年来中国之文学》（1922），《胡适文集》第3卷，北京大学出版社1998年版，第234—236页。
② 《汉文典注释》，第385—398页。
③ 兒島獻吉郎『續漢文典』、63頁。
④ 《汉文典注释》，第395—396页。
⑤ 兒島獻吉郎『續漢文典』、64—65頁。

汉文，或有进退失据，儿岛献吉复增前置词为十品，然此皆以欧语强傅汉文。"① 六年后（1909）致信罗振玉，章太炎又言及"儿岛献吉之伦，不习辞气，而自为《汉文典》"②，继而在《教育今语杂志》中斥责："可笑有个日本人儿岛献吉，又做一部《汉文典》，援引古书，也没有《文通》的完备。"③ 儿岛《汉文典》在清末的译本，除了前述光绪三十二年商务印书馆编译所摘译其"第二篇"而成的《中国文典》，还有光绪三十一年（1905）八月上海科学书局排印的丁永铸译《国文典》，仅为原书第一、二篇的节译。④ 光绪三十二年二月，文明书局推出通州俞固礼"译著"的《最新作文教科书》，分为"文章典"和"修辞典"两部分，实即译自儿岛《续汉文典》，几乎是以"和文汉读法"节抄原书的产物。⑤

要之，在来裕恂之前，中国学者对儿岛《汉文典》的批评或译介，仍主要集中在分析词类的语法部分，视之为与《马氏文通》《初等国文典》同类的"葛郎玛"。即便有对其书"文章"和"修辞"部分的译介，也还停留在抄译原文的水准。儿岛献吉郎和来裕恂先后致力于在"文典"体式中开拓"文章"的空间，但他们的这一番努力，却未必能适应清末国文教育弥漫的功利氛围。光绪三十二年四月，商务印书馆首版来裕恂《汉文典》问世，版权页附注英文标题为"*A Manual of Chinese Grammar*"，同样归入了"葛郎玛"一类。在这种期待视野之下，来氏《汉文典》的缺点当然相当明显。⑥ 宣统元年十一月（1910年初），学部批复商务印书馆呈审教科书，即明确指出："查（来裕恂）《汉文典》分'文字典'、'文章

---

① 章太炎：《再与刘光汉书》，《章太炎全集》四，上海人民出版社 1985 年版，第 150 页。
② 章太炎：《与罗振玉书》，《章太炎全集》四，第 172 页。
③ 章太炎：《教育的根本要从自国自心发出来》，见陈平原选编《章太炎的白话文》，贵州教育出版社 2001 年版，第 96 页。
④ 有东京弘文堂和上海作新社两种铅印本，均署光绪三十一年八月出版。
⑤ 著者所见俞固礼此书为"光绪三十二年二月初版"的铅印本，内文及版权页皆作"最新作文教科书"，但外封署"中等作文教科书"，当时似颇以《中等作文教科书》之名行世。如蒋维乔光绪三十四年二月初六日日记即提到："阅毕《中等作文教科书》一册，是书为通州俞固礼译著，上卷为'文章典'，下卷为'修辞典'，尚有条理，可作教科之用。"见《蒋维乔日记》第 2 册，中华书局 2014 年影印本，第 528 页。又按：清末尚有戴克敦编辑的另一种《最新作文教科书》（商务印书馆光绪三十四年八月初版铅印本），为针对初等小学用《最新国文教科书》的配套作文书，与俞氏所译此种不同。
⑥ 1916 年，胡适在留美期间"读萧山来裕恂之《汉文典》"，犹以为"此书眼光甚狭，殊不足取"。见曹伯言编《胡适日记全编》第 2 册，安徽教育出版社 2001 年版，第 385 页。

典'二种。'文字典'征引有本，条理亦颇明晰，可作为参考用书，错误处另纸批出，务即照改。'文章典'未免臆说，兹事体大，非可率为。"①来氏用力较多的"文章典"部分，反而被视为"臆说"而未获采纳。

三 "修辞"与"美辞"

除了当时教育界普遍理解为 Grammar 对应物的"文典"，清末民初同样以日本为中介引进的"修辞学"或"美辞学"（Rhetoric），则被定位为改良中等以上国文教育、通向文学专门研究更进一步的资源。前引光绪三十二年《寰球中国学生报》刊出的《国文之研究》一文，已指明"修辞学"为"成语法"之后"研究国文之第二步"②。作者范祎为传教士林乐知（Young John Allen, 1836-1907）晚年的得力助手，"幼而读书，嗜诗古文辞之学"，却并非"谬持保存国粹之迂见，方襟矩袖，导后来学子以顽锢否塞之途"的保守之士③，故更能融会中西文章，追溯"中国之修辞学"的源头：

> 若夫中国之修辞学，则历代以来，成书不胜枚举。陆机之《文赋》、锺嵘之《诗品》、贽〔挚〕虞之《文章流别》、刘勰之《文心雕龙》，为人人所知者。唐宋名人无不有论文之书散见各集，明代之批抹家尤盛于一时。其修辞学之所造，即其文字派别之所在。鹿门（茅坤）、震川（归有光）、公安、竟陵，见地既殊，途径斯异，绵绵薪传，至今未绝。此真中国文学界之特色也。

不同于"文典"主要取则于西洋或日本，"修辞学"这一学科名词虽取自日本，但中国古来就有"修辞立其诚"的传统。④ 外来的修辞学知识

---

① 《商务印书馆经理候选道夏瑞芳呈汉文典及希腊各史请审定批》，《学部官报》第 134 期，宣统二年九月初一日。
② 范祎：《国文之研究》，《寰球中国学生报》第 2 期，丙午年（1906）七月。
③ 范祎生平自述，见《万国公报二百册之祝词》，《万国公报》（月刊）第 200 册，光绪三十一年八月。
④ 尽管早有学者指出：历代文家和现代修辞学者将《易·文言传》引孔子"修辞立其诚，所以居业也"句中的"修辞"理解为修治文辞，实为误解经义。参见周策纵《易经"修辞立其诚"辨》，《中国文哲研究集刊》1993 年第 3 期。

体系，至少看上去更容易跟癸卯学制要求的"历代名家流别""历代文家论文要言"等内容对接。除了介绍"修辞学"分为体格、思想、词藻、声调四方面，范祎还指出国文"最近之学说"分为两种："一有历史性质者，易言之曰记事文；一有哲学性质者，易言之曰说理文"。这一区分标准，同样取自同时代日本的修辞学著作。来自西洋并经过日本转手的近代修辞学体系，被认为足以整合六朝诗文论、唐宋论文书札、明代"批抹家"等"文字派别"，甚至可以激活一些在中国本土被压抑的文章学资源。

正是在范祎此文发表前后的光绪三十一二年间（1905—1906），出现了一批译介或援用明治时期日本修辞学著译的中、高等学堂教科书，以汤振常的《修词学教科书》、龙志泽的《（中学文法教科书）文字发凡》、王葆心的《高等文学讲义》为代表。这些著作最初涌现的时间点，正是清廷废止科举之际，又值"美术""美学"观念次第引进。正如其各异的标题所显示的，"修词〔辞〕学"在清末往往被视为"文法"与"文学"的重叠部分。更重要的是，借由这种学科混淆状态，西洋修辞学带来的叙事、记事、议论、解释等"构思"分类，得以与中国固有的"文章辨体"传统融合，为文章学在新式学堂体制和教科书体裁中的传授，搭建了最初的结构框架。①

（一）作为技艺的"修辞学"

光绪三十一年（1905）五月，上海开明书店首印《修词学教科书》一册。作者汤振常为同盟会成员，受南洋中学校长王培孙器重，长期担任该校国文教习。② 在《修词学教科书》的"叙言"中，汤氏指出中学国文教育当分"讲、读、作、写"四项："讲"的内容包括"国文典、论理学、修词〔辞〕学、文学史"，即以西洋古典学基础"三艺"（语法、逻辑、修辞）加上近代兴起的文学史而构成广义的文学知识体系；"读"与

---

① 近代意义上的修辞学导入中国，以往研究多以汤振常《修词学教科书》为起点，近年则有学者注意到光绪三十年发表于《北洋学报》的《演说美辞法》（编译自泽田诚武《雄辩秘术·演说美辞法》）一书。参见霍四通《中国近现代修辞学要籍选编》，上海教育出版社2019年版，第3—17页。按：《演说美辞法》所介绍的知识体系，属于古典修辞学的"雄辩术"（Oratory），主要关注演说技术，与近代以来成熟的"文学界之修词法"尚有不同。

② 有关汤振常生平，参见霍四通《〈修词学教科书〉作者考》，载其所著《中国近代修辞学的建立——以陈望道〈修辞学发凡〉考释为中心》，上海人民出版社2012年版，第254—267页。

"作"则分为"记事文、叙事文、解释文、议论文"四种体式展开,又以时代为别逆溯,"自近世文而近古文,而中古文,而上古文"。这一框架接近同时期日本中学校、高等学校国语课程由讲读、文法、作文、习字、文学史等部组成的结构。《修词学教科书》"用为南洋中学第四年级国文讲本",在癸卯学制中学堂五年学程中,属较高阶段的教学内容。① 其卷首冠有开明书店经理夏清贻的序文,提到此书在清末"文法书"撰述史上的特殊意义:"近今作家始知准则欧文,讲撰文典,要于字类学綦详,而于组织成文之理,如英文所设 Syntax 者,犹未之尽。修词学者,其一部分也。"② 修辞学被定位为继"文典"讲究"字类学"之后,专门研讨句法措辞(Syntax)的一门学科。

汤振常在其书卷末"附记参考各种书目",包括刘勰《文心雕龙》、唐彪《读书作文谱》、儿岛献吉郎《汉文典》、佐佐政一《修辞法》、岛村泷太郎《新美辞学》五种。③ 此外还附记了"参考书摘要"和"例题"。但正如其"叙言"所自陈:"是书编述时,以日本武岛又次【郎】之《修词〔辞〕学》为粉本。"汤氏书分"体制"与"构想"两编:前编述"文之构成"(文字、句节、段落、篇章)及"转义"(trope)、"辞样"(figures of speech)等修辞格知识,后编则分记事文、叙事文、解释文、议论文四类,阐述行文构思。④ 这一结构正是取自日本学者武岛又次郎(1872—1967)的《修辞学》一书。除了偶尔添加"白乐天每作一诗必使老妪解之"之类的本土例证,或将原书立足日本的论述改撰为中国情形⑤,《修词学教科书》几乎可看作武岛原书去除例证之后的梗概译本。

---

① 汤振常:《修词学教科书》,上海开明书店光绪三十一年五月初版铅印本,卷首"叙言"第 1b—2a 页。
② 汤振常:《修词学教科书》,卷首"序"第 1a 页。
③ 汤振常:《修词学教科书》,第 45a 页。
④ 汤振常:《修词学教科书》,卷首"叙言"第 1a 页。按:"辞样"今通译为"修辞格","转义"则为各种比喻在内的"改变词语本来意义而用于临时的修辞意义"的现象。在古罗马昆体良(Marcus Fabius Quintilianus, c. 35–c. 95)奠定的古典修辞学体系中,二者为两个并列的概念,但现代修辞学渐趋于将二者都统于"修辞格"。
⑤ 如"体制"篇中"文字"一节提到滥用外来语的弊端,武岛原书强调"日本文脉"受"汉文脉"和西洋词汇干扰的负面后果,汤书则改取"中国文脉"纯化的立场:"我国昔日,已有佛教之流入,间与印度文脉相杂,近则日本文脉、欧西文脉盛行于国中。此等弊窦,见于翻译书中者最多……"分别见武岛又次郎『修辭學』博文館、1898、41—42 页;汤振常《修词学教科书》,第 9b—10a 页。

近代日本对西洋修辞学知识体系的接受，始于西周（1829—1897）、尾崎行雄（1858—1954）、菊池大麓（1855—1917）等学者的开拓；从自由民权运动时期的口头演说术，到集中于文章技巧、文艺批评等书面领域的体制化知识，有过"论理术""文辞学""华文学""修辞学""美辞学"等多种译名。明治中后期，高田早苗（1860—1938）、坪内逍遥（1859—1935）、岛村泷太郎（1871—1918）等"早稻田系"学者（东京专门学校师生）强调"Rhetoric"与美学研究的关系，创制了"美辞学"之称。与之相对，帝国大学出身的武岛又次郎、佐佐政一（1872—1917）等则偏重应用写作，仍采用通行的"修辞学"之名，亦称"修辞法""文章组织法"。明治三十一年（1898）作为"帝国百科全书"之一种出版的武岛又次郎《修辞学》，自然属于后者。①

在光绪二十八年（1902）发表的《文学说例》一文中，章太炎就已引及武岛《修辞学》，但仅涉及其书第一编"文章之构成"关于言语（词汇）三种分类及用法的论述，仍是置于章氏素来关心的"正名"问题中来理解。② 两年后（1904），林传甲的《中国文学史》讲义亦提到"日本文学士武岛又次郎所著《修辞学》较'文典'更有进者"，以修辞学附会奏定章程"修辞立诚辞达而已二语为文章之本"的规定，继而展开关于字法、句法、章法、篇法的解说。③ 章、林二氏的援引，其实都偏离了修辞学本身的意涵。直到汤振常的《修词学教科书》问世，才通过亦步亦趋的"和文汉读"，揭示出"修辞学"的定义：

<u>修词学者，教人能用适当之言语，以表白思想感情之学科也。</u>④

此句武岛氏原文作："修辭學とは、思想感情を、言語もて<u>最も有効に</u>表白するを教ふる學科也。"（直译为：修辞学者，教人以语言最为有效地表

---

① 关于明治时期日本修辞学的演变，除了前揭速水博司的文献奠基性著作『近代日本修辞学史——西洋修辞学の導入から挫折まで』之外，还可参考 Massimiliano Tomasi, *Rhetoric in Modern Japan: Western Influences on the Development of Narrative and Oratorical Style*, Honolulu: University of Hawaii Press, 2004, 45–92.
② 见章太炎《文学说例》，《新民丛报》第15号，光绪二十八年八月初一日。
③ 林传甲：《京师大学堂国文讲义·中国文学史》，第52页。
④ 汤振常：《修词学教科书·总论》，第1a页；武岛又次郎『修辭學』、1页。

白思想感情之学科也。）值得注意的是，原文中"最为有效地"一语，在汤氏译文中被替换成了"适当"，多少减弱了原文定义中积极修辞的意味。

根据武岛原书，汤振常指出修辞学实以西洋古典"三艺"（trivium）中的另外两门学科为基础：一为"文典"（语法），一为"论理学"（逻辑）；同时，修辞学又自有其学科确定性，相对于"文典""论理学"只讲文句语法或思维逻辑的对错，修辞学则进一步论其巧拙美恶。关于"Rhetoric"的译名，武岛指出"修辞"二字带有使文辞趋于华美的意味，并没有表达出原词的真意，故只能姑且用之。然而，在参考亚当斯·希尔（Adams S. Hill, 1833–1910）、约翰·福格森（John F. Genung, 1850–1919）、巴雷特·温德尔（Barrett Wendell, 1855–1921）等应用修辞学（Practical Rhetoric）著作的同时，武岛《修辞学》仍纳入了诗歌韵文，甚至认为修辞学应包括"诗学"。针对"修辞学乃是技术，而非学问"的论断，武岛又有如下一段分辨：

> 修辞学究竟是学问，还是技艺？发现使文章变得巧妙的诸种规则，将它们抽象出来，作为原理来教人，就此而言，修辞学乃是学问也。所谓学问，无非就是综合性的知识。但就其论述这等原理应如何运用的部分而言，则又是技艺。所谓技艺，亦即通过反复熟习而使之有效的知识。Adam Sherman Hill 氏尝曰："修辞学是技艺，而非学问。因为它并未对任何事物进行观察、发现、分类，却展现了解析其观察、发现、分类的结果如何传达于他人（的技艺）。修辞学不是把知识当成知识来运用，而是作为（其他知识的）助力和方便法门来运用。"此说虽无不道理，无乃太倾向于应用一面乎？①

Hill 以对事物的"观察、发现、分类"作为学问的标准，在"技艺"与"学问"之间作出区分，断定修辞学为技艺，而非学问。这一论点，正有合于清末教育界对于国文的普遍看法，亦即仅将文字、文章视为学问的手段而非目的。但武岛对此却不无犹豫，可以说是徘徊于修辞学的工具性与学术性之间。到了汤振常的《修词学教科书》中，武岛原书中的上述段落被简化为"修词学属于<u>应用的方面</u>，故为<u>技术</u>，而非<u>学问</u>"一句，完全

---

① 武岛又次郎『修辭學』、4頁。按：此段中的"技艺"一词，日文原作"藝術"二字，但与现在中、日文通行的"艺术"意思不同，指的是形而下的技能，故改译之。

偏向了应用作文的一方。①《修辞学教科书》新增的一些补注说明，更巩固了这种修辞学作为学问工具的印象。如针对上编"转义及词样"章所述各种修辞格，汤氏强调"若于作清顺之文，尚未得心应手，辄欲博人赞美，先用力于转义、辞样二者，我知文之终不可通，而所谓转义、词〔辞〕样者，亦必误解，仅以涂饰为工已耳"；在下编"构想"第四章"解释文"部分，汤氏先于题注中点出"我国此种文极少，以科学不发达故"，继而又穿插一段议论云："我国文词，不重朴实正确，而以风华流利者为长，此由解释文之未发达也，推其原因，以科学阙如故。"②这些地方，均可看出汤振常把修辞学当作科学表达精密化的"适当"手段，而深以夸饰涂泽为戒的立场。

　　西洋修辞学知识体系在中文文献中的浮现，并非始自清末，而是发端于晚明耶稣会士的著作。"Rhetoric"最初译为"勒铎里加"。万历末叶高一志（Alfonso Vagnone，1566－1640）所撰《童幼教育·西学》篇中，已涉及古典修辞学"五科目"的典范结构，即：（1）选题（inventio，武岛译为"構想"），（2）布局（dispositio），（3）遣词（elocutio，武岛译为"躰製"），（4）记忆（memoria），（5）诵说（pronuntiatio, actio）。③其中，研究"词语的选择与搭配、三种风格体裁理论以及修辞格"的"遣词"部分，随着修辞学重点从口头演讲转向书面文饰，近世以来日益成为学者研习的主体。④然而，当清末修辞学再度传来之际，这部分知识却遭到了文章工具化观念的稀释。当时备受中国读书人关注的，并非修辞学这

---

　　①　汤振常《修辞学教科书》，第1b页。下划线部分，原书中以旁圈加以强调。又汤氏在其书附录的"参考书摘要"部分引佐佐政一云："修辞学研究之理由，欲使人知作文之要，无非各达其意志，便于应用而已，并非专门之学比也。"（第43b页）与前引范祎所称通向"文学家之专门"的修辞学实有区别，充分体现了武岛又次郎、佐佐政一等应用修辞学派的观点。

　　②　分别见《修辞学教科书》，第25a—25b、32a页。

　　③　见高一志著，梅谦立编注，谭杰校勘《童幼教育今注》卷下，商务印书馆2017年版，第216—217页；参见李奭学《中国晚明与欧洲文学：明末耶稣会古典型证道故事考诠》（修订本），生活·读书·新知三联书店2010年版，第25—34页。按：高一志原文未提及"五科目"具体名称，此处系根据通行译名概括。

　　④　[德] 恩斯特·R.库尔提乌斯（Ernst Robert Curtius）：《欧洲文学与拉丁中世纪》，林振华译，浙江大学出版社2017年版，第78—81页。按：修辞学"五科目"中，"记忆"和"诵说"属于古典时期口头演说术的内容，"选题"和"布局"则为形诸语言之前的构思，这四项内容逐渐边缘化，最后形成了实际上以研究"遣词"（elocutio）即修辞格内容为主的格局。参见[日]佐藤信夫《修辞感觉》，肖书文译，重庆大学出版社2016年版，第26—27页。

门"学问"本身，而是以同时代日本修辞学著作为媒介，意外导入的一种全新的文章分类方式。正如《修词学教科书》结构所呈现的，古典修辞学"五科目"被简化成"体制"（style）与"构想"（invention）两编。后者实际上是按"记事文""叙事文""解释文""议论文"四类，分别论述不同写作目的和相应体裁下的构思要求，对应于同时期欧美应用修辞学著作中的"Kinds of Composition"（作文分类）部分。① 这种新型文章分类法，在日本明治时期各个学派的修辞学读物中反复出现，对于习惯了从《文选》到《文体明辨》的"辨体"传统，或者熟知《文章正宗》直至《经史百家杂钞》等古文选本的清末中国读书人而言，可以说是既熟悉又陌生：

表2　　　　　　　明治时期日本修辞学著作的"作文分类"

	菊池大麓《修辞及华文》（1879）	高田早苗《美辞学》（1889）	武岛又次郎《修辞学》（1898）	佐佐政一《修辞法》（1901）
Description	记　文	记事文	记事文	记述文
Narration	叙　文	叙事文	叙事文	说话文
Exposition	证明文	解释文	解释文	说明文
Argument			议论文	议论文
Persuasion	说　服	诱说文	（诱说文）	劝诱文

注：引自速水博司『近代日本修辞学史——西洋修辞学の导入から挫折まで』、351页。

早在学制颁布之前的"蒙学读本"时期，类似的新型文体分类就已有所传播。光绪二十八年（1902），上海文明书局石印无锡三等公学堂《蒙学读本全书》，其第二编"约恉"已提到："叙述语言与记事文法别为一类"；第三编"约恉"更指出："说物文辞，别为一体，逐段解释，文势断续，非若记事、论议，联属一气。故特分段详注，使读者易以醒目。后日作文，构造意匠，更无陵越失次之虞。"② 这些关于读本各体"文法"

---

① 据速水博司考证，武岛又次郎《修辞学》第二编"构想"部分分述四类文，系依据 Adam S. Hill《修辞学原理》一书的第二部分"Kinds of Composition"，原书即按 Description（记事文）、Narration（叙事文）、Exposition（解释文）、Argument（议论文）四类展开。参见速水博司『近代日本修辞学史——西洋修辞学の导入から挫折まで』、149—154页；Adam Sherman Hill, *The Principles of Rhetoric*, New York: Haper & Brothers Publishers, 1896, pp. 247-248.

② 无锡三等公学堂《蒙学读本全书》，二编"约恉"第1b页、三编"约恉"第1b页。

的论述，分别观之并无特别之处，似乎仍是"叙记""议论""辞命"等古文选本归类的延续。合观之则可发现，四者正对应于叙事文、记事文、解释文、议论文的分类。"叙述语言与记事文法别为一类"的说法，当即武岛所强调的叙事文与记事文之分："叙事文所关涉之处与记事文相同，皆为事实与物体。然在记事文，要在解说其如何存在、如何显见；在叙事文，则记述其所为何事或所遭何事也。就记事而言，绘画、雕刻、音乐较记事文更为有效；然就叙事而言，叙事文则不无远过是等诸美术之处。"①在《修词学教科书》问世的第二年（1906），与汤振常同在南洋中学堂教授国文的王纳善出版了《国文读本粹化新编》一书，计划分叙述文、记录文、论说文三编选录范文，更有可能直接受到汤书所介绍修辞学"作文分类"的影响。其将以往古文选本视为一类的"叙述文"和"记录文"分开，亦有取于武岛《修辞学》对"记事"和"叙事"的区分。②

（二）"美辞学"与传统文章学的再生

与《修词学教科书》同年出版的《文字发凡》，又题《中学文法教科书》，在清末中学教育界有着更为广泛的接受面。作者龙志泽早岁受业于康有为，戊戌前曾在桂林参与创办宣扬康氏学说的"圣学会"，后任教于广州时敏学堂。③在光绪二十八年时敏书局出版的《修身科讲义》中，龙志泽自述"未出国门一步，未入外国学堂肄业，于普通、专门之学毫无成就，兼以不通东西文……仅就已译之书稍为观览"④。《文字发凡》在光绪三十一年（1905）八月由梁启超一派操控的上海广智书局出版，体现了龙氏与康、梁系统的师承渊源。

《文字发凡》的序文成于光绪三十年十月。龙志泽在文中指出：西洋有

---

① 武岛又次郎『修辞学』、153—154・178頁。

② 需要指出的是，中国传统文章技法著作中亦有区分"记事"与"叙事"的先例。如元代陈绎曾《文章欧冶》（原题《文筌》）即在《古文谱》"叙事"一式下分列："叙事：依事直陈为叙，叙贵条直平易；记事：区分类聚为记，记贵方整洁净。"见《文章欧冶·古文谱三》，王水照主编：《历代文话》第2册，复旦大学出版社2008年版，第1241页。按：《文章欧冶》一书在日本江户时代颇为流行，明治期学者以"记事""叙事"二词对译西洋修辞学中的Description与Narration，或亦受其影响。但二者实质并不相同，清末国文用书中的"记录文""叙述文"之别，仍是就外来的修辞学意义而言。

③ 龙志泽的生平概略，参见霍四通《〈文字发凡〉作者考》，霍四通：《中国现代修辞学的建立——以陈望道〈修辞学发凡〉考释为中心》，上海人民出版社2012年版，第268—285页。

④ 龙伯纯孝廉志泽：《修身科讲义》，时敏书局光绪二十八年季春铅印本，卷首。

"文法",所以童子不到十五岁就已文字大通,"然后本此文字之知识,以学算数、图画、地理、历史、理化、政治、律法、兵农、哲学等书,故能智识大进,学业早成",正与梁启超、马建忠视"文法"为科学津梁的观念相符。① 立足于科举垂废的时代情境,龙氏认定中国文章衰落有两大原因:一由于类书盛行,一由于八股取士;废八股改试论策以后,"似可思想自由、言论自由,于文界可放一光明也",而各学堂教授国文未有良法。② 作者指出"近岁作文教科书,亦有编辑者",但都是"教蒙学之法,合于中学、大学之教科书,无有也"。从中正可看出《文字发凡》一书的定位。③ 又谓:"凡一国必有一国之文,文必有谱,是谓文法,即泰西所谓'格那麻'是也。文法之中,凡识字、造句、成章,诸法皆备。"④ 龙氏自称其书为"格那麻"(Grammar),似即《马氏文通》以下讲究词类分析的语法书。然而,其书结构却更接近来裕恂的《汉文典》。全书分为三部:"一曰正字学,二曰词性学,三曰修辞学"。总共四卷篇幅中,"修辞学"占有两卷之多。

修辞学史研究者已指出,龙志泽《文字发凡》的"修辞学"部分不仅借鉴了武岛又次郎《修辞学》、岛村泷太郎《新美辞学》两种日本修辞学著作,甚至连涉及中国传统文章学的资源,也是取自日本汉学者池田芦洲(1864—1933)的《文法独案内》一书。⑤ 通过文本对勘,可整理《文字发凡》取用日本材源的情况如下表:

表3　　龙志泽《文字发凡·修辞学》取用日本材源情况

《文字发凡·修辞学》		日本材源
卷三	句法、段落	池田芦洲《文法独案内》之"文法详解"
		武岛又次郎《修辞学》第二编"构想"
	修辞现象	岛村泷太郎《新美辞学》第二编"修辞论"第一章"修辞论之组织"、第二章"词藻论"
	五十四种"布置"	池田芦洲《文法独案内》之"文法杂则"

---

① 龙志泽:《文字发凡》,广智书局光绪三十一年铅印本,卷首"叙"第1b页。
② 龙志泽:《文字发凡》,卷首"叙"第3a页。
③ 龙志泽:《文字发凡》,卷首"例言"第1b页。
④ 龙志泽:《文字发凡》,卷首"例言"第1a页。
⑤ 宗廷虎、李金苓:《中国修辞学通史·近现代卷》,第153—159页。

续表

《文字发凡·修辞学》		日本材源
卷四	文法图说	池田芦洲《文法独案内》之"文法图说"
	体制	武岛又次郎《修辞学》第一编"体制"
	主观的文体、客观的文体	岛村泷太郎《新美辞学》第二编"修辞论"第三章"文体论"
	"叙事体"以下辨别文体	池田芦洲《文法独案内》"文法详解·体制"
	古文辨品	"古文辨品"
	评论古文	"评古文"
	作文秘诀	"文家秘诀"
	作文澄养法	"论立本"

如前所述，武岛《修辞学》和岛村《新美辞学》，分别属于应用普及类和美学研究类两种风格迥异的修辞学著作系列。岛村泷太郎继承了坪内逍遥的文学革新抱负和美学论述，所撰《新美辞学》（1902）书前即冠有坪内序言。其所谓"美辞学"，是"解说修饰文辞使之趋向于美的学理，亦即一种文章学，而文章则是一种美术"；岛村还强调美辞学的"学"是指"科学地推论（文辞之所以为美的）理法之谓"，可知在"学问"与"技艺"之间，显然倾向于前者。[①] 这种偏于美术性文章的"美辞学"，比起武岛又次郎等主张的应用型修辞学，更能容纳中国传统的文章学和诗文评。岛村在其书中提出"东洋美辞学"的概念。他虽不满中国诗文评著述混淆了"修辞现象和一般文学现象的区别"，仅视之为研究材料，却仍列举《毛诗》"六义"、刘勰《文心雕龙》、陈骙《文则》、严羽《沧浪诗话》、陈绎曾《文章欧冶》、高琦《文章一贯》、徐师曾《文体明辨》等书，作为"东洋美辞学"的代表。岛村氏认为清初唐彪的《读书作文谱》"最具修辞书的体裁：从书法、读法、评论到文章的体制、题法、辞法、种类、诗的体式等内容均有涉及，虽失之驳杂，而极尽委曲，可谓支那美辞学最为完备的著作"[②]。

龙志泽兼取武岛和岛村的著作，可能正因为二者侧重不同，有互见补充之效。如武岛书中最为显眼的记事文、叙事文、解释文、议论文四门类，就未在坪内、岛村一系列美辞学著作中出现；而岛村《新美辞学》论

---

① 岛村瀧太郎『新美辭學』東京專門學校出版部、1902、1・159—164・169頁；速水博司『近代日本修辞学史——西洋修辞学の導入から挫折まで』、192—194頁。

② 岛村瀧太郎『新美辭學』、182—187頁。

"修辞现象",其中关于"消极语彩""积极语彩"的细致分梳,亦为武岛等应用型修辞法所不及。①《文字发凡》对于武岛、岛村二书内容的增删亦值得注意。二书原本都列有丰富的文例,龙氏将其大部删去,只保留少数汉诗文例证。武岛《修辞学》论"科学记事文"与"美术记事文"的区别,有云:"科学之记事,如不通动植物诸学,则于其种类之形状、性质多有背谬;美术之记事,往往放其思想,骋为丽辞,徒欲引人快乐、动人感觉,遂不觉故为幻境,与实事相背",龙氏在此段后插入"此两弊我国文家多中之"一句;② 武岛论文章体制首重明晰精确,龙氏随之大发议论:"我国人半多思想朦胧,言辞晦涩,故其为文,常有不精确透彻之弊。夫世界日进文明,事理物质,剖析日精;若非以极精确透彻之笔,乌足以达哉?凡欲改良文字者,愿于此致意焉。"③《文字发凡》完整搬用了武岛《修辞学》框架,其"体制"与"构想"两编都包罗在内;对于岛村《新美辞学》,则仅摘用第二编"修辞论",且内容多有置换。如论"譬喻法",岛村原书重在介绍西洋修辞学"转义"(trope)的类型,分为直喻、隐喻、提喻、换喻、讽喻、引喻、声喻、字喻、词喻、类喻共十项;顺带指出"支那譬喻法常与典据相混",故仅在小字"参照"部分略及陈骙《文则》的十种譬喻。《文字发凡》则将《文则》十种譬喻升为正文,复在其后添加提喻、换喻、讽喻、声喻四种西式比喻法作为补充,合为"譬喻法十四种"④。岛村《新美辞学》第三编"美论"实为从"美辞学"上升到美学专门的过渡,这部分内容在《文字发凡》亦付阙如。龙氏对于坪内、岛村一系"美辞学"强调的文章美术性,似乎还缺乏理解能力。

《文字发凡》译介岛村《新美辞学》之际,往往在原书的"美辞学"论述中掺入来自传统文章学的资源。这些传统素材,又多袭自《文法独案内》之类日本汉学者撰写的通俗读物。不妨举龙氏对岛村原书"修辞现象"一节的引用为例:《新美辞学》将"积极的想彩"总分为譬喻法、化

---

① 民国以后的重要修辞学著作,如王易的《修辞学》(1926)、《修辞学通诠》(1930),陈望道的《修辞学发凡》(1932)等,都沿用了"消极修辞""积极修辞"的区分。参见霍四通《中国现代修辞学的建立——以陈望道〈修辞学发凡〉考释为中心》,第86—99页。
② 《文字发凡》卷三,"修辞学第三"第22b页。
③ 《文字发凡》卷四,"修辞学第四"第8a页。
④ 《文字发凡》卷三,"修辞学第三"第29a—31b页;岛村瀧太郎『新美辭學』、300—366頁。

成法、布置法、表出法四种修辞类型；《文字发凡》则在其后增添"布置"一大类，胪列从"宾主""虚实""衬贴""垫拽""繁复"直至"画龙点睛""常山蛇势""百尺竿头进一步""顶针回环""急脉缓受""缓脉急受""对面冷刺"等总共五十四种古文笔法术语。① 龙志泽显然混淆了这些见于古文、时文乃至小说评点的笔法术语与近代"修辞格"之间的界线，其五十四种"布置"的分类，多半取自池田芦洲《文法独案内》中的"文法杂则"一篇。又如岛村《新美辞学》的"文体论"部分原有"主观的文体"与"客观的文体"两部分：前者即文章风格，后者又分"基于思想性质的文体"与"基于语言特征的文体"。基于思想如实用文体、美文体之类；基于语言则有和文体、汉文体、西洋文体、古语文体、今语文体、上流语、下流语、女性语、男性语、雅文体、俗文体、雅俗折衷体、言文一致体等。这些文体区分，有日本言文一致运动的背景，却都被龙志泽搬用。不过，紧接着这些新式"文体"区分，《文字发凡》却突然插入了以叙事、议论、辞令、诗赋四类为纲的古文分类。② 这固然是真德秀《文章正宗》以来的常谈，而大分类之下的辨体部分，则袭自《文法独案内》中转载《文章欧冶·古文谱》的部分。

　　明治二十年（1887）由大阪与民社刊刻的《文法独案内》，采用两栏"鳌头"加一栏正文的通俗书款式，正如书题所示，不过是当时日本读书社会流行的诸多汉文自学辅导书之一种。作者池田芦洲是汉学塾二松学舍教师。他在该书例言中写道："余尝考明清及本朝（指日本）诸家之所论述，……非敢示大方君子，姑欲供家塾子之用焉耳。"③ 这种抄撮成书、"供家塾子之用"的粗浅读物，却乘着清末"东学"掩袭一世的声势，成为新学界重建"文法"之学竞相取材的对象。光绪二十九年六月，商务印书馆出版了"伟庐主人"编译的《汉文教授法》。该书自诩为《马氏文通》一类"文法书"，实则"降求日本人之读吾中国书者而编辑之"④，内容与戴克敦的同名著作大相径庭。全书分为文章科目、文法详述、古文评语、古文辨品、古文余论、论学古文、论锻炼之法、论古文法则、标记圈点法、拾句新法等门类，几乎全部袭自池田芦洲《文法独案内》。《文字发

---

① 《文字发凡》卷三，"修辞学第三"第36b—49b页。
② 《文字发凡》卷四，"修辞学第四"第12a—22a页。
③ 池田蘆洲『文法獨案内』與民社、1887、卷首「例」。
④ 伟庐主人译著《汉文教授法·序》，商务印书馆光绪二十九年六月首版铅印本，卷首。

凡》对《文法独案内》的取用，还没有达到"伟庐主人"那样露骨的程度，却也占据了三、四两卷"修辞学"的颇多篇幅。

正如池田芦洲所自述，《文法独案内》的材料其实仍辑自宋元以来中国文章家、批点家、选家的著述。其《文章科条》篇分古今词章为叙事、议论、辞令、诗赋四类，自是真德秀《文章正宗》确立的范式；《文法详解》篇论"体制"，引自"陈汶阳（绎曾）辨体""李九我（廷机）辨品"；《体段六法》分为起、承、铺、叙、过、结，《论立本》强调澄神、养心、养力、养气、定志，以及《拾句作文新法》中分段等内容，均取自陈绎曾的《文章欧冶》。① 这些本土资源并未得到龙志泽、"伟庐主人"等新学之士的直接引用，直到经过日本汉学者的汇集加工，才得以逆输入清末取法日本典范的"文法教科书"。这一过程所体现的文化权势升降，实在值得深味。

清末国人文化自信丧失，甚至"国学"的价值，也往往需要"东学"来印证。但若站在"文法"资源再生的角度看，从《文法独案内》到《文字发凡》的"回传"过程激活了一批过去被主流诗文评著作压抑的文章技法类读物，在东亚文章学的交流史上仍有其意义。不同于体式零碎散漫、强调体悟活参的诗话或狭义上的"文话"，以陈绎曾《文章欧冶》（原题《文筌》）、高琦《文章一贯》、唐彪《读书作文谱》为代表的文章作法书讲究规矩绳墨，较具完整的体系，更强调教学上的切实可行。明清时代主流诗文之学并不看重这些偏向实用的论述，或者像唐彪《读书作文谱》那样被限定为启蒙读物，或者如《文章欧冶》《文章一贯》那样渐在本土失传。② 然而，此类兼备体系性、实用性、可操作性的文章技法指南，在江户时代乃至明治初年的日本却备受推崇，得到不断的翻刻、训点、汇编乃至注释，进而遭遇西洋修辞学的框架。③

光绪三十三年十一月，《学部官报》刊出《直隶重订中学堂现行详

---

① 王水照主编：《历代文话》第 2 册，第 1231—1333 页。
② 据王宜瑗撰《历代文话》提要，《文章欧冶》"国内罕见，现通行本为日本元禄元年（1688）伊藤长胤刊本……此本乃据朝鲜光州刊本重刊……国内仅存两本"；《文章一贯》"国内久无传本，日本东京成箦堂文库藏有朝鲜铜活字本。又有宽永二十一年（1644）四月京都风月宗智刊本"。王水照主编：《历代文话》第 2 册，第 1219—1221、2148 页。
③ 参见卞东波《日本江户时代的汉文文话对中国文章学的受容》，载其所著《域外稽古录：东亚汉籍与中国古典文学研究综论》，北京大学出版社 2019 年版，第 342—370 页。

章》，在"中国文学"科目下指示："文者积字而成，用字必有来历，下字必求的解。《文字发凡》一书最适于讲解，于'文义'、'文法'，可作为课本。"① 对应于癸卯学制"文义""文法"两项课业要求，《文字发凡》一度获得官方教育行政力量的认可。宣统三年（1911）黄人《中国文学史》出版，书中"文典"一节，亦将《文字发凡》与《马氏文通》、来裕恂《汉文典》、严复《英文汉诂》、章太炎《文学释〔说〕例》并列，称此五种"体例最明备"，且能"贯通中外上下古今"。② 需要注意的是，黄人所举"文典"各书并不限于狭义的"文典"范围：《马氏文通》《英文汉诂》尚属比较纯粹的语法书，来氏《汉文典》、龙氏《文字发凡》则兼容语法学、修辞学乃至传统文字学、文章学；甚至章太炎所述清儒训诂词例之学，也被黄人包罗在"文典"之内。

语法（Grammar）和修辞（Rhetoric）同属西洋古典时代以来的通识学艺，都以言辞为对象，却对应着不同的学习阶段，有着迥异的拟人形象：语法是位严厉的老妪，带着手术用的刀和锉，随时铲平儿童的文法错误；修辞则化身为一名高挑美艳的女子，身着修辞格（figures of speech）装饰的长裙，手持御敌的武器。③ 然而，在清末国文教育向中等以上学程试探的过程中，二者同被视为"文法"一门的资源，在教学用书中也往往互相交错、混淆。④ 实用化、工具化、技艺化的教育趋向之下，严格判断"对错"的语法成为一切"文法"的典型。这不仅延缓了国文教育上达"文学家之专门"的步骤，更使作为近世修辞学主体的修辞格部分黯然不彰。尽管如此，戊戌以降"文法书"的涌现和随之而来的"文法溢出效应"，仍为国文教育在幼学启蒙的层次之上打开了一个全新的世界。这个世界容纳了来自语法学、修辞学的外来学科框架、文体分类和概念语汇，更杂糅着

---

① 《直隶重订中学堂现行详章》，《学部官报》第41期，光绪三十三年十一月初一日。
② 黄人著，杨旭辉点校：《中国文学史》，苏州大学出版社2015年版，第99—100页。
③ 参见卡佩拉（Martianus Capella，公元5世纪）以拟人寓言手法描述"自由七艺"的名篇《菲洛罗吉亚与墨丘利的婚礼》，[德]恩斯特·R. 库尔提乌斯《欧洲文学与拉丁中世纪》，第41页。
④ 需要指出的是，西洋古典语法、修辞的范围和侧重，与近代以来学科化的语法学和修辞学实有差别。随着修辞学的文体化，欧洲中世纪已有语法与修辞混合的趋势，甚至修辞格也被视为语法的一部分。参见[美]戴维·L. 瓦格纳（David L. Wagner）编《中世纪的自由七艺》，张卜天译，湖南科学技术出版社2016年版，第112—116页；[德]恩斯特·R. 库尔提乌斯《欧洲文学与拉丁中世纪》，第48—50页。

不同层次的本土经验，并在有限的范围内重组了传统文章学的结构和秩序。

余论："我法"与"彼法"

从《马氏文通》、《初等国文典》、来氏《汉文典》到《文字发凡》，无论其重点在"葛郎玛"还是修辞学，清末新知识界引进"文法"的初衷，多针对原先被认为无规矩可循的文章之学，想要赋予其可以在新学体制下授受的"规矩方圆"，背后又隐含着从记诵吟咏到课堂讲解这一知识传递方式的变化（详第八章）。正如章士钊《初等国文典·序例》所云："学课各科之配置，皆有定限。其国文一科，必不复能如吾辈当年之吟诵者，则不易辙以求其通，万无几幸。夫所谓易辙者，当不外晰词性、制文律数者矣。"① 问题在于，传统词章之学是否真如马建忠、叶瀚、章士钊等所说的那样缺乏"规矩方圆"？宣统二年（1910）有《中国文学指南》一册出世，自命为"中学堂、师范学堂、高等学堂及大学堂凡为教员为学生习文科者不可不备之书"，实则不过选录古来诗文家评议文字而已。但序文对于当世"文法诸书"施以酷评，却相当犀利：

> 吾国近时所出文法诸书，句碟字裂，至不稍假借，呜呼！严已。然类盗窃东籍，窜以己意，支离破碎，阅未终卷而已昏昏欲卧矣。窃谓文之径途广，有直记事实者，有偶抒性灵者，必一一取名、代、动、静等字如栉之比，如发之数，非特无此体制，亦适以文为桎梏而已。且未闻吾国之以文名家者，如昔之韩柳氏、欧苏氏亦曾有事于此与？等而上之，左、庄、马、班亦曾肄业及之与？是皆未窥吾国文学之富且美，偶眩于东人糟粕之言，已食其毒，欲更以之鸩人者也。②

此部《中国文学指南》的作者为山阴人邵伯棠，曾编有《初学论说文范》《高等小学论说文范》《女子论说文范》等教本，在清末民初坊间颇

---

① 章士钊：《初等国文典》，"序例"，东京多文社光绪三十三年四月初版铅印本，第2页。
② 邵伯棠：《中国文学指南·序》，上海会文堂粹记宣统二年五月石印本，卷首。

为流行。① 邵氏自述编撰《初学论说文范》等书的大意，有言："忆少时作文，亦曾历此境，后阅各家批解之本，如《东莱博议》《古文观止》《古文笔法〔百篇〕》之类，寻其段落之所在，览其义法之所训，乃稍稍有所悟，而后之执笔为文，时模仿焉。故以上三书，至今市肆流行，岁销以数万计，此亦足当吾国文法书之一斑也。"可知在其认识中，世俗古文选本即可当"文法书"，只不过事实、时势变异，例文不得不重选，故"今为之立一格：其事实则取之小学各种教科书，其批评、其训释则取之《博议》等书"。此外，《论说文范》还保留了古文选本的圈点体式："计一篇之中，有单圈、有密圈、有套圈、有密点，其文之筋节处有连点，段落处有钩画"；文末则著以总评："有论时事者，有论题理者，有论笔法者，究其实，则皆研究文法之助也。"②

在清末民初高等小学以上国文教育的现实中，真正占有势力的读物，未必是采取外来"葛郎玛"或修辞学框架的新体"文法书"，反而往往是《论说文范》之类沿袭选本体例的坊行读本；甚至适应新学制的中学国文教科书，亦取《古文辞类纂》或《经史百家杂钞》等古文选本为典范（详下章）。这一趋向，固然受制于学制定章"文法备于古人之文，故求文法者必自讲读始"的规定，但也说明本国文章实际传授经验中的"文法"，本自不同于外来理论的"文法"。彼之科学津梁，在此适为文章桎梏。

就传统意义上的"文法"而言，通于时文的古文笔法之学，在科举改制乃至废止以后仍然绵延不绝。光绪三十一年（1905），彪蒙书室接续"识字实在易""虚字实在易"出版《绘图蒙学造句实在易》，编者在"凡例"中声明"一切新名词概从删汰"，更特别澄清"此书所辑，皆原本我国旧有之文法；至为预备读东、西文起见，必弃我法以就彼法，容拟另为一编"，刻意区分了源自古文笔法的"我法"与通于西洋、日本"葛郎

---

① 《论说文范》系列读本在民初小学校中颇为盛行，蔡东藩称其高等小学一册"甫出版即风行全国，不数月已销至万余"；甚至其中部分含有所谓"排日"倾向的课文，还引起了日本外务省的抗议。参见徐冰《中国近代教科书中的日本和日本人形象——交流与冲突的轨迹》第四章"近代中日教科书冲突"，商务印书馆2014年版，第174—187页。

② 邵伯棠：《初学论说文范》，上海会文堂粹记石印本（出版年不明），卷首"撰述大意"。按：《初学论说文范》见于清末《科学图书社图书目录》和邵氏自撰《中国文学指南》所附书目，则其问世至少在宣统二年（1910）五月以前。

玛"的"彼法"。① 全书分为拼法、嵌法、炼法、解法、译法、叠法、装法、化法、接法、顿法、翻法、宕法、分并法、开合法、详略法、问答法共十六项；在"接法"之下，又有顺接、逆接、正接、反接、直接、曲接、伸一笔接、撇一笔接、进一层接、退一层接、比较接、连环接、上下相应接、单双相间接等小类，实与宋元以来文章技法书提示体段之间过接、转折的"制法"相通。② 而如"顿法""宕法"等名目，则显然衍自古文笔法中"宕笔""顿笔"等术语。③

清末彪蒙书室的"实在易"系列读本自成体系，经过识字、虚字、造句三阶段，更进一层则为"论说"，故又有标记"初等小学适用"的《论说入门》一书行世。该书序文明确指出"现在不用八股，专用论说"，突出论说文在科举改制以后文章世界的特殊地位。又云："就是现在从外国译出来的书，哪一部没有笔法在里面？可知作文方法，是无论中外，不论古今，终究要历劫不磨的呢"，则又似欲使其"文法"沟通中西。④ 实则抽取该书初编所谓论说文法的结构，正近乎明清时代流行的"笔法"之学：

表4　　　　　　　　　　《论说入门》一书的结构

点题法	正点 反点 顺点 逆点 起处点 中间点法 末尾补点法
起法	议论起 叙事起 单譬喻起 双譬喻起 翻空起 推叠起 开合起 感叹起
承法	议论承 叙事承 单譬喻承 双譬喻承 翻空承 堆叠承 开合承 感叹承
转法	议论转 叙事转 单譬喻转 双譬喻转 翻空转 堆叠转 开合转 感叹转 无笔不转
合法	议论合 叙事合 单譬喻合 双譬喻合 翻空合 堆叠合 开合合 感叹合
开合法	先开后合 先合后开 前后开中间合 前后合中间开 随开随合 开多合少 开少合多

---

① 施崇恩编：《绘图蒙学造句实在易》，彪蒙书室光绪三十一年石印本，卷首"凡例"第1b页。
② 参见陈绎曾《文章欧冶·古文谱四》"制法九十字"，王水照主编《历代文话》第2册，第1244—1253页。
③ 《绘图蒙学造句实在易》释"顿法"："譬如走路十里五里，不能一气赶到，中间须要停顿几次。"（第53a页）又释"宕法"："譬如有样物件，向空中高挂，被风吹动，摇摇无定。这便是'宕'的说法。凡一篇文字之中，总要有宕句，才觉活泼。"（第57a页）凡此均与古文或时文笔法论著中"宕笔""顿笔"的定义接近。参见学训辑《文法合刻·笔法论》，余祖坤编《历代文话续编》上册，凤凰出版社2013年版，第472—473页。
④ 程宗启：《初等小学适用·论说入门》第1册，彪蒙书室石印本，"序"第1b、2a页。

续表

点题法	正点 反点 顺点 逆点 起处点 中间点法 末尾补点法
平侧法	先平后侧 先侧后平 前后平中间侧 前后侧中间平 随平随侧 侧多平少 平多侧少
譬喻法	譬喻起 譬喻承 譬喻转 譬喻收 前后双用譬喻 前中双用譬喻 中后双用譬喻
议叙法	先议后叙 先叙后议 前后议中间叙 前后叙中间议 随叙随议 叙繁议简 叙简议繁
翻空法	起处翻 承处翻 转处翻 合处翻 一翻又翻 双排翻又翻
堆叠法	叠两句数见 叠三句数见 叠四句数见 起处用叠 承处用叠 转处用叠 合处用叠
呼应法	首尾呼应 首腹呼应 腹尾呼应 首呼而腹尾俱应
感叹法	感叹起 感叹承 感叹转 感叹合 前后感叹 前中感叹 中后感叹
总束法	起用总束 承用总束 转用总束 合用总束 前后用总束 前中用总束 中后用总束

其大致思路，是在（1）起、承、转、合、前、中、后、总束等"体段"；（2）议论、叙事等"体式"以及（3）开合、平侧、譬喻、翻空、推叠、呼应、感叹等"技法"三个维度之间排列组合，搭建出以14大类包含99小类的文法框架，并在此框架下罗列例文。类似的体例，早见于光绪初年以来书塾流行的《古文笔法百篇》，大抵都是按照若干"笔法"分类选辑范文，圈点评语亦"专论文法"而少及文义，从而区别于历来以家数、时代或体式为序的古文选本。① 不同的是，《古文笔法百篇》旨在"化古文为时文"，受制于既有的古文名篇，据之总结通于时文的"笔法"体系，难免重叠牵强之弊。② 《绘图蒙学造句实在易》《论说入门》的例句、例文则为编者自撰，不仅适应了时代主题，更可自我作古、理论先行，实现古文笔法框架的架空化、条理化、体系化。

即便是取法外来"文典"体例的来裕恂《汉文典》，在其《文章典》的"文法"部分罗列"章法"时，也仍然是按照起、承、转、结四大类的框架，组合顺、逆、正、反、断、续、总、分等各种笔法；论"篇法"则总结了提纲、叙事、照应、抑扬、问难、浑含、暗论、推原、比兴、分总、反复、翻案、针棒、牵合、排比、击蛇、点睛、脱胎、相形、层叠、

---

① 参见李扶九选辑，黄仁黼评纂《古文笔法百篇·凡例六则》，岳麓书社1984年版，卷首第6页。

② 按《古文笔法百篇》共分二十类，分别为："对偶""就题字生情""一字立骨""波澜纵横""曲折翻驳""起笔不平""小中见大""无中生有""借影""写照""进步""虚托""巧避""旷达""感慨""雄伟""奇异""华丽""正大""论文"。

宾主、缓急、论断、预伏、借论、推广等26种谋篇布局之法或"关乎章段之节腠"的结构方法，多取自古文、时文或小说的评点术语。① 清末甚至有一种《汉文典古文读本》，专取来氏"文法篇内所引之文，次第选录"②。以《论说入门》为代表的古文笔法书不受学制规定的年级分配限制，较之新体文法书，更容易获得新学堂以外各类"私塾"的青睐。光绪三十一年前后，舒新城在湖南溆浦入"张氏学塾"，即开读"当时最流行"的《论说入门》；③ 四川垫江的私塾课程，亦规定必须诵读《论说入门》《论说文范》《论说精华》《东莱博议》《古文快笔》等范本。④ 新式学堂中也不乏以之充当教科书或课外参考的例证，且不限定于小学或中学。前引沈雁冰回忆中，清末浙江桐乡乌镇立志小学的国文课本，即为《速通虚字法》和《论说入门》二种；郭廷以在河南舞阳乡间上小学，则以《论说文范》《论说入门》《东莱博议》等书作为商务印书馆国文教科书的补充教材。⑤ 相比之下，朱自清要晚到上中学时才"偶然买到一部《姜〔薑〕园课蒙草》，一部彪蒙书室的《论说入门》"，从中获得"指示写作的方法"。⑥

---

① 前揭《汉文典注释》，第199—235页。按：其中"照应""抑扬""推原""推广""宾主""预伏"等法，亦见于唐彪《读书作文谱》卷七"文章诸法"。
② 《汉文典古文读本》的编者为奉天女子师范学校国文女教习吕美荪（吕碧城之胞姊），宣统二年十一月出版。其书例言有云："《汉文典》文法篇内引用之文，或只摘字句者，或节选段落者，兹皆采辑全篇，不独供文法之研究，且可见先正之轨范。"见徐新韵《吕碧城三姊妹文学研究》，暨南大学出版社2015年版，第150—162页。
③ 舒新城：《我的教育：三十五年教育生活史（1893—1928）》，广东人民出版社2016年版，第28页。但在舒新城的回忆中，《论说入门》被误记为"张之洞所著"，自是不确。
④ 罗康达、李恒熙、程致君：《垫江的私塾》，见《垫江文史资料选辑》第1辑，垫江县文史资料委员会1988年版，第126页。
⑤ 张朋园等访问：《郭廷以口述自传》，中国大百科全书出版社2009年版，第37页。
⑥ 朱自清：《〈文心〉序》，朱乔森编《朱自清全集》第1卷，江苏教育出版社1988年版，第283页。按：朱氏提到的《薑园课蒙草》共分三编，光绪末丹徒旧儒童琮（雪薑）编订，其兄童镕（在兹）评注。今存光绪二十九年（1903）邗上刻本（初二编）、光绪甲辰至乙巳（1904—1905）上海同文社铅印本（三编全）、宣统二年（1910）上海铸记石印本（仅见初二编）等。据光绪二十九年七月蔡源深序："迩者金布改试策论，初学苦无读本，因有课蒙草之刻"，知其书为针对科举改制而作，范文或取自学生课作，或为童氏自改，初、二编为四书义及史论题目，三编则含有《轮船论》《电报论》《铁路论》等新学课题。初编书前有《行文等级说略》一篇，将文法分为"语爽""气通""层次""笔法"（含起笔、承笔、转笔、合笔、宾笔、主笔、顿笔、折笔、跌笔、结［束］笔、开笔、垫笔、提笔、宕笔、引笔、纵笔、擒笔、叙事之笔［原叙、补叙、分叙、总叙］、先叙后议、夹叙夹议等）、"章法""魄力""神韵""色泽"八级，主要通过题下评语点出（石印本改为眉批）。但细审其批语，则似仍以提示"笔法"为主。

《论说入门》前后共出五集，在同类书籍中尤称畅销且长销。这种商业成功，离不开民间教育家"旧瓶装新酒"的策略。被填充进古文笔法框架中的例文，乃是"短则五六百字、长则一千字的言富国强兵之道的论文或史论"，更充斥着军国民主义、铁血主义、立宪政体、强权论、义务教育等外来新理念。编者在序言中开宗明义，指出："如今我们中国最要紧的，是考究西学，讲究西法"，文章被认为与铅、石印刷机一样，是传播西学、西法的"机器"。① 照此逻辑，"文法"的新旧并不重要，源自古文乃至时文程式的体段、层次、笔法之学，同样可以成为传播新知的利器。反之，古文笔法的延续也并不象征着文化传统的存续，因为"文"与"道"早就被打作两截。其背后预设的文章工具论，与援引外来语法学、修辞学的新体文法书并无二致。无论"彼法"还是"我法"，究竟只是"法"而非"道"。清末从民间兴起而凝结于官定学制的"文法"，为专门词章之学开拓了介入普通教育的门径，但工具化的国文教育要从"技艺"上升为"学问"，仍有待于其他资源的汇入。

---

① 《（初等小学适用）论说入门》第1册，"序"第1a页。

"湘人江督格局"的形成与晚清政治

韩 策[*]

中国政治史上常有一些重要现象，类似不成文的体制，产生着深远影响。晚清史上的"湘人江督格局"就是如此。清末常有两江总督非湘人不可的说法。光绪二十八年（1902）张之洞署理江督仅两月，湘人魏光焘即补授江督，张之洞颇觉扫兴，"恒语人曰：朝廷此缺不啻为湖南人买去矣"[①]。光绪三十年，沪上报刊就江督与湘人的特殊关系多有讨论，虽意见不一，却说明该现象引人注目，影响广泛。[②] 宣统二年（1910），汤殿三也论道：金陵光复后，"战兵虽遣撤，留防湘军常万数，故同、光朝江督一缺必于湘军宿将中选之……金陵遂俨为湘人汤沐邑矣"[③]。后来研究者亦常引汤氏之说。[④] 前辈学者在分析晚清军政派系平衡时，也早已指出此现象。罗尔纲提出："自从曾国藩做两江总督以后，曾国荃、刘坤一相继任职，

---

[*] 韩策，北京大学历史学系助理教授。

① 刘声木著，刘笃龄点校：《苌楚斋随笔续笔三笔四笔五笔》（下），中华书局1998年版，第592页。

② 比如《申报》评论称："粤逆平后，曾文正以湘乡硕望总制两江。继其任者为左文襄、曾忠襄、刘忠诚诸公，亦皆籍隶湖南。虽中间亦参以他省之人，然不久旋即去位。良由发逆之平，湘人之力居多。且长江一带游勇会匪又多系三湘之子弟，非以湘人震慑之，不免有蠢然思动之虑。故两江总督一缺，几视为湘人之世职。"（《论山东巡抚周玉山中丞调署两江总督事》，《申报》光绪三十年九月二十七日，第1版）；又如夏曾佑在《中外日报》发文称："金陵虽光复于湘军之手"，然在曾国藩之时，"并无非湖南人不可督两江之说"，马新贻和沈葆桢就是明证。此说大约起于曾国荃光绪十三年（1887）再任两江之时。及曾国荃薨逝，刘坤一继之，"非湖南人不可为江督之说渐成定论"。《论江督与湖南人之关系》，杨琥编《夏曾佑集》（上），上海古籍出版社2011年版，第237—238页。此外，《时报》《新闻报》《警钟日报》《大陆报》等均有论列。

③ 汤殿三：《国朝遗事纪闻》，天津民兴报馆1910年铅印本，第9—10页。

④ 朱东安：《曾国藩传》，四川人民出版社1985年版，第350页；龚小峰：《地域、权力与关系：对清代江苏督抚的考察》，《安徽史学》2012年第4期。

差不多直到清末，南京就成为曾国藩一系湘军反动派统治的地盘。"① 石泉有言：李鸿章淮系"驻兵近畿，捍卫北洋"，历时二十余年，"而东南财赋之区与西北要冲之陕甘则始终主由湘军屯驻，由湘帅或与湘军有密切关系之人任总督"。又说："两江总督自咸丰十年，直至光绪甲午，如曾国藩、左宗棠、曾国荃、刘坤一，皆湘帅，此外惟马新贻、李宗羲、沈葆桢三人，然亦皆久与湘军共事者。"② 刘广京有云：光绪五年（1879）沈葆桢去世后，"两江总督皆以湘系人物充任"，"曾国荃、刘坤一任两江总督较久，皆以其治军理财之能力与声名为基础，且与当时督抚间派系之平均分配有关"③。樊百川强调曾国荃在江督任上最大"功业"，"是把江南弄成湘军部属的安乐窝"。"清政府为了与李鸿章的淮系搞平衡，兼以安抚湘系，两江总督兼南洋大臣自此必用湘军将帅，形成一个湘系军阀盘踞江南20多年的局面。"④

当然，指出有趣的历史现象固善，但还不能让人满足，追索其背后波澜壮阔的历史进程和丰富多彩的历史内涵，更为激动人心。如果细究起来，既往概括或较为笼统，或互有出入，值得认真检讨。首先，自1860年曾国藩出任江督，到1879年沈葆桢任上逝世，其中至少有十年时间，江督并非由湘人担任；非湘籍的江督多达七人，湘籍江督仅有曾国藩和刘坤一（短暂署理）。而从1880年刘坤一接任江督，直至1904年李兴锐薨于任上，实任江督均系湘人；仅有四位非湘籍大员曾署理江督，总时长仅两年多而已。⑤ 那么，为何湘军在东南建功以后，湘人江督格局实际并未形成；待湘军攻破南京二十年后，反而形成稳固的湘人江督格局？其次，在镇压太平天国运动后的数十年中，东南财赋之区并非如石泉所言——

---

① 见罗尔纲为太平天国历史博物馆编《太平天国史料丛编简辑》（中华书局1961年版第1册）所作的前言，第8页。
② 石泉：《甲午战争前后之晚清政局》，生活·读书·新知三联书店1997年版，第29、34页。此书底本是作者在燕京大学的硕士毕业论文，完成于1948年夏。
③ 刘广京：《晚清督抚权力问题商榷》，《经世思想与新兴企业》，联经出版事业股份有限公司1990年版，第273页。
④ 樊百川：《清季的洋务新政》第1卷，上海书店出版社2003年版，第307—308页。
⑤ 1860至1880年，非湘籍的江督有：李鸿章（署理）（1865—1866）、马新贻（1868—1870）、何璟（署理）（1872）、张树声（署理）（1872）、李宗羲（1873—1874）、沈葆桢（1875—1879）、吴元炳（1879—1880）。1880年以后，非湘籍的江督（均为署理）是：裕禄（1887，甚短）、沈秉成（1890—1891）、张之洞（1894—1896）、鹿传霖（1899—1900）、张之洞（1902—1903）。

"始终主由湘军屯驻",而是以 19 世纪 80 年代的中法危机为界,发生了从"淮主湘辅"到"湘主淮辅"的重要变化,涉及湘、淮势力在东南地区的消长和晚清政治格局的演变。

最后,更重要的是,我们应如何解释湘人江督格局的形成及其意义。众所周知,两江总督统辖苏、皖、赣三省财赋人文之区,军务、吏治、淮盐、漕运、河工无所不管;同治以降又例兼南洋通商大臣,主持洋务交涉,为东南第一要缺。故江督易主历来都是政坛大事。而当湘、淮军镇压太平天国,驻兵江南后,江督位置更为重要敏感。这时,南北满汉、文武兼资、洋务与吏治、科名与军功、湘淮分制、湘系内部平衡,甚至外人的态度,都成为清廷遴选江督时需要审慎考量的因素。饶有意味的是,与晚清直隶总督前有李鸿章,后有袁世凯,相对稳定不同,自 1860 年曾国藩出任江督后,直至清朝覆亡前的半个世纪,围绕两江总督兼南洋大臣的位置和人选,经历了漫长而复杂的多方互动。其中既有权力斗争,也交织着中央与地方关系、湘淮南北的平衡、洋务新政与国防建设等国家治理的核心内容。1904 年,最后一位湘籍江督李兴锐溘然长逝,有北洋淮系深厚背景的山东巡抚周馥出人意料地南下接任,于是舆论纷纷将此看作央地关系和南北权力变动的重大标志。[①] 确实,随后两年,周馥的一系列举措加速了"湘人江督格局"的终结和袁世凯北洋势力的南下,其深远影响一直持续到民国北洋时期。[②] 这都说明"湘人江督格局"的形成和终结对于晚清民初的政局演变和南北关系意义不凡。

因此,本文在既有研究基础上,利用档案、书信、日记、文集等大量新旧资料,一方面解释晚清湘人江督格局是怎样形成的,另一方面讨论其中反映的清廷统治方策以及南北关系的平衡和演变。

一 七年三往返:曾国藩难以稳坐江督

咸丰十年(1860),清军江南大营彻底崩溃。朝廷举目四望,不得不

---

① 《论周馥调任两江为南北争权而起》,《警钟日报》光绪三十年九月二十五日,第 1 版;《论周玉山之任两江》,《大陆报》(上海)第 2 年第 9 号,光绪三十年九月。
② 参见韩策《清季"湘人江督格局"的终结与"北洋下南洋"的形成》,《史学月刊》2021年第 8 期。

依靠湘军来镇压太平天国。于是，清廷一改"靳而不与"曾国藩督抚实权的政策，授曾氏两江总督，随后又令其统辖东南四省军务。久苦于不得督抚实权的曾国藩，终于集兵权、财权和人事权于一身。湘军借此迅速发展，终在次年取得安庆之役的重大胜利。加以李鸿章率淮军从上海逐渐克复苏南地区；左宗棠带兵入浙，收复杭州等地。至同治三年（1864）六月十六日，久围天京（江宁/南京）的湘军曾国荃部一举攻破城池，持续十数年的太平天国运动随之被清朝压平。与此同时，两江总督终于在多年之后可以赴其驻地江宁就任。六月二十四日，曾国藩从安庆登上轮船，次日抵达金陵。

可以说，曾国藩出任两江总督后，权责统一，措置得当，与湘、淮军的壮大和太平天国的覆亡关系密切。而曾氏挟削平太平天国的功绩，既是湘军领袖，更是两江总督。故手握重兵、广揽利权的曾国藩进入南京坐镇后，江督自然成为彼时政局的一大重心，清廷和曾国藩系统的关系也就到了最微妙的时刻。如果说朝廷对曾国藩早有防范之心，那么他此时遭到疑忌就是势所必至了。加以湘军攻入天京后烧杀抢掠，也让清廷和江苏京官及绅民非常不满。以故，自恃首功的曾国荃不仅赏赉甚薄，还颇受裁抑。为了持盈保泰，也因为湘军暮气已深，曾国藩决定"裁湘留淮"①。

问题是，已经主动大幅裁军的曾国藩，可否稳坐江督？答案是否定的。同治三年十月，曾国藩入驻金陵还不到四个月，朝廷就命他带兵到皖豫鄂交界地区剿捻，令江苏巡抚李鸿章署理江督。此事令曾氏的核心幕僚赵烈文感到"咄咄可怪"；南京同僚的反应则是："江督天下大缺，枢廷、部臣衣食所系，安肯令湘乡公（曾国藩）久居。"② 事实上，这道上谕同时令漕运总督吴棠署理江苏巡抚，而以满人富明阿署理漕督，"皆无明发"，相当秘密。③ 曾国藩自然不满，"意殊寥落"④。结果，他以种种理由拒绝亲赴前线，并以请辞试探。⑤ 十一月初三日，曾国藩已与李鸿章完成

---

① 朱东安：《曾国藩传》，第 213—220、224—226 页。

② 《赵烈文日记》第 3 册，同治三年十月十八、十九日，中华书局 2020 年版，第 1206、1207 页。

③ 《翁同龢日记》第 1 卷，同治三年十月十一日，中西书局 2012 年版，第 382 页。

④ 《赵烈文日记》第 3 册，同治三年十月十九日，第 1207 页。

⑤ 《遵旨复奏驰赴皖鄂交界督兵剿贼缘由并陈下悃折》《密陈蒲柳早衰难胜重任拟皖鄂肃清即请开缺并了结经手事件片》（均同治三年十月二十二日），《曾国藩全集》第 8 册，岳麓书社 2011 年版，第 64—66 页。

交接。两日后,终又奉到后命,曾、李分别还任江督和苏抚。① 于是,此番调动风波暂告平息。

然而,仅仅半载,剿捻的科尔沁亲王僧格林沁在山东曹州阵亡。清廷大为震动,急召曾国藩督师北讨,复令李鸿章署理江督。按理说,曾氏兄弟的湘军已大部裁撤,而江苏巡抚李鸿章的淮军正兵强马壮,故直接调李鸿章率部剿捻,岂不更善?清廷计不出此,必欲将曾国藩调离两江,其意何居?原来,尚有后手。同治四年(1865)九月,曾国藩北上仅仅三个多月,朝廷就命李鸿章带兵剿灭豫西捻军,兼顾山、陕门户。重要的是,以漕运总督吴棠署理江督。显然,清廷有意将平定东南的湘、淮军领袖曾国藩和李鸿章一齐调离东南。此时淮军军饷主要依靠苏、沪厘金。② 此前李鸿章坐镇南京,筹饷尚不致掣肘;然一旦江督易主,身在前敌的曾、李必大感不便。所以,曾国藩坚决反对,李鸿章则巧妙抵制。清廷正依靠曾、李剿捻,权衡之后,终于取消吴棠署理江督的任命。③此后由于曾国藩剿捻无功,同治六年(1867)正月李鸿章接任剿捻钦差大臣,曾国藩回任江督。然而不久之后,袁世凯的叔父袁保恒就奏请召曾国藩"入赞讲帷"④。军机大臣李鸿藻透露,这是在保举曾国藩入军机。⑤ 只是清廷并未采纳。

不过,随着高层对1868年中外修约的焦虑有所缓解,⑥ 加之捻军渐灭,曾国藩再度不能安于江督之位。同治七年(1868)七月二十日,捻军甫平,清廷就调曾国藩为直隶总督,以闽浙总督马新贻补授江督。两天之后,负责长江水师的湘军元老彭玉麟也开缺回籍。⑦ 赵烈文不禁感慨:长江下游"同时去楚军中两尊宿,朝廷虑患,可谓疏矣"。他对曾国藩说:

---

① 《赵烈文日记》第3册,第1211、1212页。
② 何烈:《厘金制度新探》,中华学术著作奖助委员会1972年版,第76页。
③ 参见翁飞《曾李交替与湘消淮长》,《军事历史研究》2001年第3期;顾建娣《同治四年两江总督易人风波》,《江苏社会科学》2013年第4期。
④ 《端本至计折》(同治六月二月十五日),袁保恒:《文诚公集》,载《清代诗文集汇编》第701册,上海古籍出版社2010年版,第171—172页。
⑤ 《李鸿藻致袁镜堂》(同治六年三月底),转引自陆德富《同治年李鸿藻丁忧诸事补证:一通李鸿藻未刊书札考释》,《中国国家博物馆馆刊》2016年第5期。
⑥ 徐中约:《中国进入国际大家庭:1858—1880年间的外交》,屈文生译,商务印书馆2018年版,第246—257页。
⑦ 中国第一历史档案馆编:《咸丰同治两朝上谕档》第18册,广西师范大学出版社1998年版,第284、286页。

"朝廷用人，自有深意，以疮痍未复之两江，加之反侧不安之民气，遽移人心胶固之重臣于闲地，诚非草茅所能窥度其权衡之道。"① 与此同时，江苏士绅呈请曾国藩留任，由江苏巡抚丁日昌入奏。结果，不仅无济于事，丁日昌还受到申饬。②

了解内情的领班军机章京朱学勤在密信中透露，此次调动由军机大臣沈桂芬和文祥联手促成。他说："南丰（曾国藩）之调任三辅，出自休文（沈桂芬）之意。潞公（文祥）于夏初曾与弟商之，极力阻止。而扶风（马新贻）与休文同年至好，此番扶风来，想嫌八闽瘠苦而大绅之难处，故休文极力推毂，而潞公为所愚耳。"③ 原来，早在当年夏初，文祥已有调动曾国藩之意，但为朱学勤劝阻，此番终由沈桂芬怂恿而成。由此可见文祥、沈桂芬不欲曾国藩久居江督的心思甚明。据曾国藩亲身观察，当日"时局尽在军机"，恭王等几位军机大臣"权过人主"④。所以他们能够做出调离曾国藩的决策。

那么，文祥、沈桂芬为何毅然决然调曾国藩督直？从表面看，这固然因为畿辅久不得人，有"借重其勋望，坐镇畿辅"，并"借重其经验，整顿练军"的考虑。⑤ 确实，时任直隶总督官文不甚得力，"官民俱有烦言"，军机处"亦嫌其怯"，换人实为必然。但这也并不意味着必须调动曾国藩。此前朱学勤预测此席非"临淮（李鸿章），其东壁图书（文煜）乎？"⑥ 可见直隶总督也并非曾国藩不可，至少李鸿章就未尝不可。

所以，朝廷欲改变内轻外重局面，故不愿曾国藩久任江督的意图亦不可忽略。⑦ 早在同治四年，李鸿章就批评都中"但以内轻外重为患，日鳃鳃然欲收将帅疆吏之权"⑧。从同治七年的局势看，修约问题既经就绪，捻

---

① 《赵烈文日记》第3册，同治七年七月二十七、二十八日，第1629页。
② 《朱学勤致应宝时》（同治七年八月十四日、九月初三日），《历史文献》第12辑，上海古籍出版社2008年版，第147—148、151页。
③ 《朱学勤致应宝时》（同治七年八月十六日），《历史文献》第14辑，上海古籍出版社2010年版，第72页。
④ 《赵烈文日记》第4册，同治八年五月二十八日，第1701页。
⑤ 王尔敏：《淮军志》，广西师范大学出版社2008年版，第330页。
⑥ 《朱学勤致曾国藩》（同治七年三月二十日），太平天国历史博物馆编：《太平天国史料丛编简辑》第6册，中华书局1963年版，第272页。
⑦ 朱东安：《曾国藩传》，第278页；樊百川：《清季的洋务新政》第1卷，第370页。
⑧ 《致郭筠仙》（同治四年正月十八日），《李鸿章全集》第29册，安徽教育出版社2008年版，第360页。

军亦平，中原已治已安，故"都中无事，宴会颇多，有升平气象"①。在清廷看来，此时正是"削藩"收权的良机。朝廷或许并不担心曾国藩有意"造反"，但实忧虑他久任坐大，不易控制。况且曾国藩对朝廷的供应颇不积极。当清廷避开他，私下专向江苏巡抚丁日昌索取神机营饷银时，曾国藩向丁日昌传授应付朝廷之法。当道员孙士达向中枢报告江苏财政宽裕时，曾国藩斥其"妄有所陈"，非常不满。② 因此，为加强东南财赋之区的掌控，也有必要调开曾国藩。

进言之，调动曾国藩也是清廷处理湘、淮勇营整体部署的一个重要步骤。就在曾国藩调动的同时，朝廷也令李鸿章"尽撤淮军"③。朱学勤就说："临淮（李鸿章）之军悉行裁撤，可以优游鄂渚，西事已有咏史（左宗棠）任之。从此休息，谅不至再有勾当公事矣。"④ 随后，沈桂芬等还推动李鸿章率军征西南。只是因同治九年（1870）初，湘军大将刘松山于西北前线阵亡，在李鸿藻、朱学勤极力斡旋下，才令李鸿章改援陕西。沈桂芬对此极为不满。⑤ 因此，曾国藩调任直隶总督，李鸿章回任湖广总督，马新贻补授江督，也是朝廷裁撤湘、淮勇营，努力将东南财赋之区控制在手的一盘大棋。可以说，这是镇压太平天国以来朝廷一直想要达到的目的。

至于为何选择马新贻，主要是沈桂芬等军机大臣的主张，而非如一般所言，由李鸿章举荐。⑥ 马新贻固然与李鸿章是进士同年，但他与沈桂芬也是同年至好。更重要的是，这是当时清廷用人倾向的反映。李鸿章就说："马谷山（新贻）调两江尤出意外。军事稍定，喜用圆软之人。"⑦ 在陈兰彬看来，"中外既和，且大盗甫平，人心不遽思乱，断可无事"。故"封疆大吏能专拔用安静悃愊之吏，与民休息"，则治象可以渐成。⑧ 马新

---

① 《朱学勤致应宝时》（同治七年八月二十四日），《历史文献》第12辑，第148页。
② 《复丁日昌》（同治七年三月十五日）《复朱学勤》（同治七年五月初二日），《曾国藩全集》第30册，第367、401页。
③ 樊百川：《淮军史》，四川人民出版社1994年版，第301页。
④ 《朱学勤致应宝时》（同治七年八月十六日），《历史文献》第14辑，第73页。
⑤ 《朱学勤致应宝时》（同治九年三月廿七日），《历史文献》第14辑，第86页。
⑥ 高阳：《同光大老》，河南文艺出版社2020年版，第36页。
⑦ 《致潘鼎新》（同治七年七月二十八日），《李鸿章全集》第29册，第699页。
⑧ 《陈兰彬致朱学勤》（同治八年十月廿七日），《陈兰彬集》第3册，广东人民出版社2018年版，第20页。

贻"宽深静细，为政从容"①，正是这种类型的疆吏。

不过，相较于曾国藩和李鸿章，马新贻的弱点也甚明显。不仅朱学勤担心他"资望稍轻，不能指挥如意"②，李鸿章也认为其"虚名威望，似未足制中外奸人"，担心"长江从此多故"③。在此背景下，马新贻表面谨守曾国藩旧章，"无少更动"④，实则担心"楚军不可独用"，故"奏调淮北旧部将，召标兵三千"，在金陵置营教练，以临淮军领袖袁甲三之侄袁保庆领之。⑤ 可见，马新贻并非简单的萧规曹随。同时，他筹措协饷，兼顾湘、淮，两不得罪。曾国藩对左宗棠西征军饷"每多介介"，马新贻却"不待催请而自筹"，令左宗棠很是赞赏。⑥ 淮军更仰仗江南军饷，从李鸿章与马新贻的信函往来看，也大体合作无间。看来清廷用非湘非淮的马新贻出任江督，倘若没有剧烈的局势变动，已经悄然解决了曾国藩系统盘踞江南的"大患"。

然而，1870年震惊中外的天津教案和刺马案，令局势陡然而变。清廷意识到畿辅防卫和对外交涉的严峻形势，于是急调手握重兵、擅长外交的李鸿章兼程赴直。极为离奇的是，马新贻在七月二十六日竟被刺身亡。在此情况下，以李鸿章调补直隶总督，令曾国藩南下坐镇，就是最稳妥的安排。⑦ 于是短短七年中，曾国藩第三度以江督身份入主金陵。

综上，从1864年以来曾国藩不得久任江督的情形看，这一时期督抚虽然权力增大，但朝廷实际握有调遣督抚的大权。不过，朝廷的大权也颇有限度，至少受制于两大条件，一是中外平和无事，二是隐伏在江南的骚动尚未爆发。可以说，正是由于朝廷需要在稳定东南半壁和防止曾国藩系统尾大不掉之间进行微妙平衡，结果曾国藩被频繁调动，不能稳坐江督。

---

① 《复丁雨生中丞》（同治七年八月初七日），《李鸿章全集》第29册，第701页。
② 《朱学勤致应宝时》（同治七年十月十六日），《历史文献》第12辑，第153页。
③ 《致曾中堂》（同治七年七月二十七日）《复丁雨生中丞》（同治七年八月初七日），《李鸿章全集》第29册，第699、701页。
④ 《张文虎日记》，同治九年七月二十七日，上海书店2001年版，第228页。
⑤ 《孙衣言集》（中），浙江古籍出版社2017年版，第422页。
⑥ 《答杨石泉（昌濬）》（同治十一年末），《左宗棠全集》第11册，岳麓书社2009年版，第323页。
⑦ 刺马案疑窦颇多，迄无定论。但当时中外人士就颇传言，此事与南京的湘军不满其领袖曾国藩被调离江督不无关系。[美] 马士：《中华帝国对外关系史》第2卷《1861—1893年屈从时期》，张汇文等译，商务印书馆1963年版，第273页。

湘人江督格局自然难以形成。

但曾国藩未能久任江督的影响不可轻忽。首先，这无疑延缓了东南的洋务新政。就在调任直隶总督前夕，曾国藩刚刚视察了江南制造局。更重要的是，他与丁日昌、彭玉麟等正在雄心勃勃地筹划建设南洋、北洋、闽粤三支海军。① 马新贻继任后，长于综核吏治，而洋务新政推进不足。从1868年初马新贻反对公使入觐和遣派驻外使节以及反对电报、铁路的保守论调看，或许他也并无意愿建设洋务。② 后来，身在直隶的曾国藩有些无奈地说："东南新造之区，事事别开生面，百战将士尚不乏有用之材，饷项足以济之，制器、造船各事皆已办有端绪，自强之策，应以东南为主。"因此，曾国藩叮嘱湖广总督李鸿章对于东南洋务新政，不妨"引为己任，不必以越俎为嫌"③。迨1870年曾国藩回任江督后，幼童留美等新事业才终于实现。此外，频繁调动无疑影响了曾国藩的健康状况。曾氏治兵十余载，备极劳苦；"其莅两江，七年之间凡三往返，心力俱困"④。加以天津教案为国受谤，外惭清议，内疚神明，精神大损。所以，曾国藩再任江督仅一年多，就于同治十一年（1872）二月初四日溘然长逝。于是，由谁继任江督成为朝野关注的头等大事。

二　非湘非淮：曾国藩去世后的江督纷更

曾国藩在世之日的关键是能否坐稳江督；迨曾国藩逝世后，难题则是用谁继任江督。这不仅涉及各方的权力之争，也反映着内治与洋务、科举与军功的不同政治路线和治国理念。同治十一年二月十二日，清廷循例命江苏巡抚何璟署理江督。⑤ 何璟，广东香山人，与李鸿章、马新贻、沈桂芬均是进士同年。何氏非湘非淮，但历任安徽按察使，湖北、山西布政使，山西、江苏巡抚，与湘、淮将帅联系不少；其进士出身，也符合朝廷

---

① 《复丁日昌》（同治七年四月二十二日），《曾国藩全集》第30册，第387—388页；《致曾国藩》（同治七年四月二十七日），《彭玉麟集》第2册，岳麓书社2008年版，第310—311页。
② 李书源整理：《筹办夷务始末》（同治朝）第6册，中华书局2008年版，第2270—2272页。
③ 《复李鸿章》（同治八年五月十五日），《曾国藩全集》第30册，第550页。
④ 《张文虎日记》，同治十一年二月初五日，第270页。
⑤ 中国第一历史档案馆编：《咸丰同治两朝上谕档》第22册，第32页。

彼时重科名而轻军功的策略。① 此外，军机大臣沈桂芬向来看重何璟。②

依赖江苏饷源，明言"南洋为北洋根本"的李鸿章，自然格外关心江督人选。何璟刚刚履新，李鸿章就说："内意颇以两江难得替人，惟赖筱翁（何璟）努力耳。"③ 山东巡抚丁宝桢也是候选人之一，李鸿章就曾半真半假地怂恿过丁氏。④ 郭嵩焘也听闻丁宝桢将升授江督，急忙向湖南巡抚王文韶求证。⑤ 王闿运则听说总理衙门大臣毛昶熙外放两江，言下颇不乐观。⑥ 此外，新任闽浙总督李鹤年亦有"量移之谣"⑦。这些所谓的"候选人"均未成事实，但饶有意味的是，他们均系进士出身，也都非湘非淮。

不久，李鸿章说当轴之所以用何璟，是因为其"与湘、淮将帅气谊素投，缓急可恃"，"似是常局，非暂摄也"。⑧ 随后，李鸿章在私下透露更多内情。原来，军机大臣沈桂芬意欲以"江督畀水部（何璟）"。同时，前山西巡抚李宗羲即将丁忧期满，也有希望。⑨ 不料人算不如天算，当年十月何璟丁忧去位。十月二十五日，朝廷循例命署理江苏巡抚的淮军大将张树声署理江督。同日令李宗羲即行来京陛见。⑩ 皖人因回避原则难以久任江督，且淮系同时坐拥直督和江督，也绝非朝廷所愿。故张树声必为暂局。朝旨如此，明显是准备用李宗羲。李鸿章就称："内意盼雨亭（李宗羲）甚切，或为江左真除。"⑪ 其实，老于宦术、消息灵通的李鸿章早在七月间，就曾请四川总督吴棠向李宗羲致意，敦促早日出山。当年冬季又曾泐函劝说。⑫ 果然，同治十二年（1873）正月初六日，李宗羲还在沿江东

---

① 刘广京：《晚清督抚权力问题商榷》，《经世思想与新兴企业》，第260、264页。
② 《复丁雨生中丞》（同治十一年七月初二日），《李鸿章全集》第30册，第462页。
③ 《复三品衔江苏候补府方德骥》（同治十一年二月十四日）《致钱子密吏部、薛叔耘副贡》（同治十一年二月二十五日夜），《李鸿章全集》第30册，第421、428页。
④ 《复丁稚璜宫保》（同治十一年三月十六日夜），《李鸿章全集》第30册，第431页。
⑤ 《致王文韶》（同治十一年三月十九日），《郭嵩焘全集》第13卷，岳麓书社2012年版，第235页。此函整理者系于二月十九日，然据郭氏日记，似为三月十九日。
⑥ 吴容甫点校，中华书局编辑部修订：《王闿运日记》第1册，同治十一年三月十二日，中华书局2022年版，第254页。
⑦ 《复何筱宋制军》（同治十一年七月十九日），《李鸿章全集》第30册，第463页。
⑧ 《复何筱宋制军》（同治十一年三月二十八日），《李鸿章全集》第30册，第434页。
⑨ 《复丁雨生中丞》（同治十一年七月初二日夜），《李鸿章全集》第30册，第462页。
⑩ 中国第一历史档案馆编：《咸丰同治两朝上谕档》第22册，222、223页。
⑪ 《复署两江张振轩制军》（同治十一年十一月十一日），《李鸿章全集》第30册，第481页。
⑫ 《复吴制军》（同治十一年七月十三日）、《复李制军》（同治十二年正月二十二日），《李鸿章全集》第30册，第462页。

下途中，清廷就令其补授两江总督兼南洋大臣，径赴新任，不必来京陛见。① 可知清廷急于让李宗羲坐镇江南的迫切之情。

无独有偶，前任江南盐道、新任安徽按察使孙衣言，也认为江督一席无出李宗羲右者。他一则称李氏"天怀恬淡"，"惟此天怀恬淡之人乃始可用"，再则极力反对用洋务人才。他说："窃谓目前东南大局尤以内治为先……其谈洋务者，往往挟外人以自重，则贻误疆事更不可测，尤宜慎之。"② 其实，李鸿章在私下对何璟、李宗羲均有保留，主要因为二人"均于洋务隔膜"，担心久之诸政俱废。在李鸿章眼中，与他气味相投、熟谙洋务的丁日昌实为合适人选。只是丁氏杂途出身，深受科甲中人訾议，与当日用人风气尚多不合。③ 因此，当时江督的选任，也反映了内治与洋务的先后、轻重问题。

李宗羲，四川开县人，与沈桂芬、李鸿章、马新贻、何璟、沈葆桢均是道光丁未科进士。李氏随曾国藩日久，长期在两江地区任职，平定太平天国后，获得火速提拔，跻身封疆大吏。他由科第起家，虽与湘、淮军将帅比较熟悉，但并非军功一流，且籍贯非湘非淮，与马新贻、何璟的情形相类。④ 尽管朱学勤觉得李宗羲不过平稳一流，"岂能理繁治剧"，但沈桂芬对他"称之不容口"⑤。看来，沈桂芬先后支持马新贻、何璟和李宗羲出任江督，得到最高层首肯，颇能代表当日选用江督非湘非淮、进士出身的倾向。⑥

与李鸿章相似，正在西征的左宗棠同样非常在意江督人选，也感到"替人殊非易易"⑦。迨何璟丁忧去职，朝命张树声署理，而迟迟不简放实缺江督，令左宗棠意识到朝廷"似留以有待"。同时，他屡接京信，均谓

---

① 中国第一历史档案馆编：《咸丰同治两朝上谕档》第23册，第7页。
② 《孙衣言致朱学勤》（同治十一年冬），《历史文献》第18辑，上海古籍出版社2014年版，第124页。
③ 《复丁雨生中丞》（同治十一年七月初二日），《李鸿章全集》第30册，第462页。
④ 朱学勤称李宗羲与马新贻相似，不及马氏精细。《朱学勤致应宝时》（同治十二年正月十四日），《历史文献》第14辑，第78页。
⑤ 《朱学勤致应宝时》（同治八年四月十七日、五月二十日），《历史文献》第12辑，第138、139页。
⑥ 此外，据说李宗羲"相貌魁梧，长髯满面"，与两广总督瑞麟、湖广总督李瀚章略同，深受太后欣赏。前湖北巡抚严树森说："近来简用大僚，多取材于此，此所谓天也。"看来相貌气质也不可轻忽。《郭嵩焘日记》第2卷，同治十二年二月初二日，湖南人民出版社1981年版，第752—753页。
⑦ 《与孝威》（同治十一年三月初十日），《左宗棠全集》第13册，第145页。

西事报捷后,朝廷将令其"调两江(总督)、补协办(大学士)"。当时西宁已大致肃清,肃州也即将克复,再有数月,甘肃可一律澄清。故左宗棠并不愿意在即将大功告成之时离开西北。他在家书中说:"吾意使相、两江,非我所堪,临时辞逊,未能如愿,不若先时自陈为得也。"所以,同治十一年(1872)腊月,他上疏乞休,又请仍留西部,以备咨访。至于何以李宗羲简放江督,左宗棠认为是朝廷知其"不能去江南"的缘故。① 事实或许比左宗棠所言更为复杂。但无论如何,左氏确是江督重要人选。相比于左宗棠,李鸿章显然更愿意李宗羲出任江督。

李鸿章虽不满于李宗羲洋务隔膜,但当后者简放江督后,自然要极力联络。他称:"洋务近颇平静,悉有条约章程可循。军务则水陆留防各营随时联络整饬,可备缓急。"总之,必可胜任愉快。此外,他特意强调直隶"专恃江南为辅车之助",与李宗羲"本是一家,遇事更易商办"②。措辞极为动人,足见李鸿章超强的沟通能力。不过,在四川同乡严树森看来,李宗羲未必胜任。因为"江督须兼用权术",李氏虽"忠信明决",却"少倜傥权奇之概"。郭嵩焘则认为,李宗羲"终系善人君子",由其出任江督,究远胜于"旗员不晓事者",只是"忠信明决四字"未必担得起。严树森沉吟良久道:"明字尚能勉企,决恐不足。"③ 这些品藻颇得几分真相,故不无先见之明。

李宗羲就任江督一年后,发生了日本侵台事件。朝廷钦派船政大臣沈葆桢带兵援台,东南沿海形势骤然紧张。科举起家的李宗羲于是弱点暴露。同治十三年(1874)六月二十六日,李宗羲的同乡密友李鸿裔就听人议论李宗羲"布置不能镇静"。十月二十四日,李宗羲就托李鸿裔为其拟"乞病疏稿"④。在此背景下,海防需要大为增强,故军功起家者声价骤涨。

其时,奉命巡阅长江水师的彭玉麟私下强烈批评李宗羲,向领班军机章京朱学勤推荐左宗棠继任江督,显示科举与军功(文与武)的分歧。他一则谓:"秣陵主人(李宗羲)是承平好封疆……无如太不知兵,而身家

---

① 《与威宽勋同》(同治十一年十一月二十三日)、《与威宽勋同》(同治十一年小除前夕)、《与孝威》(同治十二年二月初一日),《左宗棠全集》第13册,第158、159、163页。
② 《复李制军》(同治十二年正月二十二日),《李鸿章全集》第30册,第498页。
③ 《郭嵩焘日记》第2卷,同治十二年二月初二日,第753页。
④ 李鸿裔:《苏邻日记》,《上海图书馆未刊古籍稿本》第18册,复旦大学出版社2008年影印本,第48、102页。

性命太看得重，稍闻警则形神改易，举动荒谬不可言状。"再则称："当此时世，此席最关东南大局，实非甘肃公（左宗棠）来不可。"这时，朝廷召曾国荃、杨岳斌、蒋益澧等湘系将帅入都陛见。彭玉麟认为杨岳斌、曾国荃均可大用，但"实宜偏安之地（西北为宜，原注）"，不宜两江；或以杨、曾替换左宗棠南来亦可。总之，如左宗棠坐镇两江，与长江水师提督李成谋"亦是一气"，加以福建有船政大臣沈葆桢，"则江南、直隶、苏、浙联成一片，东南不致决裂，事大可为"①。

可见，彭玉麟的提议，不仅是为江督择人，实为东南海防选帅。如果调左宗棠入主两江，便可能形成以南洋为核心的海防体系。正是在此背景下，李鸿章迫不及待地向军机大臣文祥推举沈葆桢，并直言左宗棠"坐镇西陲，似难兼营海澨"②。而闽浙总督李鹤年则认为"南洋大臣与北洋同一重任"，需要威望素著的"知兵大员"出任江督。③ 言下似对李宗羲和沈葆桢均表不满。迨同治十三年十二月初五日（1875年1月12日）同治皇帝不幸驾崩，光绪皇帝即位，两宫再度垂帘，亟须稳定局势。同日，李宗羲开缺调理，江西巡抚、湘军大将刘坤一署理江督。④ 刘坤一是湘军中江忠源、刘长佑一系的代表，相对弱势。当时湘系大佬左宗棠、曾国荃、彭玉麟等人资历声望固在刘氏之上，即湘人之外的沈葆桢、何璟也非刘氏所及。况且刘坤一缺乏沿海经验，与海防要务不无隔膜。所以，李鸿章估计此为"暂署之局"，认为清廷悬之以待沈葆桢和何璟，而李鸿章更倾向于沈氏。⑤ 此外，驻扎江苏的淮军大将吴长庆透露，垂涎江督者颇多，若论资望勋名，则曾国荃"当居八九"，不久就会揭晓。⑥

这时，海防、塞防争论甚烈，李鸿章和左宗棠互不相让。江督人选实与海防、塞防之争交织在一起。对清廷来说，只有等海防、塞防之争尘埃

---

① 《彭玉麟致朱学勤》（同治十三年八月后），《历史文献》第8辑，上海古籍出版社2004年版，第119—121页。
② 《复文中堂》（同治十三年十一月初四日），《李鸿章全集》第31册，第141页。
③ 《闽浙总督李鹤年奏议覆总理各国事务衙门详议海防折》（同治十三年十一月十四日），李书源整理：《筹办夷务始末》（同治朝）第10册，第4041页。
④ 李国祁分析刘坤一能够署理江督的原因有三：一是在巡抚中资深，二是身为重要的湘军领袖，三是在中央（比如朱学勤）和地方均有奥援。李国祁：《由刘坤一初任总督的表现看晚清的政治风尚》，《"国立"台湾师范大学历史学报》1975年第3期。
⑤ 《致李瀚章》（光绪元年正月初六日），《李鸿章全集》第31册，第173页。
⑥ 《吴长庆致刘秉璋》（光绪元年正月二十一日），《历史文献》第22辑，上海古籍出版社2021年版，第215页。整理者系于同治九年闰十月二十一日，小误。

落定，江督人选才能随之敲定。由于文祥"以西域停兵为非计"①，沈桂芬亦主用兵收复新疆②，最终朝廷决定西北用兵和东南海防并举。故光绪元年（1875）三月二十八日以左宗棠为钦差大臣督办新疆军务，四月二十六日任命沈葆桢为两江总督。显然，清廷排除了军功起家的湘人曾国荃和刘坤一，而选择了进士出身且谙练洋务的沈葆桢。

无疑，李鸿章不乐见刘坤一出任江督，而沈葆桢补授江督，李氏的推荐是起了作用的。③ 但朝廷之所以选择沈葆桢，却绝非仅因李氏支持。④ 以下几点更值得注意：一是沈葆桢的才能声望，深受高层欣赏，文祥就曾保举过沈氏；⑤ 二是沈氏非湘非淮的出身，且与沈桂芬同年交好；⑥ 三是沈氏此前与李鸿章、左宗棠关系均好，有望兼顾海防和塞防。此外，沈葆桢同治初年在江西巡抚任上与曾国藩公开争饷，龃龉特甚，为人熟知。他的入主两江，或许也可抑制曾国藩、国荃兄弟在两江的势力。这些因素正与朝廷彼时政策相吻合。因此，即便闽浙总督李鹤年上折参劾沈葆桢不胜南洋大臣之任，朝廷也毫不为动。⑦

耐人寻味的是，左宗棠一开始对沈葆桢出任江督非常高兴，许为时局之幸。⑧ 让左宗棠始料不及的是，与其向来融洽的沈葆桢一上任就奏驳左氏息借洋债的主张，令他愤不可言，以致屡次抱怨沈葆桢与李鸿章联络一气。⑨ 其实，沈葆桢与李鸿章也并非像一般所讲的那样合作无间。至迟到光绪三年（1877），李鸿章已对沈葆桢在江南"鸱张纷更"极为不满，以至于在给

---

① 《致李瀚章》（光绪元年正月初六日），《李鸿章全集》第 31 册，第 172 页；罗正钧：《左宗棠年谱》，岳麓书社 1983 年版，第 297—298 页。
② 《文廷式集》第 3 册，中华书局 2018 年版，第 1169 页。
③ 樊百川：《淮军史》，第 287—288 页；姜鸣：《龙旗飘扬的舰队》，生活·读书·新知三联书店 2002 年版，第 89 页。
④ 庞百腾：《李鸿章与沈葆桢：近代化的政治》，刘广京、朱昌峻编：《李鸿章评传：中国近代化的起始》，陈绛译校，上海古籍出版社 1995 年版，第 113—115 页。
⑤ 《清史列传》第 13 册，中华书局 1987 年版，第 4074 页。
⑥ 目前能看到沈葆桢和沈桂芬书信频通，互相推重。1877 年，沈葆桢在给京城家人信中说："经老（沈桂芬）信最要，别处稍缓亦可。"林庆元、王道成：《沈葆桢信札考注》，巴蜀书社 2014 年版，第 115 页。
⑦ 李鹤年：《奏为直陈沈葆桢难胜南洋重任事》（光绪元年七月二十七日），录副奏折，档号 03-5099-162，中国第一历史档案馆藏。
⑧ 《答两广总督刘岘庄制军》（光绪元年），《左宗棠全集》第 11 册，第 502 页。
⑨ 《答谭文卿》《答刘克庵》《与胡雪岩》（均光绪二年），《左宗棠全集·书信三》第 12 册，第 9、71、131 页。

李瀚章的家信中诋斥沈氏为"任性偏执之刚愎之人",后悔此前推荐他,认为还不如何璟出任江督。①

沈葆桢自光绪元年(1875)十月到任,至光绪五年(1879)十一月去世。在此期间,入觐一次,请病假多次。为此,江苏巡抚吴元炳两次署理江督。当时及后人震于沈氏大名,谓其坐镇东南措置裕如,甚至比之于曾国藩。②但揆诸史实,沈葆桢的确在湘、淮之外保有相当的独立性,但这也使他左右为难,动辄得咎。从沈葆桢家书看,他多次乞退,奈何朝廷始终不允,最终忧劳以殁。

综上,曾国藩去世后,江督替人颇为难得。以李鸿章为首的淮系和以左宗棠、彭玉麟为首的湘系都希望影响江督的任用。而沈桂芬等清廷高层则大体有两个用人倾向:一是进士出身而非军功起家,二是非湘非淮;希望既能听命朝廷,又可兼顾湘、淮。何璟、李宗羲、沈葆桢、吴元炳都可作如是观,此前的马新贻亦然。湘人江督格局自然难以形成。

三 闻鼙鼓而思将帅:刘坤一短暂督江的台前幕后

光绪五年(1879)十一月初六日,沈葆桢在南京逝世。一时间,江督继任人选又成为朝野关注的焦点。很快,郭嵩焘就听说接任者当是吴元炳,何璟大概无望。③岂料九天之后,清廷令两广总督刘坤一补授江督,未到任前,由吴元炳署理。④刘坤一何能升授江督?郭嵩焘得到的消息是借助军机大臣沈桂芬之力。他听说刘坤一与沈桂芬为师生,"情谊甚厚"⑤。后来的研究者亦多据此立论。⑥

---

① 《致李瀚章》(光绪三年六月十四日,整理者置于同治十三年,小误),《李鸿章全集》第31册,第73页。按,此信又见第32册第338—339页,整理者置于光绪四年,亦小误。
② 《辞署两江总督并请开巡江差使折》(光绪七年闰七月二十日),《彭玉麟集》第1册,第273页。
③ 《致子寿》(光绪五年十一月),《郭嵩焘全集》第13卷,第373页。
④ 中国第一历史档案馆编:《光绪宣统两朝上谕档》第5册,广西师范大学出版社1996年版,第384页。
⑤ 《郭嵩焘日记》第3卷,光绪五年十二月初八日,湖南人民出版社1982年版,975页。
⑥ 崔运武:《中国早期现代化中的地方督抚——刘坤一个案研究》,云南大学出版社2011年版,第112页;易惠莉:《光绪六、七年的晚清中国政坛:以刘坤一与李鸿章之争为中心的考察》,《近代中国》第18辑,上海社会科学院出版社2008年版,第46页。

沈桂芬支持刘坤一应无疑义。但沈氏与何璟素来相善，此前多次希望何璟出任江督，这时李鸿章仍透露"吴江（沈桂芬）为水部（何璟）预留地步"①。可见，如将刘坤一补授江督仅归因于沈桂芬的援引之力，或尚有未足。当日因伊犁、琉球问题，正是中俄、中日关系极为吃紧之时，尤其中俄战争颇有一触即发的危险。故为稳定局势，加强海防，急需文武兼资的大员坐镇东南。所谓"两江职守，就现在论，以防务为重"，"次为洋务"②。何璟、吴元炳都在军事方面有所欠缺，故不尽合乎当日情势。此外，熟谙洋务的丁日昌在光绪五年闰三月曾"加总督衔会办南洋通商"，筹办海防，东南官员就称"此为两江（总督）预兆"③。丁日昌得到李鸿章支持，也确在希冀江督。④但他不仅军事方面亦有欠缺，而且科甲清流极力反对其人。⑤ 在此背景下，江督替人十分为难。光绪五年十二月初十日，恭亲王就向慈禧面陈："南洋沈某死后竟无人可代。"⑥ 这样，非湘非淮、进士出身而非军功起家的"用人倾向"，也不得不适度调整。即便如此，朝廷也未任用湘系内部强势的曾国荃，而是选择相对弱势的刘坤一。刘氏廪生出身，军功起家，经过江西巡抚和两广总督多年历练，吏治、洋务已颇在行，上缴税赋也令朝廷满意；⑦ 四年前又曾署理江督，实为合适人选。

当时朝内因对俄关系和崇厚案，形成水火之势。先是沈桂芬保荐崇厚使俄，而后者与俄国所签条约有辱使命，结果举朝哗然，清廷遂将崇厚下狱，甚至要治以死罪。但这引起俄国极大不满，认为是侮辱其国，遂以开战相威胁，中俄关系有决裂之势。英、法等国也认为中朝做法有违万国公法，希望释放崇厚。不巧的是，慈禧太后久病未愈，慈安太后"不甚作主"，沈桂芬因保荐崇厚陷入丛疑众谤之中，懊恼成疾。而与沈桂芬有竞争关系的军机大臣李鸿藻开始权势增长，但洋务甚为隔膜。为了缓和局

---

① 《复丁雨生中丞》（光绪五年十二月初一日），《李鸿章全集》第32册，第505页。
② 《复周鉴湖》（光绪七年七月初一日），《刘坤一遗集》第4册，中华书局1959年版，第1947页。
③ 《杜文澜致吴云》（光绪五年闰三月），李隽、吴刚编：《枫下清芬：笃斋藏两罍轩往来尺牍》，国家图书馆出版社2019年影印本，第69页。
④ 黄飞：《从清廷政争看光绪五、六年中日琉球交涉》，《学术月刊》2020年第8期。
⑤ 徐桐：《奏为时事需才孔亟披沥直陈忠奸事》（光绪六年六月初五日），录副奏折，档号03-9378-024，中国第一历史档案馆藏。
⑥ 《翁同龢日记》第4卷，第1501页。
⑦ 李国祁：《同治中兴时期刘坤一在江西巡抚任内的表现》，《"国立"台湾师范大学历史学报》1972年第1期。

势，李鸿章和刘坤一均建议减轻崇厚之罪，但李鸿藻"独不谓然"，"朝局水火已成"①。随后，朝廷在宝廷等清流势力的鼓动下，召对俄强硬的左宗棠从西北入朝。李鸿章估计，一旦左宗棠到京，主政的沈桂芬、王文韶师徒就当引退。② 不幸的是，未等左宗棠到京，沈桂芬就在忧愤中病逝了。光绪七年（1881）初左宗棠一入京，即兼任军机大臣和总理衙门大臣。朝局变动自然影响到新任江督刘坤一的处境。

刘坤一于光绪六年（1880）六月初七日到任后，措置十分不易。他在购买铁甲舰、轮船招商局等事上竟与李鸿章颇生争执，南洋、北洋不能和衷。③ 迨沈桂芬去世后，缺少了内援的刘坤一遭到张之洞、陈宝琛等清流干将轮番参劾，奉旨交彭玉麟查复。彭氏复奏虽然"多方剖辨"，实则"未免迁就人言，件件为之坐实"。刘坤一甚至听王之春说，参案实由彭玉麟提供材料鼓动而成。④ 光绪七年（1881）七月二十八日，朝旨令刘坤一进京陛见，彭玉麟署理江督。如此处理，算是给刘坤一留足了面子。但清廷高层了解彭玉麟素来屡辞任命，在张之洞的呼吁下，七天之后又下旨催其到任。而彭玉麟果然连续两次力辞任命。延至九月初六日，清廷终于外放左宗棠坐镇两江。⑤

刘坤一何以被罢免？崔运武和易惠莉的研究最值得注意。崔运武的结论是："以私论，主要是李鸿藻的挟嫌报复；以公论，是清廷分治湘、淮以及意在统一东南事权，加强洋务自强求富活动的需求所促成的。"⑥ 易惠莉更着重南洋、北洋对抗，认为刘坤一最终被李鸿章携手清流势力推倒，凸显了李鸿章的"倒刘"作用。⑦ 二者的结论相互补充，基本可以解释这一问题。但关于湘、淮分治，还可再做讨论。崔运武说：刘坤一在诸多大事上和李鸿章"频起冲突"，"这是符合清廷分治湘、淮之意的。但问题又不尽然"。因为"在更为直接的南、北洋的冲突中"，均以刘坤一失败告终。换言之，刘坤一的"资历、权势、魄力等，不能与李鸿章抗衡，已在

---

① 《复曾劼刚星使》（光绪六年四月初五日）《复丁雨生中丞》（光绪六年五月十三日），《李鸿章全集》第 32 册，第 544、556 页。
② 《复丁雨生中丞》（光绪六年十月初一日），《李鸿章全集》第 32 册，第 629 页。
③ 崔运武：《中国早期现代化中的地方督抚——刘坤一个案研究》，第 93—105 页。
④ 《复高杏邨》（光绪七年闰七月二十日），《刘坤一遗集》第 4 册，第 1950 页。
⑤ 中国第一历史档案馆编：《光绪宣统两朝上谕档》第 7 册，第 159、165—166、238—239 页。
⑥ 崔运武：《中国早期现代化中的地方督抚——刘坤一个案研究》，第 115 页。
⑦ 易惠莉：《光绪六、七年的晚清中国政坛：以刘坤一与李鸿章之争为中心的考察》，《近代中国》第 18 辑，2008 年，第 68—77 页。

客观上形成某种南洋被北洋消融的趋势",使得清廷已难收湘、淮"两难竞爽之功",很可能导致北洋"居奇之弊丛生"。"正因为此,清廷才会让左宗棠取刘而代之出任两江,因为左不仅是李的政敌,而且资历也超过李,更容易形成相互牵制的局面。"①

不过,所谓湘、淮分治,殆指朝廷乐见两系势力相当,形成制衡,而不希望某系独大居奇,似乎并非乐见两系势如水火。通常情况下,朝廷自然更期盼双方和衷共事,支持大局。因此,南洋大臣刘坤一与北洋大臣李鸿章在诸多大事上势如水火,就绝非清廷所愿。况且以刘坤一当日的资历声望,确实无法在南洋指挥如意。而且言者所参各节,也经彭玉麟的复奏大致坐实。所以,刘坤一被罢免也是势所必至。至于外调左宗棠为江督,与北洋李鸿章形成制衡态势,或许也是题中之义,但左氏由军机大臣外放江督的内情,实际上要复杂得多。左宗棠从西北奉诏入京,本是李鸿藻领导的清流所主张。然而,左宗棠入军机后,反而与李鸿藻、宝鋆、景廉等军机大臣大生矛盾。恭亲王也对左宗棠颇有意见。从七月初开始,左氏已经连续奏请赏假、开缺四次。② 以故,在刘坤一江督不保的同时,如何"安置"左宗棠,是清廷高层急需处理的要事。

其实,从光绪七年(1881)春开始,刘坤一的地位已经动摇,故觊觎江督者大有其人。三月,李鸿章以"江左不甚得人",曾密陈恭亲王奕䜣起用盟友丁日昌。不过,恭王直言丁氏受举朝谤议,礼部尚书徐桐竟斥其为"奸邪","如何敢撄其锋"③。故李鸿章"倒刘举丁"未获成功。同时,四川总督丁宝桢也"思移一镇"④。而李鸿章颇加怂恿。⑤ 迨刘坤一下台已定,据说"内中集议",曾有意调丁宝桢为江督,只因东南大局所关,"未便遽易生手"⑥。当时"防患之道,其大者无如西北之边防、东南之海防"⑦。

---

① 崔运武:《中国早期现代化中的地方督抚——刘坤一个案研究》,第113页。
② 姜鸣:《左宗棠入军机的台前幕后》,《近代史研究》2013年第4期。
③ 《复丁雨生中丞》(光绪七年五月二十七日),《李鸿章全集》第33册,第41页。
④ 《王闿运日记》第2册,光绪七年二月二十九日,第829页。
⑤ 《致丁稚璜宫保》(光绪七年六月初四日、二十三日),《李鸿章全集》第33册,第44、45、52页。
⑥ 《周瑞清致丁宝桢》(约光绪七年六月),泽霆释,垂健注:《丁文诚公家信》,山东画报出版社2012年版,第232—233页。周瑞清时为军机章京。注释者将此信系于光绪八年,似误。
⑦ 《疆寄虚悬请早处置折》(光绪七年闰七月初五日),赵德馨主编《张之洞全集》第1册,武汉出版社2008年版,第47页。

但两江总督兼辖安徽,故淮系大员因回避原则不宜实授江督,且朝廷亦不愿北洋和南洋为淮系所包揽。所以,文武兼资、威望卓著、熟悉东南情形的湘系大员越来越成为江督的有力人选。

当时另一热门人选正是力辞陕甘总督的曾国荃,惟最高层实不愿曾氏在其东南立功之地"盘踞"。闰七月二十日,彭玉麟在疏辞江督的同时,就曾密保曾国荃。① 八月初八日,李鸿章在致曾纪泽的信中说:"或谓两江需人,岘帅(刘坤一)内召,雪翁(彭玉麟)坚辞",曾国荃"可冀量移,亦未卜廷推及之否"②。语意之间透露出曾国荃似不受高层许可。有意思的是,左宗棠在致护理陕甘总督杨昌濬的信中,也分析了曾国荃出任江督的可能性。他说:"沅浦(曾国荃)书来,陕甘一席决不能赴,而图报之念则未敢恝然。适刘岘庄(坤一)开两江之缺,或者移节东南乎?金陵本其立功之地,水土复又相宜。……近时彭雪琴(玉麟)、张香涛(之洞)诸君子亦以为言。"③ 迨左宗棠补授江督后,他又对杨昌濬说:"弟此次南行,亦颇不免意外之感"④。

杨昌濬是左宗棠一系湘军的得力大将,但左氏的话仍令人疑信参半。因为在彭玉麟不愿担任江督,左宗棠在京又进退维谷的情况下,左氏外放江督,坐镇东南,明显是一项两全其美的安排。当局者对此应是心知肚明的。早在闰七月二十三日,刘坤一就说:以左宗棠的性情及当今时势,并不适合军机处,"唯有移之南洋",方"于名位相称,而于事体亦合"⑤。迨左宗棠补授江督后,刘坤一又说:"朝廷此次于弟,可谓处分尽善。前以篯铿(彭玉麟)署理,虚写固妙;今以太冲(左宗棠)补授,实写尤妙。况此老(左宗棠)进退两难之际,恰有此席以位置之。弟早与此间僚友论及,既无损于使相重望,并可以维系西陲军情耳。"⑥ 可见,此时以左宗棠调任江督,在湘人高层中实有共识。

如此,左宗棠固然调处善地,曾国荃却不无遗憾。这也显示最高层对曾国荃的有意压制。所以,郭嵩焘归咎当国诸臣,颇为曾氏抱屈。他说:

---

① 《密保大员片》(光绪七年闰七月二十日),《彭玉麟集》第1册,第275—276页。
② 《复曾劼刚星使》(光绪七年八月初八日),《李鸿章全集》第33册,第72页。
③ 《答杨石泉》(约光绪七年闰七月),《左宗棠全集》第12册,第667页。
④ 《答杨石泉》(约光绪七年八月),《左宗棠全集》第12册,第671页。
⑤ 《复谭文卿》(光绪七年闰七月二十三日),《刘坤一遗集》第4册,第1951—1952页。
⑥ 《复张延秋太史》(光绪七年十一月十七日),《刘坤一遗集》第4册,第1961页。

朝廷于江督一席"独吝之曾沅浦（国荃），曾不计曾沅浦有恢复东南之功，彭雪芹（玉麟）保折固不足以动听也"。其实，此事关系至大，高层酝酿多日，当时也颇有闽浙总督何璟调任江督的消息。① 光绪七年（1881）九月初六日调动当日，慈禧太后特意召见醇亲王奕譞，可知最终定策是慈禧与醇亲王做出的。② 从后来历史看，湘系领袖左宗棠外放江督，确实产生了深远影响。

四　从左宗棠到曾国荃：湘人江督格局的形成

光绪七年（1881）十二月二十四日，左宗棠在南京与刘坤一交接。不久，年迈的左宗棠就感到江南"棼丝难理"，颇有悔意。③ 至光绪八年十月，左宗棠就以患病为由奏请开缺，奉旨赏假三个月。④ 这时，随着中法因越南问题而关系紧张，不仅西南边疆已经开战，东南沿海也风声鹤唳。左宗棠一向主张对外强硬，筹饷募兵，不遗余力，在当日洵属不可或缺。在此背景下，左宗棠虽然任江督仅仅两年多，但他的诸多举措对两江地区产生重要影响。其中，大量增募湘军驻扎两江，引用湘系文武旧部，加强湘系军政实力，就值得特加申论。

原来，平定太平天国运动后，江南裁湘留淮，故多年以来，淮军实为主力。光绪六年（1880）夏，刘坤一到任江督后，查明江南水陆兵勇共计三万一千余名，内中驻扎江宁省城及沿江两岸者，不满二万人，其中"淮勇居十之七……湘勇居十之三"⑤。迨光绪九年朝廷命李鸿章督办越南军务，令两江筹拨军队时，驻扎江南的淮军尚有一万数千人。左宗棠听李鸿

---

① 《郭嵩焘日记》第 4 卷，光绪七年八月二十九日，湖南人民出版社 1983 年版，第 215 页。
② 《翁同龢日记》第 4 卷，第 1651 页。《袁昶日记》（中），凤凰出版社 2018 年版，第 489 页。1880 年之后醇王颇参大政。李鸿章就说："枢廷甚不得劲，固不能不决议于兴献（醇王）也。"《致潘鼎新》（光绪六年九月二十五日），《李鸿章全集》第 32 册，第 624 页。
③ 《与陕甘总督谭文卿制军》（约光绪八年初），《左宗棠全集》第 12 册，第 674 页。
④ 《病势增剧恳恩开缺回籍折》（光绪八年十月初五日），《左宗棠全集》第 8 册，第 139—140 页。
⑤ 《查覆江南兵饷及上下江防敬抒管见折》（光绪六年六月二十九日），《刘坤一遗集》第 3 册，第 563 页。

章挑带，趁机"就投效之湘楚旧部添立九营"。他在给杨昌濬的信中直言："借此可补收旧部，放胆作事"。随后，李鸿章前命取消，左宗棠所立湘军却暂缓裁撤。① 加以左宗棠陆续增募的新湘、恪靖等营，共计水陆二十一营、五哨。左宗棠的行动，固然是"对外绸缪之计"，然"安顿旧部之用心"亦甚显明。② 这一举改变了两江驻军淮主湘辅的局面。此外，因左宗棠督江，湘籍文武官绅纷纷调至两江。③ 后来历任东南封疆大吏的聂缉椝等人，就是这时开始受到重用的。这都明显增强了湘人在两江地区的势力，有力促进了湘人江督格局的形成。

更值得强调的是，左宗棠随后在奏请开缺的同时，竟然密保江督替人。这实属非同寻常。曾国藩虽在战时保荐过多位军政大员，但作为两江总督，还不曾敢于保举替人。此前李鸿章因回籍葬亲，曾在清廷的示意下，密保张树声或刘秉璋暂时署理直隶总督，与此情形亦自不同。光绪十年（1884）正月初四日左宗棠再次奏辞，同时保举裕禄、杨昌濬和曾国荃继任江督。他说："既避贤路，则择人自代有不容不尽心竭虑，以求上承恩眷，下释私怀者。两江地大物博，全赖得人而理。……窃见安徽抚臣裕禄操履笃诚，宽宏简重，懋著才猷，在疆臣中实罕其比。漕督臣杨昌濬守正持平，性情和易，而历任繁剧，均得民和。臣与共事多年，知之最深。前两广督臣曾国荃任事实心，才优干济，遇中外交涉事件，和而有制，去任之日，粤中士庶讴思不替，远人敬之。"④ 细味左宗棠对三人的"考语"和排序，再考虑到彼此的亲疏远近，似可知左宗棠之意实在第二位的杨昌濬。以裕禄居首，不过是以满人应付朝廷，借以去疑止谤。将曾国荃排在最末，亦多少表明左宗棠对他实有保留。两人此前就有竞争江督的因素在，此后更是颇有后言。⑤

光绪十年正月十一日，左宗棠的折、片发给军机大臣阅看。因事关重

---

① 《答杨石泉漕督》（约光绪九年六月），《左宗棠全集》第12册，第725页；《筹拨江南防军变通办理折》（光绪九年六月初二日），《左宗棠全集》第8册，第261—263页。
② 秦翰才：《左宗棠全传》，中华书局2016年版，第284页。
③ 左宗棠任江督后，"向之隶陕甘仕籍者"，多求调往两江。左宗棠说他"概予谢绝，惟假归已久，其人又为所素知者，亦间有收录"[《与陕甘总督谭文卿制军》（约光绪八年初），《左宗棠全集》第12册，第675页]，实则仅据《左宗棠全集》中的资料，即可知主动调用和来投收用者均不少。
④ 《择人自代片》（光绪十年正月初四日），《左宗棠全集》第8册，第389页。
⑤ 《翁同龢日记》第4卷，光绪十年正月十一、十二日，光绪十年闰五月二十九日，第1886页。

大，必须当面请旨，而当日慈禧太后未召见，故军机处将折、片"暂留"。次日慈禧太后召见军机大臣，遂决定左宗棠开缺，给假四个月回籍调理，以裕禄署理江督。① 然而，仅仅九天之后，清廷又改任曾国荃署理江督。② 此中大有文章。二月初四日，郭嵩焘一见到如此前后矛盾的两道上谕，就推测"有言官陈奏"③。事实比言官陈奏更为复杂。原来，令左宗棠开缺，以裕禄署理江督的上谕一经颁下，就引起朝臣激烈反应。

正月十八日，包括内阁学士周德润在内的两件封奏，均言左宗棠"不宜引退"④，遂使最高层不得不解释决策苦衷。⑤ 御史丁振铎的措辞更为激烈。他以中法形势严峻，两江任重敏感，裕禄军事、洋务均有不足，威望尚浅、人地不宜为由，奏请"另简晓畅军事、威望夙著之员"前往督理。⑥ 尽管该折暂未发生作用，但两日之后，御史张人骏以"慎重海疆起见"，再次上奏质疑朝命。他直言"南洋商防兼筹，江督文武并辖，非熟悉洋情，则必为外国所轻；非熟悉军务，则必为诸将所轻；非熟悉吏事，则必为群下所轻"，故奏请特简"威望素著之大臣"。张人骏的奏折条分缕析，说理透彻，让人不得不引起高度重视。⑦

当时曾国荃在京署理礼部尚书。丁振铎、张人骏接连奏请熟悉军务、洋情、吏事，威望素著之大臣，虽不能挑明曾国荃，其实所指为谁，已是不言自明。正月二十日，慈禧太后召见军机大臣二刻，终于决定曾国荃署理江督。故军机大臣翁同龢在当天日记中写道："庶几威望副此席乎。"早在正月初九日，翁同龢就发现英国公使巴夏礼对曾国荃颇敬重。⑧ 现在翁氏此言针对的正是丁振铎和张人骏的封奏。

进言之，在丁振铎和张人骏背后，或许还有李鸿藻的暗中主持。丁振铎和张人骏虽不似张佩纶、张之洞那么出名，但也是李鸿藻麾下的清流干

---

① 《翁同龢日记》第 4 卷，第 1845 页；中国第一历史档案馆编：《光绪宣统两朝上谕档》第 10 册，第 15 页。
② 中国第一历史档案馆编：《光绪宣统两朝上谕档》第 10 册，第 18 页。
③ 《郭嵩焘日记》第 4 卷，光绪十年二月初四日，第 454—455 页。
④ 《翁同龢日记》第 4 卷，光绪十年正月十八日，第 1847 页。
⑤ 中国第一历史档案馆编：《光绪宣统两朝上谕档》第 10 册，第 17 页。
⑥ 《掌云南道监察御史丁振铎奏为两江责任綦重目前夷务方殷请旨另简威望素著之督臣以靖疆圻而御外侮由》（光绪十年正月十八日），军机处档折件，档号 124799，台北故宫博物院藏。
⑦ 《掌广西道监察御史张人骏奏为两江总督请简威望大臣补署由》（光绪十年正月二十日），军机处档折件，档号 124844，台北故宫博物院藏。
⑧ 《翁同龢日记》第 4 卷，光绪十年正月初九、二十日，第 1844、1847 页。

将。尤其张人骏是张佩纶的侄子,与李鸿藻长期亲近。张佩纶一听说裕禄署理江督,即向户部尚书阎敬铭发出"如何如何"的感叹。① 尽管张佩纶平时对曾国荃不无微词,但此次曾氏入京后,他认为"沅帅(曾国荃)自是老成宿望",特意往见,"倍致敬慕"②。正月十七日,张佩纶在致李鸿藻的密信中说:"闽疆自以丁(宝桢)为上选,曾(国荃)则就地取才耳",又称曾国荃"到处皆得美誉也"③。此处"就地取才",似当作"为地择人"之意。所以,有理由相信张人骏的折子是他们共谋的结果。④ 就在张人骏上奏前一日,翁同龢邀请曾国荃、李鸿藻、阎敬铭、张之万、广寿在家喝酒。曾国荃赴约最早,与翁同龢长谈,翁对曾多有赞词。⑤ 从前文看,不用曾国荃出任江督,实为最高层长期以来的秘策。故此次曾国荃终于勉强署理江督,乃系中外形势逼迫所致,大概同时也获得了李鸿藻和翁同龢的支持。

曾国荃到南京署理江督后不久,震惊朝野的甲申易枢突然爆发,恭亲王、李鸿藻、翁同龢等军机全部罢黜。虽然由于中法战云密布,清廷不得不重用曾国荃,但曾氏地位并不稳固。六月之前,据在京的刘铭传透露,"内意"欲令四川总督丁宝桢调南洋大臣,以曾国荃为闽浙总督。⑥ 迨七月中法宣战后,醇亲王欲派左宗棠南下福建督师,相信"楚军必为之一振,先声夺人"。然而,左宗棠却意欲驻扎江宁。所以,七月十六日,醇亲王给军机处的密信称:"若按彼(左宗棠)意南下,则沅圃(曾国荃)必多掣肘,转费调停。此节拟于后日请旨。"⑦ 七月十八日,醇

---

① 《张佩纶致阎敬铭》(光绪十年正月十二日),虞和平主编:《近代史所藏清代名人稿本抄本》第1辑第17册,大象出版社2011年影印本,第258页。
② 《张佩纶致李鸿章》(光绪九年十二月十四日),姜鸣整理:《李鸿章张佩纶往来信札》,上海人民出版社2018年版,第336页。
③ 《张佩纶致李鸿藻》(光绪十年正月十七日),上海图书馆编:《张佩纶家藏信札》第7册,上海人民出版社2016年影印本,第3816页。
④ 李鸿藻与曾国荃的勾连,虽然没有太多证据,但早在光绪六年三月,曾国荃准备辞去山西巡抚时,就曾专门写信给李鸿藻,说明患病是实,希望李氏在军机处予以支持。《致李兰荪》(光绪六年三月),梁小进整理:《曾国荃全集》第4册,岳麓书社2006年版,第130—131页。
⑤ 《翁同龢日记》第4卷,光绪十年正月十九日,第1847页。
⑥ 《李鸿章致张佩纶》(光绪十年六月初三日),姜鸣整理:《李鸿章张佩纶往来信札》,第420页。
⑦ 《醇亲王奕譞致军机处尺牍》(光绪十年七月十六日),邵循正等编:《中国近代史资料丛刊·中法战争》第5册,上海人民出版社1957年版,第52—53页。

亲王和慈禧太后商议后，下令左宗棠督师闽浙，曾国荃实授江督。当时颇有传言左宗棠谋求回任江督，但据了解内情的湘人京官周寿昌说，曾国荃实授之命，实系左宗棠"娄（屡）言之醇邸，始有此旨"①。无论如何，曾国荃之所以能够坐稳江督，很大程度上是中法战争之结果，而醇亲王也与有力焉。

曾国荃在任几近七年，至光绪十六年（1890）十月初二日薨于位。他之所以能够久任江督，以下几点值得揣摩。首先，曾国荃借中法战争的严峻形势，延续左宗棠的举措，"大招湘军旧部，扩建新营头，三月不到，竟至20余营之多。直到战后裁留，也还有14营头。加上督标、练军、老湘营等14营，皆为湘军旧部所掌握，已超过淮军驻防存留的20营之数"②。此外，陈湜、聂缉椝、刘麒祥、汤寿铭等湘系要员都相继得到重用。中法战争之后，江南的湘系军政势力更加膨胀，终令朝廷不得不有所顾忌。其次，曾氏政尚宽简，与民休息，"金陵官绅，交口称颂"③。后来，办理江南赈务，"声名大佳"④。再次，与其他人相较，曾国荃同北洋大臣李鸿章更为和衷，南北提衡，支撑着大清王朝。⑤ 最后，曾国荃不仅与江宁将军、都统尽力结交，⑥ 而且经由荣禄走通了首席军机大臣礼亲王的路子，获得了高层支持。⑦

光绪十六年曾国荃去世后，朝旨以安徽巡抚、浙江人沈秉成署理江督。郭嵩焘见此情形，估计必是云贵总督、浙江人王文韶补授江督。他的湖南同乡则谓山东巡抚张曜"朝眷方隆"，最有希望。⑧ 有意思的是，这些

---

① 李慈铭：《越缦堂日记》第14册，光绪十年七月二十六日，广陵书社2004年影印本，第10422页。
② 樊百川：《清季的洋务新政》第1卷，第307—308页。
③ 《缪祐孙函》（光绪十年五月二十日），钱伯城、郭群一整理，顾廷龙校阅：《艺风堂友朋书札》，上海人民出版社2018年版，第338页。
④ 《何兆瀛日记》，光绪十五年十二月初四日，周德明、黄显功主编：《上海图书馆藏稿钞本日记丛刊》第19册，国家图书馆出版社、上海科学技术文献出版社2017年影印本，第218页。
⑤ 《复云贵制台王（文韶）》（光绪十六年十二月二十九日），《李鸿章全集》第35册，第158页。
⑥ 《郭嵩焘日记》第4卷，光绪十三年八月初一日，第729页。
⑦ 《致李瀚章》（光绪十七年八月十五日），《李鸿章全集》第35册，第244页。曾国荃、曾纪泽与荣禄的密切关系，参见马忠文《荣禄与晚清政局》，社会科学文献出版社2022年版，第116—119页。
⑧ 《郭嵩焘日记》第4卷，光绪十六年十月二十日，第969页。

候选人仍是非湘非淮。然而出人意表的是，家居十载的刘坤一再得眷顾，简放江督。耐人寻味的是，郭嵩焘等湘人虽然非常在意江督人选，但也并不认为惟湘人可做，然而朝旨却唯湘人是任。何以形成如此局面？李鸿章的说法值得注意：

> 忠襄（曾国荃）晚年政尚宽大，营务不无懈弛。尊论诚为洞微。文襄（左宗棠）、忠襄，两政十载，湘楚旧部，视若家乡，而随忠襄者，尤多且久。昔之相从尽力，今则失职无归，责望旧恩，原有不能尽绳以法者。然近年屡有造谋巨案，不免用钺，而徒党实不可爬梳。每值岁暮，讹言烦兴，转调江阴防军，以为金陵翊卫，窃谓此患非日久未易铲除。选帅必于湘人，朝意亦深顾虑。①

可见，自1880年代以来，由于中俄危机和中法战争中严峻的对外形势，不得不用文武兼资的湘帅出任江督。而左宗棠、曾国荃近十年的有意经营，遂使湘系军政势力在江南更为盘根错节；加以湘军和长江流域蠢蠢欲动的哥老会千丝万缕的联系，终令朝廷颇有顾虑。② 同时，因有北洋淮系和湖北张之洞势力的有力制衡，这时朝廷也不像曾国藩时代那么担心东南湘系尾大不掉，反而更看重湘系势力稳定东南大局的作用。于是江督"选帅必于湘人"。这无疑是形成湘人江督格局的重要原因。

进言之，随着李鸿章淮系力量在北洋的不断增强，朝廷在必须倚重李氏的同时，也开始有意扶植东南的湘系力量，以制衡北洋。醇亲王奕譞在光绪七年（1881）和十年，先后说服慈禧太后同意左宗棠、曾国荃实授江督，或许就有平衡北洋的考虑。而当光绪十一年（1885）左宗棠去世时，

---

① 《复署两江制台沈（仲复）》（光绪十六年十一月二十日），《李鸿章全集》第35册，第144页。
② 哥老会当时确实让两江地区的官员忧心忡忡，清廷高层对此也甚了然。光绪十六年八月二十二日翁同龢有云："同邑屈荫堂承福，皖中能吏，屡经卓异，来此长谈，极言哥老会之可忧，江宁政事之废弛。"《翁同龢日记》第5卷，第2435页。湘军与哥老会的密切关系，参见蔡少卿《关于哥老会的源流问题》，《中国近代会党史研究》，中国人民大学出版社2009年增订版，第176—179页；刘铮云《湘军与哥老会：试析哥老会的起源问题》《哥老会的人际网络：光绪十七年李洪案例的个案研究》，《档案中的历史：清代政治与社会》，北京师范大学出版社2017年版，第202—244页。

这一政策转向已经非常明显。研究者常引醇亲王的一段话——"湘、淮素不相能，朝廷驾驭人才正要如此。似宜留双峰插云之势，庶收二难竞爽之功。否则偏重之迹一著，居奇之弊丛生"——就是在这一背景下产生的。[①]醇亲王建议谨慎裁撤左宗棠的恪靖营湘军，意在扶植东南湘系力量，以平衡势力日增的北洋淮系，但这并非希望湘、淮水火，通常情况下还是期望二者共持大局，避免出现独大居奇局面。[②] 此外，据帮办海军大臣曾纪泽的情报，在光绪十二年（1886）巡阅北洋水师后，醇亲王本有意在次年巡阅南洋兵轮水师。曾国荃也已"先事绸缪"，派湘系干将汤寿铭赴上海"暗中部署"[③]。这也可视为醇亲王对南洋的支持。但光绪十三年（1887）醇亲王病体缠绵，很可能是未成行的主要原因。在此背景下，东南湘系还注意调整和满洲权贵的关系。与曾国荃相似，刘坤一更是经由荣禄走通了领班军机大臣礼亲王世铎的路子，[④] 获得了最高层的有力支持。在如此多种因素交织下，湘人江督格局得以维系。这不仅维持了东南的政局稳定，而且与北洋淮系南北提衡，成为支撑清朝统治的权势重心之一。

结 论

湘人江督格局是晚清史上的重要现象，在时人及前辈学者的论述中多有依据。但以前论及晚清政治，或者含糊地提出同、光以来湘系长期盘踞东南，或者笼统地认为同、光以来朝廷在南洋用湘系、在北洋用淮系，贯彻湘、淮分治。但实际情况如何，仍有深入检讨的必要。

第一，本文认为，湘人江督格局虽奠基于湘军之崛起，但最终形成实

---

① 《清醇亲王奕譞信函选》（光绪十一年七月二十八日），《历史档案》1982年第4期。
② 醇亲王对中法战争中湘淮畛域自分、龃龉掣肘的情形甚为不满。李恩涵：《同治、光绪年间湘、淮军间的冲突与合作（1870—1885）》，《"中研院"近代史研究所集刊》1980年第9期。
③ 《曾国荃致陈湜》（光绪十三年二月初八日），湖南图书馆编：《湖南图书馆藏近现代名人手札》第4册，岳麓书社2010年影印本，第2078页。陈宝琛也得到类似情报。《陈宝琛致张之洞》（光绪十三年二月初六日），国家图书馆善本部编：《赵凤昌藏札》第7册，国家图书馆出版社2009年影印本，第438页。
④ 《致李瀚章》（光绪十七年八月十五日），《李鸿章全集》第35册，第244页。

有复杂多变的内外因素。以1880年为界大体可分为前后两个阶段。1880年以前实为江督纷更的年代。1864年湘军攻破天京后，清廷在稳定东南半壁和防止曾国藩系统尾大不掉之间微妙平衡，结果曾国藩被频繁调动，七年三往返，不能稳坐江督。1872年曾国藩去世前后，马新贻、何璟、李宗羲、沈葆桢相继出任江督。既往多认为，马新贻、李宗羲、沈葆桢虽非湘人，但都是"久与湘军共事者"①。然而，一方面，当时的东南大员几乎都与湘军共事过；另一方面，马、何、李、沈诸人皆进士出身而非军功起家，毕竟与湘帅不同，况且沈葆桢与曾国藩还大为龃龉。直到1880年之后的二十多年，实任江督皆系湘人，湘人江督格局方才真正形成。这是中俄危机及中法战争形势、左宗棠和曾国荃的刻意经营、东南湘系军政实力增强、慈禧和醇亲王平衡湘淮南北等多重因素的结果。因此，1880年前后两个阶段的微妙差别值得注意。

第二，既往多强调李鸿章对江督人选的影响，以马新贻、何璟、李宗羲、沈葆桢都是他的进士同年为据。② 其实，以上诸人也都是军机大臣沈桂芬的进士同年，并且均为沈桂芬所赏识。此外，刘坤一尽管不为李鸿章所喜，却能继沈葆桢为江督，更可见沈桂芬的推举作用。以往大体知道沈桂芬在1881年去世前长期"当国"，但限于论述角度和材料，往往语焉不详。本文用可靠史实，论证了沈桂芬主政的军机处在江督任用上的政治理念及其运作。进言之，曾国藩去世后，以李鸿章为首的淮系和以左宗棠、彭玉麟为首的湘系都希望影响江督的任用。而沈桂芬等清廷高层大体有两个用人倾向：一是进士出身而非军功起家，二是非湘非淮；希望既能听命朝廷，又可兼顾湘、淮。马新贻、何璟、李宗羲、沈葆桢、吴元炳都可作如是观。即使因为海防形势严峻，必须借助湘系领袖，也倾向选用刘坤一这种在湘系比较弱势，且供给朝廷上表现甚佳的湘帅。所以，此期江督的选任，不仅涉及朝廷、湘系、淮系各方的权力之争，也反映着晚清内治与洋务、科举与军功的不同政治路线和治国理念的分歧。

第三，更重要的是，湘人江督格局形成和终结的历史表明，在内外轻重和央地关系之外，南北关系的平衡和演变也是分析晚清政治格局的一条

---

① 石泉：《甲午战争前后之晚清政局》，第34页。
② 参见樊百川《淮军史》，第280—287页。

重要线索。① 自从唐宋时期经济重心南移后，中国经济财赋历来南重北轻，清朝亦然。但就政治和军事而言，清朝长期内重外轻，相应也就北重南轻。不过，19世纪60年代起家南方的湘、淮军，在镇压了太平天国运动并驻兵江南后，一时间东南不仅是经济财赋中心，也实为政治军事重心。这时，清朝不仅暴露出罗尔纲提出的内轻外重和督抚权重问题，而且呈现出明显的北轻南重局面。朝廷为扭转这一局面，想方设法加强对南洋财赋之区的掌控。一方面，湘军裁撤后曾国藩不能久任江督，李鸿章淮军一开始也要尽量裁撤，或者开往西南或西北；另一方面，文祥、沈桂芬等清廷高层重用进士出身而非军功起家的非湘非淮大员（如马新贻），替朝廷接掌东南大权。然而，1870年的天津教案和刺马案暴露出的中外紧张形势和江南隐伏的骚乱，打断了这一进程。清廷不得不优先加强北洋畿辅实力，故手握重兵且擅长外交的李鸿章得到重用，由直隶总督兼任北洋大臣就始于李鸿章。于是，直隶总督兼北洋大臣、两江总督兼南洋大臣，形成晚清的南、北洋体制。经过十年由李鸿章主导的洋务运动和畿辅国防建设，政治军事上的北重南轻固然回归，但北洋淮系势力也已膨胀。

---

① 晚清从中央集权到地方分权，以致内轻外重，甚至督抚专政的观点，以罗尔纲为代表（《罗尔纲全集·湘军兵志》第14册，社会科学文献出版社2011年版，第187—196页）。对此观点的修正以刘广京为代表（刘广京：《晚清督抚权力问题商榷》，载《经世思想与新兴企业》，第247—296页）。李细珠（《地方督抚与清末新政——晚清权力格局再研究》，社会科学文献出版社2012年版，第363—443页）曾提出辛亥革命前"内外皆轻"的权力格局新观点。南北关系是中国历史中长久的重要议题，历来广受关注。晚清文献中南人北人相轻的文献甚多，而同光之际军机高层中的南北之争以及庚子事变前后的南北新旧之争已颇有研究。高阳（《同光大老》，第3—17页）从南北之争的角度分析了明末清初以降，尤其是晚清辛酉政变至甲申易枢前的高层政局。林文仁（《南北之争与晚清政局（1861—1884）：以军机处汉大臣为核心的探讨》，中国社会科学出版社2005年版）在高阳基础上，围绕1861—1884年的军机处汉大臣，讨论了派系政治中的南北之争。杨国强（《晚清的士人与世相》，生活·读书·新知三联书店2017年新版，第264—265页）指出，发轫于东南的洋务运动经过三十年的累积，"常常使新旧之争与南北之分交叠在一起"，故庚子东南互保中"形成的南方颉颃北地"，"昭示了三十年新陈代谢之后的分化和分野"。刘学照（《上海庚子时论中的东南意识述论》，《史林》2001年第1期）从庚子报刊时论中看出了东南意识和南北界限的凸显，认为它是满汉、帝后、新旧等界限的扩大和深化。冯志阳（《庚子救援研究》，北京师范大学出版社2018年版，第320—331页）从丝茶等对外贸易和轮船电报给南北带来不同影响的角度，分析了南北新旧关系的变化和东南意识的兴起。戴海斌（《晚清人物丛考二编》，生活·读书·新知三联书店2018年版，第691—707页）聚焦士人言说和东南互保，突出了庚子事变前后的南北新旧分野。吉泽诚一郎（《天津的近代：清末都市的政治文化与社会统合》，万鲁建译，社会科学文献出版社2022年版，第110—125、149—151页）讨论了南北矛盾在晚清天津慈善事业中和天津义和团运动中的表现。

以往为了凸显清朝湘、淮分治的政治策略,过度强调同、光两朝在江督和直督用人上的分治湘、淮原则,似不尽符合事实。① 其实,湘、淮分治南、北洋,要到19世纪80年代后才由于局势变化而逐渐明显。在1880年以前,朝廷颇忌讳湘人领袖坐拥江督。所以曾国藩在世时难以久任,频繁调动;迨曾氏去世后,沈桂芬等"当国者"也尽量不用湘人出任江督。但1880年之后情势大变。这时,李鸿章的北洋淮系自然是清朝最重要的支柱,但醇亲王奕譞等清廷高层为了稳固统治,开始有意追求南、北平衡和湘、淮分治,以防止北洋独大居奇。加以中俄伊犁交涉、中日琉球问题、中法越南危机相继发生,海防形势严峻,中外关系紧张,遂使南洋地区越来越需要军功出身、谙练洋务者坐镇。在1881年沈桂芬去世及枢廷不得力的情况下,醇亲王的发言权增大。1881年和1884年,醇王说服慈禧,实授湘系领袖左宗棠和曾国荃为江督,就是这一背景下的产物。左宗棠和曾国荃相继出任江督后,利用越南危机和中法战争的局势,大量增募湘军,引用湘系文武,一举改变了江南驻军淮主湘辅的局面,遂使湘系军政势力在江南更为盘根错节;加以湘军和长江流域蠢蠢欲动的哥老会千丝万缕的联系,终令朝廷颇有顾虑。于是江督"选帅必于湘人",以稳定东南大局。这无疑是形成湘人江督格局的重要原因。1890年曾国荃去世后,刘坤一接任江督,正是这一形势的反映,也使得湘人江督格局更加巩固。

一旦形成湘淮南北平衡状态,政局也就更趋稳定。正如朝廷湘、淮分治,主要是避免独大居奇,并非乐见二者水火,通常还是希望他们共持大局。湘人江督格局形成后,南洋湘系与北洋淮系的关系大体就是如此。他们南北提衡,共同维护着清朝统治。如果没有剧烈的外力冲击,这种平衡状态应能持续更久。但甲午战争改变了一切。战后北洋淮系崩溃,南洋湘系则为清朝保留了一个政局重心。这在戊戌政变至庚子事变中体现至为明显。但庚子事变中,八国联军侵华摧毁了北洋力量,而东南互保让刘坤一的南洋湘系权势大增,北轻南重局面在晚清再次凸显。东南互保虽旨在

---

① 石泉、刘广京、王尔敏诸先生均有相关论述。易惠莉认为:"同、光两朝在两江总督和直隶总督人选安排问题上贯彻了相当彻底的分治湘、淮的原则,且赋予江督和直督在国务问题上具备同等重要地位的发言权,即分别兼任南北洋大臣。由此构成贯彻钳制治术的重要一环。"易惠莉:《光绪六、七年的晚清中国政坛:以刘坤一与李鸿章之争为中心的考察》,《近代中国》第18辑,第39页。

"留东南以救社稷",但由此形成的"南方颉颃北地"[①] 和北轻南重局面,令慈禧太后和清廷高层五味杂陈。辛丑回銮前后,面对京津及东三省外人迫在眉睫的武力威胁和畿辅空虚的严峻现实,朝廷有意重建北洋实力,并依靠袁世凯加强对东南财赋之区的掌控。迨1902年湘系领袖刘坤一去世后,在清廷集权政策和袁世凯"北洋下南洋"的冲击下,湘系势力遭受重创,湘人江督格局终难为继。朝廷和地方、北洋与南洋、北洋系和湘系的关系都发生重大变化,清朝的政治版图大幅重组,南北关系进入一个动荡的调整期。[②] 即使1911年清朝覆亡,满汉关系不再成为关键问题,而南北关系仍是北洋政局的核心。

---

① 杨国强:《晚清的士人与世相》,第265页。
② 参见韩策《清季江督之争与丁未政潮的一个新解释》,《近代史研究》2021年第4期;《清季"湘人江督格局"的终结与"北洋下南洋"的形成》,《史学月刊》2021年第8期;《东南互保格局是怎样被破解的?——光宣之际南北关系转变的一个表现》,《近代史学刊》第28辑,社会科学文献出版社。

晚清京师政治中"同治"话语的形成与变异

高 波[*]

1860年的庚申之变，深深震撼了清朝统治集团，促成了随后以"中体西用"为底色的自强运动的展开，故而一直被学界视为中国近代史中次一级（相较鸦片战争而论）的转折点。而次年发生的"辛酉政变"，开启了慈禧接近半个世纪的主政史，实为晚清政治的一大枢纽。故而在晚清史研究中，庚申、辛酉之际的京师政治变动一直较受重视。

相对而言，对随后的同光时期政治，学界的侧重点在自强运动，对京外各督抚（尤其以对曾国藩、李鸿章、郭嵩焘等重点人物）研究受到更大的重视。[①] 这是因为咸同以降各省督抚威权日重，强枝弱干、外重内轻之局已经形成，且他们实际推动自强运动，不管是在革命史还是现代化史学模式中，都占据着更中心的位置。而此一时期的京师政治重要性下降，且帝后、宫府、满汉、南北乃至新旧、中外多种因素交错，入手不易，"研究意义"亦不好安顿，故多在关于第二次鸦片战争与维新变法的研究中被（作为前者的后续与后者的前身）附带论及。

不过，这一局面在近些年来有所变化。"同光时期京师政治"及相关主题开始受到越来越多的研究关注。相关研究多尝试结合政治史与制度

---

[*] 高波，中国人民大学历史学院副教授。

[①] 芮玛丽（Mary Clabaugh Wright）在整体展示"同治中兴"的作品《同治中兴——中国保守主义的最后抵抗（1862—1874）》（房德邻等译，中国社会科学出版社2002年版。英文初版于1957年）中，注意到了中国政治传统对晚清"中兴"的方式与格局的影响，并在研究中相对平衡地探讨清廷与京外督抚在这一"中兴"时代所起的作用，不过她在叙述"中兴"的具体过程时，仍多围绕曾国藩等京外督抚展开。

史，对军机处、① 总理各国事务衙门②等关键机构以及相关政治事件与过程展开分析。一些重要制度（如垂帘听政）③ 与重点人物（如慈禧太后、恭亲王奕䜣、李鸿藻、翁同龢等人）亦开始受到一定的研究关注，倭仁等原来受关注不多（多仅在同治时期的天文算学馆之争中附带提及）的保守人物亦开始有较为深入的研究出现，④ 并开始从政治史转向对这一时期京师士大夫文化、心态与思想的研究。⑤ 对同光时期清流的研究尤其深入。杨国强结合以儒学为基础的士大夫传统与同光时期的政治局势，梳理了当时京师士大夫的心态、作为以及整体的政治文化演变，从而为重新理解从庚申到庚子的巨变提供了新的可能。⑥ 陆胤则对以张之洞为中心的"前清流"的文化性格与政治意态做了整体阐释，提示了京师士大夫生活方式、思想形态与政治实践间的多重连带性。⑦

以上对"同光时期京师政治"研究或聚焦具体的制度与政治事件，或关注特定群体与重点人物，相对而言，尚缺乏从关键概念与话语（或说时代主题词）角度切入的研究，亦少见对同光时期的政治正当性话语与当时政治实践的互动关系的探讨。⑧ 事实上，由于太平天国运动对清朝统治的挑战，以及庚申之变对清朝天下秩序的伤害，清廷不得不改变康乾时期形成的"祖宗家法"，以应对严重的统治危机。而这也意味着政治正当性话语必须随之更新。

杨联陞曾对"同治"年号的含义有简要分析，认为该年号有取法"顺治"朝之意，⑨ 本文即拟从这一角度探讨庚申年后"同治"话语的产生以

---

① 林文仁：《南北之争与晚清政局（1861—1884）——以军机处汉大臣为核心的探讨》，中国社会科学出版社 2005 年版。
② 李文杰：《中国近代外交官群体的形成（1861—1911）》，生活·读书·新知三联书店 2017 年版。
③ 李文杰：《垂帘听政、训政、归政与晚清的奏折处理》，《近代史研究》2018 年第 2 期。
④ 李细珠：《晚清保守思想的原型——倭仁研究》，社会科学文献出版社 2000 年版。
⑤ 如段志强《顾祠——顾炎武与晚清士人政治人格的重塑》，复旦大学出版社 2015 年版。
⑥ 杨国强：《晚清的清流与名士》以及《甲午乙未之际：清流的重起和剧变》，均收入氏著《晚清的士人与世相》，生活·读书·新知三联书店 2017 年版。
⑦ 陆胤：《政教存续与文教转型——近代学术史上的张之洞学人圈》，北京大学出版社 2015 年版。
⑧ 以笔者所见，从此一角度探讨晚清政治思想的有：巴斯蒂（Marianne Bastid-Bruguière）：《晚清官方的皇权观念》，贾宇琰译，《开放时代》2001 年第 1 期。
⑨ 杨联陞：《国史诸朝兴衰刍论》，《国史探微》，新星出版社 2005 年版，第 16 页。

及随后围绕它所展开的协调与斗争。

需要说明的是，虽然作为年号的"同治"结束于1875年初，但是作为政治格局与政治话语的"同治"，则延续得更远，甚至可以说，整个晚清都在其影响之下。故探讨"同治"话语的形成与变异，就必须下延到光绪（乃至宣统）时期。具体而言，本文着重分析1861—1898年，即从同治一朝开始到维新运动失败。之后，随着京师清流士大夫的星散以及革命浪潮的兴起，以统治集团内各方有限合作为基础的"同治"之政已难以为继；且由于西学的大规模输入，新的正当性话语亦随之出现。凡此皆已超出本主题范围，故仅论及其后与"同治"问题相关的部分内容，以免枝蔓。

一 辛酉后朝局与"同治"话语的诞生

"同治"局面的形成，与庚申之变后清朝统治集团内部的矛盾、斗争与妥协密切相关。1861年，咸丰在热河行宫去世，其独子载淳年幼（时年不到六岁），势不能独治，不得不有辅治者。咸丰生前以康熙初年设立辅政大臣为先例，且延续乾隆以来不以近支亲王参与朝政的家法，[①]用载垣、端华、肃顺等远支宗室辅政。这一安排被辛酉政变颠覆，两宫（慈安、慈禧）垂帘听政，恭亲王奕䜣以议政王头衔辅政，形成共治局面。

问题是，这一安排严重违反了康乾以来形成的清朝祖宗家法，正当性存疑，故需要在统治集团内部凝聚共识，重塑正当性，以平息内外的惶惑、疑虑甚至不满。以王朝的逻辑，改元自然是最明确的宣示方式，肃顺等人拟定的原年号"祺祥"被废，表面理由是"（祺、祥两字）意义重

[①] 雍正去世后，乾隆奉遗命，以其叔父庄亲王允禄、果亲王允礼及大学士鄂尔泰、张廷玉为顾命大臣，组成"御前总理事务处"。结束居丧后，乾隆撤掉了这一临时机构，恢复军机处，以鄂尔泰、张廷玉等人为军机大臣，两位亲王则被排除在外，从此形成了宗室不入军机处的定例。嘉庆即位后曾用其兄成亲王永瑆参与朝政，但又迅速投诸闲散，理由是"本朝自设立军机处以来，向无诸王在军机处行走者。正月初间，因军机处事务较繁，是以暂令成亲王永瑆入直办事，但究与国家定制未符"。参看嘉庆四年十月二十二日上谕，郑天挺主编：《明清史资料》下册，天津人民出版社1981年版，第114页。此一定制在道光朝继续实行，直到咸丰时期开始出现松动。咸丰三年，因为太平军北伐，清朝面临严重危机，故咸丰不得不启用其弟恭亲王奕䜣"在军机大臣上行走"，但咸丰五年，局势一好转，即寻机将其罢斥。

复，本有未协"①，实为要借新年号表达新政治格局与其未来走向。大学士周祖培建议用"熙隆"或"乾熙"②，在清朝福泽厚而享祚永的两圣帝康熙、乾隆中各取一字，以效法康乾盛世作为号召，以求响应此时京内外政治精英群体中的"中兴"意识。③

但康乾诸君，正是清朝"乾纲独揽"家法的建立者与实行者。康熙以来诸帝废除清朝初期诸王会议、亲王摄政、母后辅治、强藩干政的局面，而辛酉政变后两宫垂帘、恭王辅政、近支宗亲（惇王、醇王）与京外督抚会议朝政，均严重违反康乾家法。故这两个年号旋即被恭亲王否定。在辛酉政变前，时任钦差大臣、兵部右侍郎并驻兵畿辅的胜保在上疏中曾试探性地提出近支亲王（暗指恭亲王）辅政以及两宫垂帘问题，理由即顺治朝有亲王摄政先例："本朝摄政王之辅世祖，亦犹周公之相成王。疏不间亲，典策具在。"④ 有此伏笔，恭亲王左右（文祥、宝鋆等）拟"同治"为年号，取"同于顺治"之意，⑤ 被两宫与群臣一致接受。

也因此，各方对"同治"年号的一致接受就有显、隐两个层次。显的层次是指，顺治为清朝定鼎中夏之时，故可看作清朝天下秩序之始。且顺治一朝亲王（睿亲王多尔衮）摄政，母后（孝庄文皇后）辅治，八旗亲贵参与朝政，皆可作为辛酉朝局的先例。如此则违反康乾家法，正是为了回归更起始处的家法，这为"同治"之政提供了一个基于王朝政治的合理说明，如何绍基所说，即"本朝家法古无前，同治真如顺治然"⑥。隐的层次则在于，同治这一年号，意思含混，因此可以"一个年

---

① 《清穆宗实录》卷6，咸丰十一年十月庚申。
② 李慈铭：《越缦堂日记》第3册，广陵书社2004年版，第1976页。
③ 曾国藩即奏请新即位的幼帝"近法世祖、圣祖冲龄继序，匕鬯无惊，以答中外臣民之望"。参看曾国藩《恭慰大孝折》（咸丰十一年八月二十七日），《曾国藩全集》第3卷，岳麓书社2011年版，第217页。取法对象不仅包括顺治，也包括同样幼年即位的康熙。
④ 《胜保奏请皇太后亲理大政并简近支亲王辅政折》（咸丰十一年九月二十八日），故宫博物院明清档案部编：《清代档案史料丛编》第1辑，中华书局1978年版，第100页。以睿亲王多尔衮为周公，为晚清人常用比喻，如陈其元即说："本朝摄政睿亲王，辅世祖定天下，有周公之功。"参看陈其元《庸闲斋笔记》，中华书局1989年版，第263页。
⑤ 李慈铭："今亦改元，盖欲以法世祖也。"参看《越缦堂日记》第3册，第1976页。杨联陞认为："对中兴的企望，在'同治'的年号里，简直就已表露无遗——那就说要'同于顺治'。"参看杨联陞《国史诸朝兴衰刍论》，《国史探微》，第16页。
⑥ 何绍基：《三月二十三日恭纪》，《东洲草堂诗集》下册，上海古籍出版社2006年版，第765页。

号，各自表述"①，在慈安与慈禧两位太后看来，这是两宫同治；在恭亲王及其亲信看来，这是"君相同治"；在内外臣工看来，这是君臣同治；而在面对英法等西方列强时，又可以说是中外同治。② 故"同治"之局，实为各政治势力妥协与平衡的产物。

这一妥协，根本上是由于清廷面临深刻的内外危机。庚申年的局面，如李慈铭所说，是"内仅在疚之藐孤，外无托孤（总己）之良辅，京师孤弱，海内分崩，狂寇在近郊，强房居輂下"③。同治孺子为治，正是主少国疑之时，再加上主政者因变更祖制而有居位不正之嫌，更削弱了王朝的统治基础。故两宫与恭亲王怀惴惴之心，行谦抑之政，以求维持局面。这也在无形中为"同治"之政奠定了基调。④

这一"同治"话语又受到"同治"之政的建立方式的加强。恭亲王辅政尚有顺治朝睿亲王多尔衮的先例，而两宫的垂帘之举，即使在顺治朝也无先例可援。如李慈铭所说："举行此事，诚异寻常。首发是谋，尤非轻易。自必盈廷共议，群辟佥名，宰执面启于前，台谏力争于后，连章总进，伏阙相持，谋既佥同，事庶有济。"⑤ 为使此种公然违背清朝祖宗家法的举动获得正当性，清廷只能部分地开放政权，以臣下公开集议会推的方式实行劝进。咸丰十一年（1861）十月，两宫以同治帝名义下诏："令王大臣、大学士、六部、九卿、翰、詹、科、道，敬谨会议两宫皇太后垂帘召见臣工礼节及一切办事章程，谅能酌古准今，折衷定议。期于庶理罔愆，百度具举。"⑥ 此即为建立"同治"之政，不得不打破康乾以来以君主独断为基础的秘密政治原则，在政治过程中容纳公开协商因素，并将政治参与扩大到军机处之外，容纳六部以及翰林、御史等士大夫。而这也就

---

① 高阳在其关于慈禧的颇具历史考证性的小说中对此有贴切表述，他说："这两个字的妙处，只可意会，各有各的解释。在太后看，是两宫同治；在臣子看，是君臣同治；在民间看，是上下一心，同臻郅治。足以号召人心。"高阳：《慈禧前传》，华夏出版社2004年版，第318页。
② 荣禄曾向西方人解释说，同治年号的含义是中外同治。参看杨联陞《国史诸朝兴衰刍论》，《国史探微》，第16页。此一时期列强（以英国为代表）对华亦由炮舰政策（gunboat policy）向协作政策（cooperative policy）转变。这构成了同治之政的外部背景。
③ 李慈铭：《越缦堂日记》第3册，第1897页。
④ 康有为在1889年回忆道："当同治初年，危乱交乘，皇太后有怵惕之容，有厉精之气，开诚心，布大度，用人不次，受谏如流，此中兴所由来也。"参看《门灾告警请行实政而答天戒折》（代屠侍御作），《康有为全集》第1集，中国人民大学出版社2007年版，第229页。
⑤ 李慈铭：《越缦堂日记》第3册，第1897—1898页。
⑥ 《清穆宗实录》卷6，咸丰十一年十月丁巳。

为"同治"之政树立了一个基本先例。

从同治时期的政治实践来看,军机处以宗室(恭亲王)领班,满汉南北并用(一般两满两汉,汉人中则一般一南一北),①总理各国事务衙门则有意容纳御史等清流士大夫群体代表,令其"入局"体会时艰,并消弭来自言路的可能攻击。②朝政公开化,大政多由军机处与内阁、六部、九卿以及相关言官、讲官集议而成,重要或难决之政亦每每咨询京外督抚,③同时,开放言路,下诏求言,"和衷共济"等语,亦每每见于诏旨。凡此种种,皆为"同治"精神的体现,与康乾时期君主独断之治大不相同。

而首要的"同治",自然是宫(两宫)、府(恭亲王府)"同治"。两宫虽以母后之尊代表君主,但居于深宫,且垂帘体制不合清朝家法,故在最初有意谦抑,以求协和上下并稳固自身地位。而恭亲王则在咸丰朝中后期已参与朝政,有庚申年与英、法各国议和这一"退虏"之功,且亲王辅政又有顺治朝先例可循,故同治初年的朝局重心隐然在恭亲王而不在两宫。而任一政治话语都会有主导性含义,其与话语形成时的权力结构与政治实践密切相关。同治初期朝局如此,故"同治"话语的主导性含义自然出自恭亲王一派。他们对"同治"年号的解释,侧重于"同于顺治"而非两宫"同治",即强调亲王摄政在当时政局中的中心地位。

清承明制,例不设宰相,故其政治文化中,实蕴含有一种对相权的深刻猜忌。恭亲王以议政王之名而领班军机,军机处诸人皆其亲信,隐然居于摄相之位,不能不引起某些士大夫的忧虑。同治元年(1862)三月十五日,已乞归养的顺天府尹蒋琦龄上《进中兴十二策疏》,首策即针对恭亲

---

① 对此局面,梁启超在1901年评论道:"自发捻以前,汉人无真执政者。文文忠汲引沈文定,实为汉人掌政权之嚆矢。其后李文正、翁师傅、孙徐两尚书继之。虽其人之贤否不必论,要之,同治以后,不特封疆大吏汉人居其强半,即枢府之地,实力亦骤增焉。"参看《中国四十年来大事记》(一名《李鸿章》),《饮冰室合集》第4册(专集之三),中华书局1989年版,第9页。同光时期军机处的构成方式,参看林文仁《南北之争与晚清政局(1861—1884)——以军机处汉大臣为核心的探讨》,第6、55页。

② 此种安排的政治意图,见李文杰《中国近代外交官群体的形成(1861—1911)》,第90—93页。

③ 典型如1867年,因为西方各国公使觐见问题,清廷诏谕各省督抚陈述意见。此事始末,参见尤淑君《宾礼到礼宾——外使觐见与晚清涉外体制的变化》,社会科学文献出版社2013年版,第173—183页。

王的地位与处境。① 他以恭亲王为当代周公与睿亲王,是"以叔父之尊,专元宰之任",而"即以周公之圣,其初不免流言,睿王之忠,身后犹多遗议。盖位疑则隙生,累近则失大,理有固然,势有必至。历观史册,不寒而栗"。因此,他建议道:"王虽当周公、睿王之任,正不宜以周公、睿王自期,唯远以汉之东平、魏之彭城,近以本朝之怡贤亲王为法","延揽不遗群言,夹辅尤资同列,务俾军机处力矫从前附和之习,献可替否,咸尽其怀,虽贵和衷,尤贵和而不同,其有不合,咸于帘前共取进止,疑难重大,不妨盈廷集议,勿参成见,勿遽裁决,洪范谋及庶人,汉廷博士六百石皆与廷议,况今之九卿、科道耶?"② 睿亲王多尔衮生前大权独揽,身死则爵夺,直至乾隆时期才恢复其爵位名誉,以此为喻,实为对恭亲王的公开讽谏,以其处非常之地,当存谦抑之念,集纳众议,与士大夫共理朝政。

蒋琦龄的另一讽谏事项,为各省督抚的专权。他反对咸同以来"威福不自上操,权柄且将下移"③的新局,认为"历朝官制皆详内而略外。朝廷为治原,京师为根本,则重内犹可言也。若今之外重内轻,则自来所未有"④。"用人之宜用正途,而目前之妨正途者二:曰捐纳,曰军功……南省苦兵,军功之员较多;北方安靖,捐班之势尤盛。"⑤ "夫王人虽微,序于诸侯之上。督抚之轻翰林,督抚之轻朝廷也。"⑥ 作为道光年间的翰林,蒋琦龄所论,实代表京师正途士大夫对"同治"的看法。咸同以降督抚权重,军功与捐纳入仕者激增,正途翰林仕途壅塞,且他们多有尊王与京师本位意识,故迫切要求参与"同治"。

但恭亲王的主政方式与此不同。他在京内则倚重自己在军机处与总理各国事务衙门的亲信大臣,在外则专委各省实力派督抚,李鸿章所谓"中兴之初,深宫忧劳于上,将帅效命于外,而一二臣者主持于中,有请必行,不关吏议"⑦。故他对更进一步的"同治"——京师翰詹科道参与高

---

① 蒋琦龄声明,以之为首策,是因为"目前之务,孰有切于此者乎?臣之所谓端政本者,此也。"蒋琦龄:《进中兴十二策疏》,《空青水碧斋诗文集》上册,广西人民出版社2012年版,第28页。
② 蒋琦龄:《进中兴十二策疏》,《空青水碧斋诗文集》上册,第27页。
③ 蒋琦龄:《进中兴十二策疏》,《空青水碧斋诗文集》上册,第31页。
④ 蒋琦龄:《进中兴十二策疏》,《空青水碧斋诗文集》上册,第43页。
⑤ 蒋琦龄:《进中兴十二策疏》,《空青水碧斋诗文集》上册,第34—35页。
⑥ 蒋琦龄:《进中兴十二策疏》,《空青水碧斋诗文集》上册,第44页。
⑦ 李鸿章:《复出使德俄和奥国大臣洪》(光绪十五年正月十五日),《李鸿章全集》第34册,安徽教育出版社2008年版,第498页。

层政治态度并不积极，且对京师正途士大夫以尊王与恢复纲纪为名对督抚等外官的批评也缺少回应。而两宫太后中慈禧精明强干，萧一山以为她在同治初年用恭亲王"盖因垂帘伊始，朝政尚未熟习，特借以维系内外人心耳……既久而经验已熟，人望渐孚，自欲集大权于己身，乃窥其隙以惩抑之，亦势所必至者也"①。京师的正途士大夫与以慈禧为代表的两宫，各怀心事，默然结成制衡恭亲王的隐性联盟，在同治初年"开言路"的大背景下，翰詹科道对恭亲王的讽谏次第而起。同治四年（1865）三月，翰林院编修蔡寿祺劾恭亲王"贪墨、骄盈、揽权、徇私"②，慈禧顺势而为，于其军机处领班大臣等职差，先一概罢免而示以严惩，又以"小惩大诫，曲为保全"之名次第赐复，③ 唯不复其议政王名目，"以示裁抑"④。以恩威为抑扬，以此为契机，两宫权威日增，而恭亲王权威则相对削弱，而京师士大夫群体也在这一过程中逐渐兴起。新权力结构需要调整原有的正当性话语，关于"同治"的新叙述也由此开始出现。

二 同光清流与"元祐"话语的形成

如前所述，与亲王摄政不同，母后垂帘在清朝家法中无先例可循，实为非常之举。⑤ 咸丰十一年（1861）八月首先上疏倡议两宫垂帘的御史董元醇也承认："虽我朝向无太后垂帘之仪，而审时度势，不得不为此通权达变之举，此所谓事贵从权也。"⑥ 而其后继行上疏的胜保则将两宫垂帘勉

---

① 萧一山：《清代通史》卷3，华东师范大学出版社2006年版，第507页。
② 转引自吴相湘《晚清宫廷实纪》，正中书局1988年版，第88页。
③ 同治四年三月十六日谕旨："恭亲王著即加恩仍在内廷行走，并仍管理总理各国事务衙门。此后惟当益矢慎勤，力图报称，用副训诲成全至意。"参看《清穆宗实录》卷133，同治四年三月辛亥。
④ 同治四年（1865）四月十四日谕旨："恭亲王著仍在军机大臣上行走，毋庸复议政名目，以示裁抑。"参看《清穆宗实录》卷136，同治四年四月戊寅。
⑤ 关于此事的敏感性，可举一京外之例。1865年，曾国藩在南京主导刊刻了《船山遗书》，其中《读通鉴论》卷7《后汉安帝》中刊落"母后临朝"字样，《宋论》卷7《哲宗》中"后一日不亡，帝一日不得亲政"，则仅余"帝一日不得"五字。参看舒士彦《点校例言》，王夫之：《宋论》，中华书局2011年版，第1—2页。此时垂帘之政已成四年，而忌讳仍存。
⑥ 转引自吴相湘《晚清宫廷实纪》，第53页。辅政八大臣以同治帝名义驳回此请的理由就是："我朝圣圣相承，向无皇太后垂帘听政之礼。朕以冲龄仰受皇考大行皇帝付托之重，御极之初，何敢更易祖宗旧制。"参看吴庆坻撰，张文其、刘德麟点校《蕉廊脞录》，中华书局1990年版，第17页。

强比附为顺治朝孝庄文皇后辅治,"我文皇后当开国初年,虽无垂帘明文,而有听政实用。因时制宜,惟期允当不易"①。但"通权达变""因时制宜"之类的说法毕竟不够正大,故支持垂帘者不得不历数前朝垂帘听政之例,以中和颠覆祖制的非正当性。大学士周祖培即嘱门客李慈铭编纂《临朝备考录》,②并于咸丰十一年九月与大学士贾桢、尚书沈兆霖、赵光共同上疏,主张垂帘听政,理由则是"准法前朝,宪章近代,不难折衷至当。伏查汉和熹邓皇后、顺烈梁皇后,晋康献褚皇后,辽睿智萧皇后皆以太后临朝,史册称美。至如宋之章献刘皇后,有今世任姒之称;宣仁高太后,有女中尧舜之誉。明穆宗皇后,神宗嫡母,上尊号曰仁圣皇太后;穆宗贵妃,神宗生母,上尊号曰慈圣皇太后,惟时神宗十岁,政事皆由两宫抉择,命大臣施行"③。以自汉至明的政治先例来正当化不合清朝家法的垂帘体制。

清惩明末士人党争之弊,"纠虔士大夫甚密,纠民甚疏,视前代矫枉而过其正"④。故清议与士大夫政治同样不合清朝自顺治以来的家法。同治中后期,主于纠弹的清流群体开始崛起,隐然有东林再现之势。而因自身不合于清朝家法,故同样需要向前朝寻找先例。另外,清流群体基本出身翰林,不少人为道咸理学复兴的参与者,故他们对京外督抚坐大的局面十分不满,认为其违反尊王大义,且以军功、捐纳挤占科举正途,亦不合于文治之义。同光时期,出身翰林的讲官与御史频频弹劾疆臣,基本理由是其大权在握的骄蹇之态不合于康乾盛世时"乾纲独揽"的家法。但清议乃至清流本身,本为清朝自开基以来所不容,故即使取法顺治朝,清流也仍缺乏本朝政治话语意义上的正当性。清流虽然弹锋峭刻,却难以掩盖自身立言基础自相抵牾、只能绳人而不能反求诸己的窘境。故他们一方面要借重康乾政治话语,以"纲纪"为名批驳各部院大臣与督抚,另一方面又要

---

① 《胜保奏请皇太后亲理大政并简近支亲王辅政折》(咸丰十一年九月二十八日),《清代档案史料丛编》第1辑,第100页。

② 周祖培嘱李慈铭编纂《临朝备考录》事,见后者日记:"当国有议请母后垂帘者,属为检历代贤后临朝故事。予随举汉和熹(和帝后)、顺烈(顺帝后)、晋康献(康帝后)、辽睿知(景宗后)、懿仁(兴宗后)、宋章献(真宗后)、光献(仁宗后)、宣仁(英宗后)八后,略疏其事迹,其无贤称者亦附见焉,益为考定论次,并条议上之。"参看《越缦堂日记》,第1890页。"垂帘之事,予曾撰《临朝备考录》一书,采择汉代以来可为法者,而痛论近日之事势有不得不行者于后。属叔子以贻商城,怂恿上之。商城亦心动。"参看《越缦堂日记》,第1970页。

③ 《清史稿》卷390《贾桢、周祖培、朱凤标、单懋谦传》。

④ 龚自珍称引"江南生"语。参看龚自珍《江南生〈橐笔集〉序》,《龚自珍全集》,上海人民出版社1975年版,第205页。

保持与"康乾纲纪"的安全距离,以防止其转而指向自己。对以"正名"原则为立身之本的清流来说,这自然不是长久之计。① 因此,他们逐渐开始寻求对"同治"有一超越清朝自身朝纲理路的解释。

1875年初,同治帝亲政未久即遽然去世,两宫欲维持自身皇太后的地位并续行垂帘之政,近支宗室则不愿帝统脱离道光一系,故不在溥字辈中为同治帝(载字辈)立子,而改行兄终弟及,以醇亲王奕譞之子载湉(年仅四岁)入继大统,虽然新君年号"光绪",明确表达了继承同治帝统嗣(乃至政治遗产)的含义,但这毕竟违反了父死子继的清朝家法,从而无形中削弱了垂帘体制的正当性。四年后(1879),吏部主事吴可读因担忧同治帝的统嗣问题而"尸谏",这一问题被表面化。② 为消除统治集团内部对帝统继受的疑问,两宫必须寻求清流士大夫的合作,这也促成了清流势力的崛起,并为"同治"一词添上了新的注脚。

事实上,"光绪"这一年号明确宣示要绍述"同治"之政,而垂帘体制再现,光绪帝亲政尚早,这都意味着"同治"将继续下去,康乾时期"乾纲独揽"的局面在短期内都不可能恢复。③ 此实为两宫、亲贵与京师士大夫群体共同意志与利益的表达,而因为两宫与清流群体地位的上升,"同治"话语含义的调整亦已是无言的默契。此时,宋代士大夫政治而非清初的顺治之政,开始成为对同治的主导性解释。清流群体视京外督抚类似唐至五代的藩镇,而以终结藩镇、重开文治的宋朝士大夫自居。宋朝士大夫政治主体意识颇强,甚至有与君主"同治天下"之义,④ 也正好是他们对此时"同治"局面的期待性宣示,而这一宋朝式的"同治"同样有着明

---

① 王先谦后来评论道:"国朝力惩前弊,列圣以来,以社会与朋党二者为世切戒。故朝野清明,为往古所未有。光绪初,中朝士夫颇有清流品目,朋党萌芽焉。"参看《群论》,《王先谦诗文集》,岳麓书社2008年版,第14页。且同治朝对所谓"康乾纲纪"的违反,莫过于两宫的垂帘之举,清流对此视而不见,而集矢于各督抚,其立言基础似正而实谲,自然不能令人心服。

② 光绪帝以旁支入继引发的君统继受疑问以及相关的政治讨论,参看张寿安《十八世纪礼学考证的思想活力——礼教论争与礼秩重autorial》,北京大学出版社2005年版,第210—221页。

③ 事实上,由于光绪无子,宣统又是幼年登基,母后(慈安、慈禧、隆裕)垂帘与亲王辅政(恭亲王奕䜣、醇亲王奕譞、载沣)都长期化了,从庚申至辛亥,历时半个世纪,直到清朝灭亡前夕才最终结束。

④ 典型如文彦博1071年廷对宋神宗时主张"与士大夫治天下",程颐解《尚书·尧典》"克明俊德"句为"帝王之道也,以择任贤俊为本,得人而后与之同治天下"。以上两则表述以及对此问题的全面阐述,参看余英时《朱熹的历史世界——宋代士大夫政治文化的研究》上册,生活·读书·新知三联书店2004年版,第210—230页。程颐就是"元祐正人"之一。

确的针对性：君主与京师士大夫同治天下，亲贵（恭亲王等）与外官（各省督抚）则退处边缘。

这一以宋政比拟"同治"之政的新话语，赋予两宫垂帘体制新的正当性基础。宋代母后临朝的先例，前有章献刘皇后（宋真宗妻），后有宣仁高太后（宋英宗妻），而犹以后者声名为美，"自古太后临朝，徽音盛烈，毫无遗议者，惟宋之宣仁高后而已"①。在宋神宗去世后，代表内廷的宣仁高太后与代表外朝士大夫的司马光合作，开启"元祐"政治，宋之理学亦在此一时期开始兴盛。其为人为政皆宽和，不似章献刘皇后般强势。而"元祐"之政反对宋神宗与王安石所行的熙丰新法，这种保守的态度，亦与清流士大夫对京外督抚所主导的洋务事业的不满颇相仿佛。故与周祖培等漫引各朝母后垂帘先例不同，清流士大夫明确将两宫太后比拟为宋朝的宣仁高太后，且将"元祐"之政作为"同治"所当效法的先例。②

两宫以女主临朝，长期垂帘听政，显然迫切需要这一以"元祐"之政为榜样的正当性话语的支持。而"元祐"之政的具体内容又为内屏亲贵，外削藩镇，厚遇正途士大夫，以文制武，也正与慈禧想要制衡恭亲王与各省督抚的用意相合。故慈禧刻意谦抑，对张之洞、张佩纶等多有优容，以培植清流群体的方式平衡各方势力，维持自身地位与"同治"之政本身的稳定性。女主临朝所伴随的正当性缺失与活动能力的限制，也加强了清流面对皇权的信心。③ 光绪初期该群体的活跃，也与此有关。④

---

① 蒋琦龄：《进中兴十二策疏》，《空青水碧斋诗文集》上册，第 29 页。宣仁高太后甚至有"女中尧舜"之称。

② 清朝士大夫本有以清代贤后比拟北宋宣仁高太后的先例，如孝惠章皇后（顺治妻，后上尊号为仁宪皇太后）去世，即被哀悼为是"女中尧舜失宣仁"，参看杨钟羲撰集、刘承干参校《雪桥诗话余集》，北京古籍出版社 1992 年版，第 111 页。这也有助于将晚清"同治"之政比拟为北宋"元祐"之政。北宋"元祐"之政的诞生过程及其政治文化，参看方诚峰《北宋晚期的政治体制与政治文化》，北京大学出版社 2015 年版，第 1—58 页。

③ 邓小南在探讨北宋政治文化的形成时，以章献刘皇后为例，简要阐明了女主临朝对士大夫政治的影响。她说："刘后的称制，从某种意义上讲，正为北宋士大夫政治的长养成熟提供了机会。面对位于至高点上的太后，朝中文武仿佛有着更为充分的自信。""正是在真宗末年到仁宗初年这段太后称制的'非常时期'，酝酿成就了北宋王朝正常的统治秩序。"参看邓小南《祖宗之法——北宋前期政治述略》，生活·读书·新知三联书店 2014 年版，第 361、366 页。这一论述亦可用以分析同光清流与慈禧的关系。

④ 朱维铮在论及晚清政局时，认为帝后与宫府间的矛盾为清流的谏议提供了空间，而清流的活跃则与慈禧的刻意优容有关。参看朱维铮《"尸谏"》，《音调未定的传统》，辽宁教育出版社 1995 年版，第 217—218 页。

在这一默契下,"宣仁"逐渐成为指称两宫的习语,在各种颂圣诗文中频频出现,①士大夫私人日记、诗词中亦所在多有。②此一指称更延及两宫身后,几成评语。1881年,慈安太后病逝,翁同龢为诗悼念,其中有"一样宣仁谏,苏公涕泪多"之句,③陈作霖"孝贞显皇后挽词"亦有:"慈安宫不启,天市惨星辰。哀动九重主,恩周二十春。中兴汉明德,摄政宋宣仁。"④1908年,慈禧太后病逝,胡聘之挽其"深宫圣德普遐陬,宋室宣仁未许俦"⑤,陈宝琛挽其"手定中兴四纪周,女中尧舜古无俦","遭逢元祐无微效,晚绝攀号涕泗流"⑥,慈禧之附葬册文中亦有"徽猷普被,直超有宋之宣仁"⑦。

而宣仁高太后厚遇司马光、苏轼等的故事,亦成为同光时期朝臣士大夫的常用政治典故。此一时期,隐居司马光地位者,为出身翰林、崇奖理学、身后获谥"文正"的李鸿藻,同光清流翘楚张之洞、张佩纶、宝廷、陈宝琛等人皆出其门,一时有"元祐诸贤"之目。⑧清流亦以此自许。列名"翰林四谏"的张佩纶,在其丁忧归来的谢恩折中说:"伏念宋苏轼当宣仁之世,

---

① 如王柏心论庚申之变,即说:"女中尧舜今复睹,凤驾还宫卫冲主。改元同治中兴期,诏下雷霆赫斯怒。"参看《百柱堂全集》卷21,《续修四库全书》第1527册,上海古籍出版社2002年版,第348页。董平章论同治之政,则说:"守经何似且从权,传子谁能更与贤?负扆嗣君方出日,垂帘圣母共瞻天。中兴政况元公辅,大赉恩还薄海宣。试把史评稽赵宋,女中尧舜祚长延。"参看《秦川焚余草》卷5,《续修四库全书》第1537册,上海古籍出版社2002年版,第186页。严辰《同治圣德诗录》十六首中有"女中尧舜今真见,宋室宣仁那足当"。参看孙雄辑《道咸同光四朝诗史》,上海古籍出版社2013年版,第65页。陈作霖在《恭拟慈禧皇太后七十万寿贺表》中亦有"宋后垂帘,召硕辅以咨故实","女中尧舜,负斧扆以合符"。参看《可园文存》卷13,《清代诗文集汇编》第736册,上海古籍出版社2010年版,第113页。

② 甚至见于对两宫(尤其是慈禧)不那么正面的评述中。如叶昌炽在日记中以"宣仁专制"指代慈禧专权。参看《缘督庐日记》第4册,江苏古籍出版社2002年版,第2264页。张謇哀悼幽囚瀛台直至去世的光绪帝,亦有"八载瀛台住,含辛为国屯。何知天子贵,犹藉庶民伸。疑病颂方剧,遗书作宪真。瞻天更无语,先尽侍宣仁"。参看《张謇全集》第7册(诗词、联语),上海辞书出版社2012年版,第138页。均以宣仁指称慈禧。

③ 翁同龢纪念馆编,朱育礼校点《翁同龢诗词集》,上海古籍出版社1998年版,第80页。

④ 陈作霖:《可园诗存》卷16,《清代诗文集汇编》第736册,上海古籍出版社2010年版,第238页。

⑤ 胡聘之:《孝钦显皇后挽词(二首)》,《道咸同光四朝诗史》,第83页。

⑥ 陈宝琛:《恭挽孝钦显皇后》,《道咸同光四朝诗史》,第89页。

⑦ 徐凌霄、徐一士:《凌霄·一士随笔》,文海出版社1979年版,第562页。

⑧ 沈曾植后来说:"乙、丙之际(指1885、1886),其时中兴耆硕多在朝,金瓯无缺,士大夫志气昌昌,有唐元和、宋元祐观,愿其自愤于功名,学术风声,亦往往以唐宋诸贤为识志。"参看《涛园记》,王元化编:《学术集林》第2卷,上海远东出版社1994年版,第12页。

以文章再入翰林。"① 张之洞在其遗折中，述及其殿试中一甲三名，"蒙孝贞显皇后、孝钦显皇后拔置上第，遇合之隆，虽宋宣仁太后之于宋臣苏轼无以远过。"② 均明确以苏轼自命，而以两宫为宣仁高太后。③

更进而言之，司马光、苏轼等政治典范，并不限于清流群体，慈禧太后晚年倚重满人荣禄，陈夔龙即以其"略如温国事宣仁"④，甚至连被视为浊流代表的李鸿章，遭受甲午年的挫辱后，1896 年再次入京复命，也要说"忽从西海，重履东华，去日几何，辄有东坡还朝如梦中之慨"⑤。以宣仁高太后召回苏轼自比。故"元祐"之政，实为当时士大夫群体所共同尊奉的典范。

这一晚清政治的"元祐"典范，对两宫太后而言，既意味着正当性，也意味着权力与行动的边界与限制。特别是宣仁高太后，以素性清静、不贪权位以及任用耆宿贤臣著称，据《宋史》本传，宣仁高太后垂帘，"廷试举人，有司请循天圣故事，帝后皆御殿，后止之。又请受册宝于文德，后曰：'母后当阳，非国家美事，况天子正衙，岂所当御？就崇政足矣。'"⑥ 则这一形象乃至垂帘体制本身，既代表士大夫群体对两宫地位的认可，也寄托着他们对两宫理想作为方式的期望，故而一方面加强了两宫的权威，另一方面又制约着两宫权力的过度张扬。甲申年（1884）之后"元祐"话语的逐渐变异，即与此有关。

三 光绪中期以后"元祐"话语的变异

如前所述，"元祐"话语的形成，是两宫与外朝清流士大夫合作的

---

① 张佩纶：《谢授翰林院侍讲呈》（光绪七年八月二十九日），《涧于集》，文海出版社 1967 年版，第 181—182 页。张佩纶在 1884 年因甲申战败遭罢斥，樊增祥即安慰他："终然苏轼感宣仁"，"早晚君王起旧人"。参看《樊山集》卷 13，《清代诗文集汇编》第 762 册，上海古籍出版社 2010 年版，第 297 页。

② 张之洞：《遗折》（宣统元年八月二十一日），苑书义等主编《张之洞全集》第 3 册（奏议·电奏），河北人民出版社 1998 年版，第 1824 页。

③ 清流以元祐诸人自拟的更多例证，参看陆胤《政教存续与文教转型——近代学术史上的张之洞学人圈》，第 249—252 页。

④ 陈夔龙：《松寿堂诗钞》卷 7，《陈夔龙全集》上册，贵州民族出版社 2013 年版，第 206 页。

⑤ 李鸿章：《复莲池书院山长吴》，《李鸿章全集》第 36 册（信函八），第 110 页。

⑥ 《宋史》卷 242《列传第一·后妃上》。

结果。但这一话语本身,与清朝祖宗家法以及朝纲理路颇有龃龉之处。清朝以异族入主中夏,故对宋代以来的攘夷话语分外敏感,北宋中后期与士大夫共治天下的政治风格,亦与康乾时期"乾纲独揽"的统治方式不合。乾隆对程颐"天下治乱系宰相"主张的公开驳斥就是一显例。①慈禧因其垂帘体制不合清朝祖制,不得已依赖北宋先例,且因此时西洋列强的巨大压力,亦有适当借用两宋攘夷话语的必要。但过度依赖这一以士大夫文治为底色的"元祐"话语,有引发满蒙亲贵与各省督抚离心的危险——前者大多意态保守,以康乾祖制为自身利益与认同的基础,自然不喜欢这种"北宋化"的政治风格;而清流以文为清,以武为浊,且反对以"师夷"为基础的自强运动,故亦不为多以军功起家且正积极推行洋务的各省督抚所喜。

而"元祐"话语本身,也存在着内在的不稳定性。"元祐"之政诞生于北宋新旧党争的背景下,是旧党排斥新政的产物,故与庚申年后强调统治集团和衷共济的"同治"之政并不完全合拍;且士大夫以尊王为底色,新一代清流多崛起于光绪时期,并未参与同治时期垂帘体制的形成过程,日益年长的光绪帝无疑更符合他们的政治情感与认同,故他们对垂帘体制的支持以及与慈禧的政治合作有着一定的权宜成分,若外在条件变化,就有可能撤销。1881年,慈安太后病逝,1884年,恭亲王被以对中法战争处置失当为由罢斥,慈禧太后开始独掌大权,对清流的谏议的涵容度日益下降,二者的关系逐渐由合作变为紧张。翰林院编修梁鼎芬劾直隶总督兼北洋大臣李鸿章(1884),陕西道监察御史朱一新劾内廷太监李莲英(1886),先后遭到罢斥,就是其表现。②

而在此之前,张佩纶、陈宝琛因为中法战争战事失利而先后被罢黜,张之洞又早先于1881年外放疆臣。"元祐"意识的几位代表人物先后离去,而随着沈曾植、文廷式等新一代清流的登场,京中学术与政治意识亦在发生微妙变化。与之前程朱理学、桐城文章与司马光政论的局面不同,甲申年之后,"都下经学讲《公羊》,文章讲龚定庵,

---

① 参看乾隆《书程颐论经筵札子后》,《乾隆御制诗文全集》第10册,中国人民大学出版社2013年版。

② 章太炎后来评论道:"迄于载湉嗣位,丑声起于宫掖之间,李鸿章拥兵于外,朝士哗然,皆谓其有异志。梁鼎芬以劾李鸿章罢官,朱一新以言李莲英废黜,天下冤之。"参看《箴新党论》,《章太炎全集·太炎文录初编》,上海人民出版社2014年版,第300页。

经济讲王安石"①。公羊学的大一统之义，龚自珍的更法主张，以及王安石新政，都提示着更年轻一代士大夫政治精神开始发生转变。部分士大夫对"同治"之政的理解，开始从"元祐"式的恭俭宽和，转向"熙丰"式的"大有为"，而在实际政治选择上，开始期待光绪作为宋神宗式君主登场。

1888年，光绪帝亲政，慈禧虽表面上退居闲暇，但仍以"慈训"的名义掌握着最终决策权，②形成后主帝辅的"同治"局面。这自然非期待"大有为"君主出现的新一代清流（沈曾植、文廷式、康有为等）所乐见。他们多成长于同光时期，视士大夫"同治"朝政为常态，故对1884年后慈禧专制倾向加强颇感不适。且"元祐"式政治以任用老成耆宿为贤，亦多少挤占了这些"少年新进"的上升空间。而持续二十余年的"同治"局面下，统治集团上层开始腐化。"元祐"式的恭俭宽和，有变为粉饰敷衍之虞。康有为指责此时"上兴土木，下通贿赂，孙毓汶与李联英密结，把持朝政。士夫掩口，言路结舌，群僚皆以贿进。大臣退朝，即拥娟优，酣饮为乐。孙毓汶倡之，礼亲王、张之万和之，容贵、熙敬之流，交媚醇邸，以取权责。不独不能变法，即旧政风纪，亦败坏扫地。官方凌迟，士气尽靡，盖甲午之祸败所由来"③。

凡此皆导致新一代清流与慈禧离心，转而希望以强大的君主权威为基础，加以开拓张扬的相权，实行维新之政，以实现统治集团的自我更新并应对清朝面临的内外危机。他们虽多不赞同熙丰新法具体所行，但对宋神宗与王安石式的君相"同治"则充满期待，在此群体中，"熙丰"也逐渐开始与"元祐"并驾齐驱，成为共同主导"同治"话语的解释。④

---

① 张之洞《学术》诗自注。其诗云："理乱寻源学术乖，父仇子劫有由来。刘郎不叹多葵麦，只恨荆榛满路栽。"诗与注均见《张之洞全集》第12册，第10559页。张之洞1881年外放后，曾于1884年入京陛见，故此诗当为对甲申年后二十年局面的追忆。此点承陆胤兄提示，谨致谢意。

② 虽然名义上的皇帝是光绪，他也掌握着一些位阶较低的权力，但最终决策权在慈禧手中，即使在她1888年"归政"后仍是如此。光绪亲政后慈禧保持自身权力的方式，参看茅海建《戊戌政变的时间、过程与原委》，《戊戌变法史事考》，生活·读书·新知三联书店2005年版，第10—38页。

③ 康有为：《我史》，《康有为全集》第5集，第73—74页。

④ 康有为在1888年后甘冒政治风险，不断上书光绪帝呼吁变法，实视光绪为当代宋神宗，而努力寻求王安石般君臣遇合的机会。另外，这一观点并非仅限于京中新进清流，甚至连张佩纶到1889年也开始主张"宋之为宋，因陋就简，文武酣嬉，即不用介甫，而前如庆历，后如元祐，皆史之所推为主圣臣贤者，实则一味粉饰敷衍而已，不足云治世也。宋之亡，自亡于哲、徽、京、惇，不得咎介父也"。以"元祐"之政为无用，并同情式地容纳"熙丰"式的"大有为"。参看张佩纶《涧于日记》，学生书局1966年版，第672页。上一代"元祐诸贤"开始出现分化。

在此背景下，辛酉政变后建立在各方有限合作基础上的"同治"局面开始失衡。新旧党争如宋朝一般接踵而来。瞿兑之说："清流始旧而继新，洋务本新而反趋于旧。"① 新一代清流所欲变更的旧法，既包括清朝诸帝相沿而成的旧制，更包括近三十年来太后干政、督抚专权的"同治"新局。根本问题在于"维新"对帝后"同治"局面的冲击。张謇后来说："晚清朝政之乱，表病在新旧，本病在后帝。"② 慈禧太后的权位与功业皆与1861年以来的"同治"局面相表里，从辛酉到甲午三十多年的"中兴"之局，使她在积累了足够威望的同时，也形成了庞大的政治势力，而"元祐"式话语，更赋予她在清朝祖宗家法内不可能获得的正当性。但这一局面在光绪中期后开始发生变化。渴求独掌王权、行"大有为"之政的光绪帝③与不再以"元祐诸贤"为唯一榜样的新一代清流群体，在甲午战争惨败后，借助汹汹的士论，逐渐开始侵蚀到她的权威与正当性基础。

而作为"元祐"话语的代表人物，张之洞虽尽力接纳沈曾植、梁启超乃至康有为等新一代清流，以调和"元祐"与"熙丰"的北宋贤相范纯仁自命（"调停头白范纯仁"④），但他的认同与利益更在慈禧与"元祐"之政一边。1897年，李鸿藻去世，张之洞挽其"元祐初政，世称司马忠纯；再相未几时，凄凉竟堕天下泪"⑤。张之洞圈内士人亦以司马光瞩望于他，如陈三立即称"抱冰居士（即张之洞）今迁叟"⑥，而张之洞在《劝学篇》中，虽不反对变法，但指责"王安石变法专务剥民，宋因以致乱"⑦，明确反对"熙丰"式政治。

1898年6月11日，光绪帝在康有为等人的鼓动下，颁布《明定国是

---

① 瞿兑之：《杶庐所闻录·故都闻见录》，山西古籍出版社1995年版，第84页。
② 张謇：《四川忠县秦太公墓表》，《张謇全集》第6册，第509页。
③ 多有同光京师士大夫参与修纂的《清史稿》，在《德宗本纪》末尾的论赞中说："德宗亲政之时，春秋方富，抱大有为之志，欲张挞伐，以湔国耻。已而师徒挠败，割地输平，遂引新进小臣，锐意更张，为发奋自强之计。"参看《清史稿》卷24《德宗本纪》。
④ 张之洞：《新旧》，《张之洞全集》第12册，第10553页。
⑤ 李宗侗、刘凤翰编著：《李文正公鸿藻年谱》上册，台湾商务印书馆1981年版，第356页。
⑥ 陈三立：《峭庐墙侧有蜀葵数株戏赋》，李开军校点：《散原精舍诗文集》上册，上海古籍出版社2003年版，第71页。陈寅恪有"当日英贤谁北斗，南皮太保方迁叟"之句，亦以张之洞为当代司马光。参看《王观堂先生挽词（并序）》，《陈寅恪集·诗集》，生活·读书·新知三联书店2001年版，第13页。
⑦ 张之洞：《劝学篇》，《张之洞全集》第12册，第9747页。

诏》，强调"国是不定，则号令不行"①，如同北宋熙丰变法一般，再次以"国是"为关键词展开变法。②而康有为更试图绕开现有京师政治格局，模仿王安石设立制置三司条例司，创设制度局，理由是："维新之政，同于再造，事事草创，无旧章可由。故非别开一司，谋议商榷，草定章程，无以为施行之地也。宋王安石变法，开三司条例使，程子实备官其间。青苗虽不可行，而条例司一义不可易也。"③康氏弟子梁启超被派办理译书局事务，张之洞亲信杨锐认为其"所编各书，必将删削诸经，以就康学。将来科举，即由大学堂中出，人将讲王氏之新学矣。"④凡此皆激化了与元祐式"同治"下各获益阶级的矛盾，叶昌炽更认为是"贻人以柄，熙丰新法，将与东林钩党同时并见"⑤。

而戊戌变法的反对者，除了指责变法违反清朝祖制，另一话语武器便是以"元祐"之政反对熙丰新法。内阁候补中书祁永膺上条陈，称光绪帝若用张之洞，"断不如宋神宗之舍韩琦、富弼而误用王安石，以致群阴汇进矣"⑥。明显针对康有为及其一党。徐桐门生曾廉更直接将光绪帝比作宋神宗，声称"宋神宗终遂过，此其所以替也"⑦。而这种矛盾最终激化为公开的政治对抗，慈禧幽禁光绪帝，处死"六君子"，废除戊戌新法，"元祐"之政新旧党争的一面，一举撕裂了庚申年后"同治"之政"和衷共济"的外表。陈怀引当时人议论，认为："光绪帝有宋神宗之志而无其权，

---

① 《清德宗实录》卷418，光绪二十四年四月乙巳。
② "国是"概念在宋代政治中的重要性与含义，见余英时《朱熹的历史世界——宋代士大夫政治文化的研究》上册，第251—289页。
③ 康有为：《日本变政考》，《康有为全集》第4集，第108页。
④ 转引自孔祥吉《戊戌维新运动新探》，湖南人民出版社1988年版，第80页。孙家鼐亦有类似见解。陆胤认为"孙家鼐深知梁启超'编辑功课书'的本意，譬之王安石颁布《三经新义》，更与张之洞方面的观察若合符契。"参看陆胤《政教存续与文教转型——近代学术史上的张之洞学人圈》，第164页。
⑤ 叶昌炽：《缘督庐日记》第5册，第2686页。可能是不愿授政敌以柄，康有为并未在戊戌时期公开以王安石自命。戊戌变法失败后，康有为在1900年说："观从古变法之举，皆出于大有为之君……有神宗而后有王安石。未见无英武神圣之君，而能成变法立治之规模者也。"参看《张之洞诛捕新党论》，《康有为全集》第5集，第318页。康门弟子徐勤在为《戊戌奏稿》（1911年出版）所做的序中，更将此点公开挑明，谓康有为"一旦起芒屦，整冠裾，明良相得，鱼水君臣，盖自宋世来，人士以经术文学为人主敬信，谏行言听，大变旧法者，自王安石以后，未有其比也"。参看徐勤《〈戊戌奏稿〉序》，黄彰健编：《康有为戊戌真奏议》，中华书局1974年版，第437页。
⑥ 转引自茅海建《戊戌年张之洞召京与沙市事件的处理》，《戊戌变法史事考》，第211页。
⑦ 曾廉：《应诏上封事》，翦伯赞等编：《戊戌变法》第2册，神州国光社1953年版，第499页。

康有为有王安石之才而无其学,所信任之梁启超则章惇、蔡京之流也,视吕惠卿且不若矣,其败也不亦宜乎!若慈禧太后,自同治以后已三次临朝矣,前犹得藉幼主为口实,然已大违祖宗之法制。戊戌之举则又复何说?"① 盖光绪已成年亲政,垂帘之制实缺乏再现的理由。慈禧无奈之下所能动用的正当性话语,是效法乾隆禅位后的"训政"。在统治集团大分裂的背景下,只能暂时向康乾之政回归以求取合法性,而这也意味着1861年以来以"宫府一体、将相协和"②为理想的"同治"之政的失败。

在新旧之争更为激烈的戊戌年之后,"元祐"话语虽仍在表面上勉强维持了下来,但开始遭到士人越来越强的质疑。阎镇珩直接指斥"元祐"垂帘之制,认为"国家将衰,女子小人相为表里,而其卒遂酿成夷狄之祸……宋之亡,吾不曰徽、钦,而曰宣仁太后。惟其阴邪之气适与夷狄相感召故也。然则女中尧舜之说,非与?曰:当元祐之初,先帝旧臣犹在政府,朝廷无大奸慝,是以中外无事,民物粗安。向使蔡京、章惇诸人早窃柄任,比附宫闱,内外相煽,是亦王莽舜歆之续而已矣。宋之亡,岂待靖康之日乎?"③ 梁启超在1908年为王安石作传,更是全面指斥宣仁高太后与司马光的"同治",主张"元祐之所以报复熙丰者,其惨酷已远甚于熙丰"④。"元祐之初,嗣君已十余龄矣,非遗腹襁褓而君者。朝廷进止,但取决于宣仁,而嗣君无与焉。虽嗣君有问,而大臣无对,此何礼也?"⑤ 甚至认为:"靖康之祸,论者谓始于介甫,吾以为始于君实。非君实能祸靖康,而激靖康之祸者君实也。"⑥

因为庚子、辛丑之际新一轮的统治危机,清廷被迫开始"新政",变官制、废科举、制宪法、开国会,其措施远较戊戌变法激进。陈衍以为此时"熙丰新法今百倍,岂数差役青苗钱"⑦。而这一新政的主导者,正是"元祐"话语的代表人物——慈禧与张之洞。张之洞在宣统元年为戊戌年遭到罢斥的光绪帝师翁同龢请谥,表示"叔平无他,惟不晓事与执拗耳,

---

① 陈怀撰、胡珠生点校:《清史两种》,上海社会科学院出版社2006年版,第284页。
② 此为《清史稿·穆宗本纪》末尾论赞中语。参看《清史稿》卷22《穆宗本纪》。
③ 阎镇珩:《六典通考》卷101,《续修四库全书》第759册,上海古籍出版社2002年版,第467—468页。本书初刻于1903年。
④ 梁启超:《王荆公》,《饮冰室合集》第5册(专集之二十七),第173页。
⑤ 梁启超:《王荆公》,《饮冰室合集》第5册(专集之二十七),第160页。
⑥ 梁启超:《王荆公》,《饮冰室合集》第5册(专集之二十七),第159页。
⑦ 陈步编:《陈石遗集》上册,福建人民出版社2001年版,第181页。

赐谥之典宜从厚"①。"不晓事"与"执拗"，正是司马光对王安石的评价。② 他凭吊李鸿藻故宅，亦云："独乐园中花药荒，思贤重上读书堂。谁编元祐初年事，且喜诸郎尚有康。"③ 实为世代交替后对"元祐"之政的凭吊。④ 但他参与变官制、废科举，现实所行，则近于"熙丰"。以"元祐"而行"熙丰"之政，这种名与实的背离，使得"元祐"话语进一步形式化与空洞化，"元祐"党人亦有后继乏人之势。而新政时期革命浪潮已经兴起，在朝野新旧之争日益激烈化的背景下，"同治"之政也已虚有其表。

1908年，光绪与慈禧在一天之内相继去世，载沣（光绪异母弟）之子溥仪以旁支入继大统，兼祧同治与光绪，年号宣统，仍有延续"同治"之意。事实上，新帝年仅三岁，故以载沣为监国摄政王，隆裕太后（光绪帝妻，慈禧侄女）垂帘听政，新的宫府"同治"局面又出现了。此种安排自然出于慈禧，而既然近取法于同治，远取法于顺治，则载沣在话语层面就被视为新的睿亲王多尔衮与周公，"监国摄政王以周公之谦光，受阿衡之重寄"⑤，天子祭祀"以监国摄政王代诣行礼，与周公居摄之礼正复相同"⑥，"其舆服、护卫、从官等应备事宜，并详细章程，应酌量比照摄政睿忠亲王体制成案"⑦；而"宣仁"这一习语，作为政治遗产亦延伸于慈禧身后，及于续行垂帘之政的隆裕。⑧ 但在统治集团内部矛盾全面激化的背景下，国会请愿运动与皇族内阁相继发生，这一不能吸纳朝野士绅的

---

① 张达骧：《张之洞轶事》，中国人民政治协商会议湖北省武汉市委员会文史资料研究委员会编：《张之洞遗事》（《武汉文史资料》1986年第1辑，总第23辑），第22页。

② 值得对照的是，翁同龢门生则将他视为当代欧阳修与司马光："有宋名臣，以文学政事显者，曰欧阳修，曰司马光。求之近今，足与媲匹者，其惟吾师翁文恭乎。虽然，吾读《宋史》，未尝不叹二公遭际之隆，而悲吾师之独厄也。"参看张元济《影印稿本〈翁文恭公日记〉跋》，《张元济全集》第10卷，商务印书馆2010年版，第114页。

③ 张之洞：《李文正故宅》，《张之洞全集》第12册，第10555页。

④ 此一否定熙丰新法的政治意识在废科举前最后一科（甲辰科）会试中仍有体现。会试试题有"诸葛亮无申商之心而用其术、王安石用申商之实而讳其名论"。参看法式善等撰《清秘述闻三种》下册，中华书局1982年版，第1002页。

⑤ 孙洪伊等：《国会代表请愿书》，张枬、王忍之编《辛亥革命前十年间时论选集》第3卷，生活·读书·新知三联书店1977年版，第594页。

⑥ 《宣统政纪》卷3，光绪三十四年十一月丙午。

⑦ 《宣统政纪》卷3，光绪三十四年十一月壬寅。

⑧ 1912年，在南北双方压力下，隆裕太后不得不同意清帝逊位，杨钟羲即感叹道，清季宫闱多故，内外离心，"孝定景皇后（即隆裕太后）……虽有明德之母仪，宣仁之明睿，庸有济乎！"参看杨钟羲撰集，刘承干参校《雪桥诗话三集》，北京古籍出版社1991年版，第550页。

"同治"之局只能是有名无实。1911年,辛亥革命爆发,监国摄政王载沣被迫下台。次年初,清帝逊位,逊位诏书以"朕钦奉隆裕皇太后懿旨"名义颁布,此种王朝最后时刻对垂帘体制的形式性强调,则可谓开始于1861年的后帝、宫府、君臣"同治"之局的最后一幕。

余 论

如上文所述,晚清的"同治"话语,关涉最高权威的存在形态与最高权力的分配方式,故不管是出于权力还是正当性,统治集团内各方都必然要争夺对其的解释权。而"同治"一词的多义性,则为竞争性的解释留下了足够的空间,使得该话语得以不断调适自身,适应变动的政治生态与势力分布,并维持王朝政治的正当性与连续性。"同光中兴"的韧性与生命力即在于此。

但反过来,1898年后"同治"之政的破裂与"同治"话语的形式化与空洞化,就不能不引发严重的政治后果。从戊戌变法(1898)到辛丑条约签订(1901),由于一连串按传统政治标准也属"倒行逆施"的举措,清廷严重透支了自身在士大夫群体内的正当性。出身光绪朝翰林的蔡元培参加革命党,不过是其中的一个显例。三十年后,陈寅恪论"旧朝德宗景皇帝庚子辛丑之岁",认为"盖今日神州之世局,三十年前已成定而不可移易。当时中智之士莫不惴惴然睹大祸之将届"[1]。实可谓易代后清流余胤对此一世局的凭吊。

而辛酉到戊戌,两代人历时近四十载的"同治"经验,已成为晚清士大夫政治文化乃至政治习惯的一部分。虽然一时被打断,却无法长期被压制。清流士大夫被剥夺了在京师的政治空间,他们或托荫于各省督抚,或遁入商界、军界,或远走海外。在此过程中,同光时期具有温和建制派色彩的"同治"话语,也开始具有越来越强的对抗性。伴随着此一时期西方政治思想与观念的大规模输入,同光时期零星见于少数士人(多与各省督抚关系密切)的"君民共主论"[2],开始主导清流士大夫对"同治"的理

---

[1] 陈寅恪:《俞曲园先生〈病中呓语〉跋》,《陈寅恪集·寒柳堂集》,第164页。
[2] 代表性的言论见于郭嵩焘、薛福成与王韬等人。对此问题的一个简要分析,参看[日]佐藤慎一《近代中国的知识分子与文明》,刘岳兵译,江苏人民出版社2011年版,第238—240页。

解，他们开始将自己视为"民"的代表，在此基础上，寻求制约君主权力意义上的"同治"。

这构成了"新政"时期所谓"立宪派"思想的底色。戊戌变法之前，大部分士大夫对将观念意义上的"民"纳入政治正当性话语颇为谨慎，对制度性的议会与宪法更是疑虑重重。而这一局面则在戊戌特别是辛丑年后完全改变。"同治"话语开始变异为民权话语。而此后"立宪派"的代表人物，无论是康有为、梁启超，还是张謇，都在广义的同光清流范围内，但他们所追求的，不管是议会、责任内阁还是宪法，都已不再是同光时期"和衷共济"意义上的"同治"，而是更具有对等乃至对抗性的"共主"乃至"虚君共和"①，只有相对于革命者而言，他们才更像是清廷的"同治者"，也只有在这个意义上，他们才是同光清流的直接后继者。

附带而论，伴随着"同治"话语的变异，士人的历史意识也在发生巨大变化。戊戌维新后流亡海外的梁启超，借助流行于明治日本的国体（君主或民主）—政体（专制或立宪）二分论，调和公羊三世说与新输入的西方民主理论，将从秦至清的中国传统政治判定为君主专制。在晚清"同治"之政下养成其基本政治习惯的梁启超，分享着同光清流对康乾家法的疏离感，而流亡海外则使他一举解脱了对清廷的政治忠诚。由此，他将得自"同治"之政的经验系统化为对康乾家法的理论性批判，并进而准定整个中国古代政治。

另外，"元祐"话语在民国时期仍作为"低音"存在于一部分知识分子中。陈寅恪在悼念王国维时，以"元祐党家"相许，②并自认为"思想囿于咸丰同治之世，议论近乎湘乡南皮之间"③，晚年更自承"余少喜临川新法之新，而老同涑水迂叟之迂"④，凡此均可见元祐话语实已成为近代保

---

① 如梁启超在戊戌变法失败后，再论明治维新，即认为"其最大关目，则不过定君权使有限，伸民权使同治而已"。参看《答某君问德国日本裁抑民权事》，《饮冰室合集》第2册（文集之十一），第54页。

② 陈寅恪：《王观堂先生挽词（并序）》中有云"元祐党家惭陆子，西京群盗怆王生"。参看《陈寅恪集·诗集》，第17页。另外，他"昔年康更生先生（有为）百岁纪念，因感吾家与戊戌政变事，曾为赋一律"，其中有云"看天北斗惊新象，记梦东京惜旧痕。元祐党家犹有种，江潭骚客已无魂"。参看《寒柳堂记梦未定稿》，《陈寅恪集·寒柳堂集》，第185页。

③ 陈寅恪：《冯友兰〈中国哲学史〉下册审查报告》，《陈寅恪集·金明馆丛稿二编》，第285页。

④ 陈寅恪：《读吴其昌撰〈梁启超传〉书后》，《陈寅恪集·寒柳堂集》，第168页。

守主义的一部分。要言之,易代之后,不管是作为文化符号还是学术资源,起于同光清流的"宋代"意识与话语都深深地嵌入了民国学术与文化思想的新形态内,①严复以宋代为"中国所以成于今日现象者"之关键,②陈寅恪以"华夏民族之文化""造极于赵宋之世",而以20世纪30年代后的民国学术为"可一言蔽之曰,宋代学术之复兴,或新宋学之建立是已"③。凡此皆折射出同光清流的宋代话语。④ 而民国时人视其所处时代如"五代",⑤ 也继承着同光清流对咸同以降世局的整体观感。大致可以说,1861年以来的"同治"话语,不仅影响着晚清民国的政治格局与走向,也塑造着民国新学术与文化的演变脉络。在此意义上,同光与民国,实具有多层次的复杂关联。

---

① 对这一问题的探讨,参看罗志田《"新宋学"与民初考据史学》,《权势转移——近代中国的思想、社会与学术》,湖北人民出版社1999年版;以及桑兵《民国学人的宋代研究及其纠结》,《学术江湖——晚清民国的学人与学风》,广西师范大学出版社2017年版。两文均侧重于学术层面。

② 严复:《与熊纯如书》(1917年4月26日),王栻主编:《严复集》第3册,中华书局1986年版,第668页。

③ 陈寅恪:《邓广铭宋史职官志考证序》,《陈寅恪集·金明馆丛稿二编》,第277页。

④ 当然,在中国之外,还有以内藤湖南为代表的京都学派所提出的"宋代近世说",以宋代为整个东洋"近世"文明的起点。但京都学派与同光清流及其学术与政治后继者有何关系,笔者尚未得其要领,亦乞方家赐教。

⑤ 参看罗志田《五代式的民国:一个忧国知识分子对北伐前数年政治格局的即时观察》,《乱世潜流——民族主义与民国政治》,上海古籍出版社2001年版。

纠缠于环境之网

美国环境管制中经济分析工具的政治化
——以成本—效益分析的运用及其争论为中心[*]

刘向阳[**]

20世纪70年代到90年代，美国的环境管制路径由命令—控制型（Command-Control）逐步演变为市场调节型。市场调节型的具体政策形式多样，成本—效益分析（Cost-Benefit Analysis，CBA）[①]便是一种典型手段。它要求对重大环境管制举措政策实施成本和效益进行评估，在综合分析不同管制方案的费效比后，本着效益最大化的原则选择治理策略。作为环境治理领域的重要创新和市场调节型环境政策的内核，成本—效益分析嵌套于环境管制方案的制定及其实施的过程中虽然在理论上本身存在局限，但是在实践中不同利益主体却能利用这些局限，针对同一对象的数据计算展开博弈，使得环境治理中经济手段与政治力量彼此紧密缠绕交织，所以，可以说本质上经济分析手段因利益博弈而异化为政治争论的工具。

目前国内外学术界的美国环境公共政策研究主要集中在联邦层面的各项政策本身，[②]环境政治史的开创者塞缪尔·黑斯在其著作中构建了富有

---

[*] 本文系河北省社会科学基金项目"20世纪后半期美国环境治理与煤炭行业的转型及其对我省的启示"（HB18SL003）的阶段性成果。
该文原刊于《安徽师范大学学报》（人文社会科学版）2023年第1期，收入本书时略作修改，感谢中国人民大学历史学院的组织、侯深老师和王文婧老师的辛勤劳动。

[**] 刘向阳，西北工业大学马克思主义学院。

[①] 根据研究者个人偏好，成本—效益分析（Cost-Benefit Analysis）或效益—成本分析（Benefit-Cost Analysis）皆被使用，在此笔者统一采用成本—效益分析（Cost-Benefit Analysis）之说。

[②] Walter A. Rosenbaum, *Environmental Politics and Policy*, Washington, D.C.: CQ Press, 2005; Michael E. Kraft, *Environmental Policy and Politics toward: the Twenty-first Century*, New York, NY: HarperCollins, 1996; Richard N. L. Andrews, *Managing the Environment, Managing Ourselves: A History of American Environmental Policy*, New Haven: Yale University Press, 1999; 徐再荣：《20世纪美国环保运动与环境政策研究》，中国社会科学出版社2013年版；滕海键：《战后美国环境政策史》，吉林文史出版社2007年版。

创新性的理论研究式明确提到了科学技术和经济分析等治理手段的政治化，不过缺乏深入的实证研究。① 环境经济学界运用经济学的模型构建和数理推导，将成本—效益分析用于环境治理之中，但相关成果呈现出典型的自然科学化取向，忽略了经济分析工具的社会性、政治性和历史性。② 笔者在此利用环境史倡导的跨学科方法，既借鉴环境经济学的分析框架，又固守历史学的人文本位，在追溯成本—效益分析与美国环境管制结合的历史基础上，重点剖析成本—效益分析用于环境管制引发的大量争论，并以经济效益评估实践中不同主体的数据计算差异为例，揭示环境治理中经济手段的政治化与政治势力的经济性，凸显环境管制中复杂的政治经济学。

一　成本—效益分析与美国环境管制的结合

20世纪80年代初，里根政府新保守主义的推行使得美国的政府管制和社会治理思路发生根本变革，各个领域的去管制（deregulation）成为一种潮流。将成本—效益分析引入政府管制，是对罗斯福新政以来美国政府管制思路的根本变革。它作为决策的原则、程序和绩效评估标准对美国的社会管理产生了重大影响。"从某种意义上说，成本—效益分析的运用是自1946年《行政程序法》实施以来最大程度的一次变革。"③ 在这种背景下将成本—效益分析引入环境管制仅仅是美国社会管制改革的一个缩影，不过从其最初的理念萌芽到实践领域的落地生根却经历了

---

① Samuel Hays, *Beauty, Health and Permanence: Environmental Politics in the United States, 1955-1985*, Cambridge University Press, 1987; *Explorations in Environmental History*, Pittsburgh: University of Pittsburgh Press, 1998; *A History of Environmental Politics since 1945*, University of Pittsburgh Press, 2000; 刘向阳：《环境、权力与政治——论塞缪尔·黑斯的环境政治史思想》，《郑州大学学报》2010年第3期。

② U. S. Environmental Protection Agency, *The Benefits and Costs of the Clean Air Act (1970-90, 1990-2010)*, EPA Report to Congress, 1997; David Pearce, *Cost-Benefit Analysis and the Environment: Recent Developments*, OECD, 2006; Richard Layard, Stephen Glaister, *Cost-Benefit Analysis*, Cambridge: Cambridge University Press, 1994; ［美］巴利·菲尔德，玛莎·菲尔德：《环境经济学》，原毅军等译，东北财经大学出版社2010年版。

③ Cass R Sunsetin, "Congress, Constitutional Moments, and the Cost-benefit State", *Stanford Law Review*, Vol. 48, No. 2, 1996, p. 250.

较长的历程。①

自 1970 年起,在环保主义运动的推动下,美国进入了著名的"环境十年",其间命令—控制型的环境管制高歌猛进,短时期内环境立法数量激增,加之同期美国经济滞胀,被管制的污染企业抱怨激增的管制成本和大量投入,政界和学界在当时就萌发了对环境管制开展经济影响评价的思想。立法层面,1969 年《国家环境政策法》要求联邦对所有重大行为实施环境影响评价,发布环境影响报告书。它作为一种新的评价形式,其本意并非局限于经济分析,却为综合性管制行为分析提供了新的思路。1970 年《清洁空气法》第 312 款也明确提出"环保署应该开展详细的成本测算,对受到联邦空气质量标准影响的工业部门实施综合性的经济影响评估"②。

行政层面,1970 年环境质量委员会的第一个年度报告就从经济学角度

---

① 早在 1808 年美国财政部长艾伯特·加勒廷(Albert Gallatin)建议在水利工程中开展成本和效益的比较分析。1902 年的《联邦垦殖法》要求对灌溉工程实施经济分析。1934 年新政时期罗斯福总统成立的国家规划委员会(National Planning Board)开启了对公共工程的经济学分析,1936 年国会通过的《洪水控制法》(Flood Control Act)第一款规定:"为了控制洪水,经估算在效益大于成本的情况下,联邦政府应该改进航道或参与相关工作。"1946 年联邦跨流域委员会组建了(Federal Interagency River Basin Committee)效益和成本小组委员会,发布了专门的报告指导跨流域工程的经济分析。1952 年,预算署(Bureau of the Budget, BOB),现已更名为管理与预算办公室(Office of Management and Budget, OMB)发布了一系列文件,强调所有水利工程必须考虑经济效率。1960 年美国国防部长罗伯特·麦克纳马拉(Robert McNamara)建立了规划、程序和预算制度(the Planning, Programming, Budgeting System, PPB),要求将经济成本和效率测算的方法融入重大国防和军事安全工程的决策中,以提高国防建设投资的效率,标志着经济分析的方法开始从水利工程向其他公共投资领域扩展。为适应实践领域的变化,学术界陆续开启了理论总结与反思。1958 年奥托·艾克斯坦出版专著《水资源发展:工程评价的经济学》和《河流发展的复合效能:应用经济分析研究》,系统总结成本和效益分析的技术性问题。1964 年著名的环境经济学家艾伦·克尼斯出版《区域水质管理的经济学》,主要针对当时大型联邦水利工程实施经济分析。1968 年美国经济学家约翰·戴尔斯的专著《污染、产权和价格:政策的形成和经济学》首次提出了排污权交易的思想。从最初水利工程的经济学分析到所有环境问题的共通性考量,彰显了经济分析用于环境管制的早期理论自觉。Allen V Kneese, *Managing Water Quality: Economics, Technology, Institutions*, Washington, D.C.: Resources for the Future, 1968, 2011 年再版时更名为 *The Economics of Regional Water Quality Management*, Otto Eckstein, *Water Resource Development: The Economics of Project Evaluation*, Cambridge: Harvard University Press, 1958. Otto Eckstein, John V. Krutilla, *Multiple Purpose River Development: Studies in Applied Economic Analysis*, Baltimore: Johns Hopkins Press, 1958, 该书 2011 年再版。John Dales, *Pollution, Property and Prices: An Essay in Policy-Making and Economics*, University of Toronto Press, 1968.

② Public Law 91-604, the Clean Air Act, Sec312 (A), 1970.

讨论环境问题产生的原因，治理的成本及其对经济的影响。它认为错置的经济刺激引发的外部性社会成本是环境问题的主要根源，污染每年产生巨大的经济成本，如增加医疗和清洁费用，降低农业产出，损失商业机会。以水污染为例，经计算"未来五年城市废水处理厂满足现行水质标准大概需要投入 100 亿美元。日常运营成本估计从 1969 年的 4.1 亿美元上升到 1974 年的 7.1 亿美元"①。尽管第一个环境质量委员会报告的数据估计不甚精确，但毕竟代表着从经济角度开展环境治理评价的开始。

之后，环境质量委员会在其年度报告中均十分关注经济增长与环境治理的关系问题。如，1971 年的年度报告的第四章以《经济和环境》为题分析了经济增长与环境治理的关系，污染造成的经济损失以及控制成本等问题。② 1972 年的年度报告的第八章以《环境改进的成本和经济影响》为题分门别类地探讨了污染治理的经济影响，分析对象涉及 14 个受到冲击的行业，包括汽车、电力、石油、造纸和冶金等。③ 笔者所见 1970—1990 年的绝大多数环境质量委员会的年度报告中，污染的经济成本、治理污染的经济影响和环境治理的市场刺激等内容都占据了相当的篇幅，在此恕不一一列举。总体来看，从 1970 年 1 月到 1979 年 7 月，"环保署发起了 427 个有关环境管制的经济分析，其中绝大部分聚焦管制成本对工业部门或关闭工厂（plant closure）的影响分析"④。

一方面是环境行政部门早期的经济分析实践在渐次推行，另一方面实体企业因环境管制造成的巨大经济压力而叫苦不迭，毕竟污染治理参与了国民收入的分配，并占据相当大的比例，制约着企业的总体资本投资策略。"国民支出中污染控制的总成本接近全美国民生产总值的 2.5%"⑤，

---

① U. S. Council on Environmental Quality, *Environmental Quality: The First Annual Report of the Council on Environmental Quality*, Washington D. C.: U. S. Government Printing Office, 1970, pp. 42–43.

② U. S. Council on Environmental Quality, *Environmental Quality: The Second Annual Report of the Council on Environmental Quality*, Washington D. C.: U. S. Government Printing Office, 1971, pp. 99–144.

③ U. S. Council on Environmental Quality, *Environmental Quality: The Third Annual Report of the Council on Environmental Quality*, Washington D. C.: U. S. Government Printing Office, 1972, pp. 269–309.

④ U. S. Environmental Protection Agency, *Economics in EPA*, A Report by the Subcommittee on Economic Analysis/Science Advisory Board, July 22, 1980, p. 13.

⑤ Kerry Smith ed., *Environmental Policy under Reagan's Executive Order: The Role of Benefit-Cost Analysis*, the University of North Carolina Press, 1984, p. 54.

美国环境管制中经济分析工具的政治化　　　*129*

"当前美国用于环境保护的投资大约占国内生产总值的 1.5%—2.5%，大部分经济学家认为这是一个可以接受的数值，并与其他工业化国家旗鼓相当。"① 尽管不同学者和机构的估算值略有不同，但污染治理的投资预算和环境管制的经济评价结果在当时影响着总统和行政机构的政策导向。例如，1973 年福特政府的环境质量委员会报告"采用了效率（effectiveness）概念，要求评估环境政策的费效比，讨论污染的危害及其治理成本"②。1974 年 11 月福特总统发布 11821 号行政令，在总统行政办公室内设立了工资和物价稳定委员会（Council on Wage and Price Stability，COWPS），要求为每个重大立法管制提议开展通货影响分析（Inflation Impact Statement，IIS），并授权管理和预算办公室予以执行。"1975 年 6 月，管理和预算办公室确定了经济影响达到 1 亿美元的管制方案为重大管制的数据标准。"③ 这是后来环境成本—效益分析制度化的前奏。

吉米·卡特政府时期不仅继续面临通货膨胀的压力，而且工商业组织不断施压，要求减少联邦管制，它们认为每个家庭和商业组织都承受了政府过度管制（government over-regulation）的巨大成本。1978 年 3 月卡特发布 12044 号行政命令，成立管制分析和评价小组（Regulatory Analysis and Review Group，RARG），"要求所有行政机构为重大管制方案实施管制影响分析，对每一个经济成本超过 1 亿美元或对任何工业部门、任何一级政府或任何一个区域引发重大价格增长的管制提议，相关机构必须讨论可替代方案的经济影响，以证明选择的合理性"④。尽管该命令并没有明确要求使用成本—效益分析，但由于经济咨询委员会（the Council of Economic Advisers）的主席担任其领导，成本—效益分析的思想已经渗透其中，行政机构开展经济影响评估的实践显现雏形。

相对于福特的行政命令，卡特的行政命令明确了评估的普遍标准和执行时限，采用了一致的计算方法，全面分析了管制方案的正面和负面影

---

① Walter A. Rosenbaum, *Environmental Politics and Policy*, Washington, D. C.: CQ Press, 2005, p. 141.

② U. S. Council on Environmental Quality, *Environmental Quality*: *The Fourth Annual Report of the Council on Environmental Quality*, Washington D. C.: U. S. Government Printing Office, 1973, pp. 83–84. 此处的交易成本指实现环境治理目标的研究、规划、监督和执行成本。

③ Michael S. Baram, "Cost-Benefit Analysis: An Inadequate Basis for Health, Safety, and Environmental Regulatory Decisionmaking", *Ecology Law Quarterly*, Vol. 8, No. 3, 1980, p. 504.

④ Executice Order *12044*, 3 CFR. 152, 23 March 1978.

响。它已接近里根的行政命令，是福特和里根环境管制改革的过渡，区别在于，"卡特尚未把经济效率作为机构决策的核心；没有赋予管理和预算办公室凌驾于其他机构之上的权力；要求行政机构在《联邦纪事》上先发布管制分析程序供公众评论后再付诸行动"①。里根上台后推行新保守主义的去管制改革，要求对政府管制方案展开全面的经济分析。为此，1981 年 2 月 17 日里根总统发布 12291 号行政命令，成立了信息和管制事务办公室（Office of Information and Regulatory Affairs，OIRA），创建放松管制特别小组（Task Force on Regulatory Relief），明确要求对符合下列四个条件的管制方案实施成本—效益分析："年度经济影响达 1 亿美元；诱发了价格的重要增长；引发了就业率的下降；对行业、地区或州和地方政府有着重大影响。"② 该命令首次明确要求在管制评价中展开成本—效益分析，以效益大于（outweigh）成本为管制方案提供正当性证明，是联邦管制方式的综合性变革。"到 1982 年底，管理和预算办公室评审了大约 5400 份管制方案，其中 104 个被定义为重大方案，7 个重大方案来自环保署，70 个附有管制影响事物报告书。"③

12291 号行政命令是新政以来美国社会对成本—效益分析兴趣日增的自然结果，映射到里根的环境政策上，"要求使用成本—效益分析决定环境管制的价值；尽可能地依靠自由市场分配资源；将环境治理的责任下移到各州"④。由此，里根压缩环保署的编制，大幅削减环保机构的预算，消除或修改那些被认为对工业造成巨大负担的管制条例，环境去管制（environmental deregulation）和反环境（anti-environment）成为一大特色。

1985 年连选连任的里根发布 12498 号行政命令，继续强化去管制改革，进一步要求行政机关提前一年向信息和管制事务办公室呈递管制方案，以有足够的时间仔细审查。借此，信息和管制事务办公室重塑了诸多对污染企业有着不利影响的管制提议。老布什主政白宫时期，承袭里根的

---

① Kerry Smith ed., *Environmental Policy under Reagan's Executive Order: The Role of Benefit-Cost Analysis*, 1984, p. 67.
② *Executive Order* 12291, Federal Register 46, 19 Feb 1981.
③ Kerry Smith ed., *Environmental Policy under Reagan's Executive Order: The Role of Benefit-Cost Analysis*, 1984, p. 88.
④ Council on Environmental Quality, *Environmental Quality 1981: The 12th Annual Report of the Council on Environmental Quality*, Washington D. C.: U. S. Government Printing Office, 1981, pp. iii-iv.

管制思路，副总统丹·奎尔（Dan Quayle）领导的竞争力委员会（White House Council on Competitiveness）具体负责环境政策的成本和效益分析。奎尔的竞争力委员会成员包括财政部长、商务部长、白宫顾问博伊登·格雷（Boyden Gray）等人。该委员会类似里根政府时期的放松管制特别小组，其功能是"处理和回应工业对过度管制的抱怨，分析管制的成本和效益，进而阻止或修改那些被认为造成了不必要负担的新管制"[1]。

1993年1月，克林顿入主白宫两天后废除了该委员会，用新的环境政策办公室（Office of Environmental Policy）予以取代。同年9月30日克林顿发布了12866号行政命令，取代里根的12291号和12498号行政命令，该命令蕴含着不同于里根的新的管制哲学和价值理念，开启了全新的管制与评价实践。

> 为了决定是否管制和如何管制，行政机构应该评估可资利用的管制替代方案的全部成本和效益。成本和效益应该既包括定量的估算和定性的评价。尽管成本效益很难定性，但必须考虑。进一步而言，管制方案的选择中，行政机构应该选择那些能实现净效益最大化的方案，除非有明文规定必须使用另外的管制方法。[2]

管制的效益必须用来证明所支付的成本的合理性（justify），并不必像里根行政命令所要求的效益必须大于（outweigh）成本，凸显了克林顿政府时期更加注重诸多社会价值平衡的管制改革路径。"克林顿和戈尔对于经济发展和环境保护的关系摒弃传统修辞，他们主张经济与环境的冲突对立是一个错误选择。"[3] 立足于二者的内在统一，克林顿执政时期用立法的形式促成管制改革，开展成本—效益分析的成就更为显著。针对104届国会中"是否对环境管制执行成本—效益分析，分析结果如何被决策者运

---

[1] Philip, "Quayle Council Debate: Issue of Control", *New York Times*, Dec 17, 1991. 该委员会最有争议的是修改湿地的定义，将联邦环境保护规划的湿地面积减少了一半。此外它还放宽《清洁空气法》的执行标准，抵制全球生物多样性协定。

[2] *Executive Order 12866*, Regulatory Planning and Review, *Federal Register*, Vol. 58, No. 190, October 4, 1993.

[3] Michael E. Kraft, Norman J. Vig, eds., *Environmental Policy in 1990s: Reform or Reactions?* Washington D. C.: CQ Press, 1997, p. 106.

用"等问题的激烈争论,1995 年国会通过了《无资金保障施令改革法》(Unfunded Mandates Reform Act),"要求联邦机构为所有引发经济成本大于1亿美元的管制方案执行成本—效益分析"[1]。该法案还确定了联邦机构使用成本—效益分析的原则和方法,要求行政机构分析管制方案对各级政府、民众的影响,分析管制对生产力、经济增长、就业、物价和工资的影响,最终政府管制实施的标准是效益大于成本,或效益能够证明支付成本的正当性。

1995 年国会还通过了《风险评估和成本—效益分析法》(Risk Assessment and Cost-benefit Act)与《综合管制法》(Comprehensive Regulatory Act)。1998 年至 2000 年,国会又连续通过并修改了《管制改进法》(Regulatory Improvement Act),标志着对重大管制方案实施成本—效益分析的制度化和正规化。此后它正式落地生根,内嵌于政府管制的各个领域,沿袭至今,环境治理概莫能外。

二 成本—效益分析用于环境管制的理论争论

成本—效益分析作为一种经济分析手段,为政府职能的有效发挥提供着富有价值的绩效测评数据。单纯从理论上讲,执行一个完整的成本—效益分析通常需要六个步骤:"确定有待解决的社会问题;根据问题制定解决方案及其替代方案;分析不同方案产生的综合性影响,特别是对不具备市场属性的公共产品的影响;基于影响分析估算执行不同方案产生的成本和效益;将未来的成本和效益贴现为当下货币价值,并为每一种替代方案计算当下的效益和成本;比较效益或成本,选择效益最大或成本最低的方案。"[2] 然而,在其制度化与规范化的实践中,由于理论上的不确定性和主观性诱发了大量激烈争论,其争论集中表现在其逻辑缺陷、科学计算中工具理性与价值理性的失序、个体生命的货币价值与伦理价值的悖论三个方面。

---

[1] 2 U.S.C. §§658-658 (g) (2004).

[2] Sarwar Uddin Ahmed, Keinosuke Gotoh, *Cost-Benefit Analysis of Environmental Goods by Applying the Contingent Valuation Method: Some Japanese Case Studies*, Springer-Verlag Tokyo 2006, p. 6.

（1）理论上成本—效益分析不能实现充分的逻辑自洽。

首先，成本—效益分析潜藏的基本前提具备不确定性。经济分析的目的是增进社会福祉，优化资源配置，其前提是"理性人"假设，即每个个体在既定环境中能对个人和社会福祉的提升做出最佳判断。基于稀缺资源利用最大化的假设，数理计算过程中将成本和效益予以数字化和货币化，需要个体对环境资源的价格、对环境管制诱发的个体生活成本、支付能力与支付意愿做出精确判断。然而，实际经济行为中个体判断的精确性严重不足，背离"理性人"前提，往往是纯粹市场型资源配置失序的根源。

其次，成本—效益分析的过程充满主观性，上述六个步骤中几乎每一步都带有主观价值预设。目标选择和计算方法的构建离不开主观认知，可替代方案的选择尽管有一套民主决策的程序，但无疑或多或少需要一定的主观决断性。任何一个成本—效益分析模型都不能给所有替代方案提供同等程度的精确计算。此外对非市场属性的物品如人类生命、濒危物种和风景名胜等因素的定价和贴现率选择都十分复杂，充满异议，难以统一。

再次，环境治理投入的边际效益规律难以把握。根据成本—效益的估算实施环境决策，不仅要求总效益大于总成本，而且必须遵循边际效益递减法则。表1所见美国城市空气污染治理中污染物的减少和成本上升的关系很好地反映了这一点。

表1　　　　　　　　　**美国城市污染治理与成本**①

减少二氧化硫的百分率（%）	减少微粒的百分率（%）	预计费用（万美元）
5	22	5
42	66	75
48	69	2600

显然，随着环境管制强度的提升，环境治理的难度增加，投入增大，导致边际成本增加，边际效益减少。因此当且仅当支付的环境改进成本和所获效益旗鼓相当、边际效益最大时环境治理的总效益最大。这就需要决策者准确拿捏成本和效益的波动状态，在边际成本和边际效益波动的拐点执行决策。

---

① ［美］丹尼斯·米都斯：《增长的极限——罗马俱乐部关于人类困境的报告》，李宝恒译，吉林人民出版社1997年版，第101页。

然而，实践中拐点难以捕捉，"污染治理中从95%的清洁程度上升到100%的清洁程度，其额外成本可能数倍于达到95%的清洁程度的总成本"①。

依据边际效益递减规律，辅之以生态系统的自我净化能力，可以推论，环境管制并不要求完全去除所有污染物。倘若污染物的健康风险在管制机构设置的安全边际内，治理投入的边际意愿和边际成本契合，则最适宜实施污染治理。相反，如果继续要求完全消除污染物，无疑会额外增加治理成本，这样的环境管制既无必要，也不可能。此外，对那些即使少量也能极大提高患病和死亡风险的污染物，无论经济成本高低，都应完全消除。由此衍生出的健康安全风险与经济效益之间的临界点，需要决策者仔细斟酌。

（2）科学计算中工具理性与价值理性的失序。

传统科学哲学认为经济分析工具不带价值属性，处于中立状态，然而现实并非如此。"环境决策涉及的利益团体通常处于高度政治化的情景之中，其潜在的输家和赢家都企图影响决策，价值负载（value-laden）使得成本—效益分析过程既不客观也不透明。"② 有鉴于此，被管制的对象在计算立场上带有强烈的利益取向。通常"工业部门的成本测算忽略了市场通过技术创新带来的成本减少和效益提高；测算常常依据管制提议出台之初的静态数据，未能考虑后期的变化和市场行情的波动；忽略了法律没有严格执行情况下，环境质量标准降低和达标期限延后导致的成本下降"③。此外，被管制对象在计算方法的选择上也充满着价值考量。估算者采用不同的参数设置，如单位污染控制成本、管制对生产力的影响度、工业增长率和环境管制计划的执行速度等都可能导致总成本的差异。"工业部门对非核电行业化学排放物达标的单位控制成本估算比环保署的估算高出3倍。"④ 之所以如此，是因为电力行业采用的生产力增长率数倍于环保署的

---

① Michael E. Kraft, Norman J. Vig, eds., *Environmental Policy in 1990s: Reform or Reactions?* Washington D. C.: CQ Press, 1997, p. 190.

② Frank Ackerman, Lisa Heinzerling, "Pricing the Priceless: Cost-Benefit Analysis of Environmental Protection", *University of Pennsylvania Law Review*, Vol. 150, No. 5, May 2002, p. 1563.

③ Eban Goodstein, Hart Hodges, "Polluted Data: Overestimating Environmental Costs", *AM. Prospect*, Nov.-Dec. 1997, p. 5.

④ Putnam, Hayes and Bartlett, Inc., "Comparison of Estimated and Actual Pollution Control Costs for Selected Industries", Report prepared for U. S. EPA Office Planning and Evaluation, February 1980, p. 4.

数据。

　　立场和方法的价值负载，使得被管制者夸大管制成本、低估管制效益的现象比比皆是，即便政府部门的经济学家也同样如此，尽管其夸张程度亚于被管制的工业部门。例如，"职业安全和卫生管理署雇佣的公司估算炼焦行业达到1976年的管制标准的初始成本为2亿到10亿美元之间，然而工资和物价稳定委员会后来的研究显示实际成本只有1.6亿美元"①。一般而言，"环境污染控制每1美元的开销反映的真实支出只有13美分，最近研究显示对外宣传的数据经常夸大了公司的真实成本，夸大程度平均为真实数据的7倍"②。另外，针对1974—1977年间蒸汽电厂、电力行业烟气脱硫、造纸、石油冶炼和汽车五个行业的污染治理成本测算，可以发现环保署和工业部门倾向于高估达标成本，"环保署估算的成本相对于实际成本的高出幅度在26%—156%之间，工业部门估算的高出幅度在25%—247%之间"③。

　　相比环境保护的成本，效益的计算更加模糊，特别是涉及一些争论性话题，如公众的健康和生命，环境的舒适性，水、土壤、森林、湿地生态系统的价值的货币化等。1990年的《清洁空气法》修正案要求环保署为每一个管制提案编制成本—效益分析报告。国会特别要求环保署描述关键的经济假设，其中效益和成本必须量化，可替代方案也不例外。当美国联邦审计署审查在这一规则要求下编制的23个管制影响事物报告书时，发现了相当大的偏差，"其中8个分析报告没有考虑人类生命等关键要素，导致经济分析结果明显失真。所有管制影响事务报告书都估算了管制的成本，但仅仅有11个估算了管制的效益"④。显然，利益的驱使使得被管制部门的经济分析不可能与法律严丝合缝，或多或少存在因应变通，甚或严重背离。

　　以当下经济学界对生命价值计算中的折现率问题为例更能凸显其争

---

① Eban Goodstein, Hart Hodges, "Polluted Data: Overestimating Environmental Costs", AM. Prospect, Nov.-Dec. 1997, p. 2.

② Eban Goodstein, Hart Hodges, "Polluted Data: Overestimating Environmental Costs", AM. Prospect, Nov.-Dec. 1997, p. 6.

③ Putnam, Hayes and Bartlett, Inc., "Comparison of Estimated and Actual Pollution Control Costs for Selected Industries", Report prepared for U.S. EPA Office Planning and Evaluation, February 1980, p. 3.

④ U.S. General Accounting Office, "Improving EPA's Regulatory Impact Analyses", Report No. GAO/RCED 97-38, 1997, p. 2.

议。"如果一个机构选择 2% 的折现率，计算结果非常不同于那些选择 10% 的折现率的计算方式。假定一个人的生命定价为 8000000 美元，选择 10% 的折现率，如果被保护 100 年的话，当前价值仅为 581 美元。"① 管理和预算办公室自 1972 年以来就开始发布折现率的指导方针，"1991 年正式建议采取 7% 的折现率，不同于 1980 年代使用的 10% 的折现率"②。然而，行政机构并不完全遵守管理和预算办公室的指导，"它们设定的折现率从最低的 0、3% 到最高的 10% 不等。即使同一机构有时也采用不同的折现率，环保署为含铅油漆管制设定的折现率为 3%，饮用水管制设置的折现率为 7%，机动车排放物管制设置的折现率为 10%"③。不同机构针对不同管制对象所选择的折现率决定了成本和效益分析结果的巨大差异，从而服务自己，打破了科学技术中立的观点，很大程度上诠释着哈贝马斯所言的科学技术也变成了"意识形态"。

正因为如此，环保主义者本能地反对运用成本—效益分析，认为它完全不适合用来选择环境管制方案。毕竟环境公共政策必须考虑社会的公平，而抽象的货币化统计因立场和利益属性注重效率、拒斥公平。经济学家雷蒙德·科普（Raymond Kopp）解释道："成本—效益分析将现行的收入分配作为先决条件，开展政策评价时并没有考虑其平等内涵。"④ 随着环境正义运动的推进，批评者认为一般意义上的成本—效益分析缺乏社会良知，因为它不关心成本和效益的社会分配，不考虑分配过程中的输家和赢家，毕竟，收入差距决定了环境治理的投入能力与支付意愿的差异。在此工具理性和价值理性未能实现有机统一，反而错位排斥。

（3）个体生命的货币价值与伦理价值的悖论。

非市场物品的定价不仅在于难以计算，更在于价值的合法性问题。"环保署预防酸雨沉降的研究显示，如果对俄亥俄流域电厂实施更加严格的空

---

① Cass R. Sunstein, "Cost-Benefit Default Principles", *Michigan Law Review*, Vol. 99, No. 7, June 2001, p. 1711.

② Richard L. Revesz, "Environmental Regulation, Cost-Benefit Analysis, and the Discounting of Human Lives", *Columbia Law Review*, Vol. 99, No. 4, p. 950.

③ Edward Morrison, "Judicial Review of Discount Rates Used in Regulatory Cost-Benefit Analysis", *The University of Chicago Law Review*, Vol. 65, No. 1333, 1998, pp. 1336-1337.

④ Raymond J. Kopp, Alan J. Krupnick, and Michael Toman, "Cost-Benefit Analysis and Regulatory Reform: An Assessment of the Scienceand the Art", Discussion Paper 97-19, Washington, D. C.: Resources for the Future, 1997, p. 8.

气污染物控制标准的话,将支付上亿美元的成本,同时到 2000 年也可以阻止大约 54000 人因污染引发的死亡。将被保护的生命价值和污染控制的成本相比,只有在确定每个生命的经济价值的前提下才能确保其经济意义,即便这在道德上并无不妥的话,政治上的支持者势必显得残酷专断。"[①] 显然,成本—效益分析对人的健康和生命估算的前提必须是个体生命价值的货币化。这不仅是一个经济学的计算难题,在伦理学上显得更加棘手。

从数学计算的角度看,"如果一个行政机构衡量一个个体生命的价值是 1 千万美元,那么产生的结果非常不同于定价为 50 万美元的个体生命价值"[②]。统计学意义上的生命价值(statistical life)在不同机构之间变化较大,即便同一机构,不同时间的生命价值的估价也呈现较大差异,详情见表 2。

表 2　　　　　美国各行政机构对人生命价值的评估[③]

机构	时间	价值（百万美元）
交通运输部	1990 年 8 月	1.5
农业部	1994 年 6 月	1.5—3.0
农业部	1996 年 7 月	1.6
交通运输部	1996 年 7 月	2.7
环保署	1996 年 8 月	3.0
交通运输部	1996 年 7 月	3.0
健康和人力资源部	1996 年 10 月	5.0
环保署	1997 年 7 月	4.8
环保署	1998 年 12 月	5.6

这种差异直接决定了成本—效益分析的结果悬殊,左右着环境管制的执行力度与速度。另外年老者和年轻者的生命价值大小以及折现率的差异

---

① Walter A. Rosenbaum, *Environmental Politics and Policy*, Washington, D.C.: CQ Press, 2005, p. 147.

② Cass R. Sunstein, "Cost-Benefit Default Principles", *Michigan Law Review*, Vol. 99, No. 7, June 2001, p. 1704.

③ Matthew Adler, Eric A. Posner, "Implementing Cost-Benefit Analysis When Preferences Are Distorted", *The Journal of Legal Studies*, Vol. 29, No. 2, June 2000, p. 1146.

牵扯着更加复杂的问题。不过从伦理学的角度看，每个个体生命都是独特的、神圣的，将人类健康和个体生命折算为现金予以衡量交换，既是非法的也是不道德的。环保主义者认为，"生命价值与被管制的商业团体对荒野、未被污染的空气和水，还有其他环境舒适地的内在价值的认识存在深刻的伦理殊异。道德目标的罪恶论赋予争论更多的热情和持久性，同时也将成本—效益分析的争论推进至伦理水平，使得双方的妥协更加困难"[1]。将清洁的空气或水等环境的价值浓缩为货币，无异于将其视为一种可以定价、任意买卖的商品。史蒂芬·科尔曼（Stephen Kelman）认为："许多环保主义者害怕成本—效益分析使大气污染治理或水污染治理的决策过于单一，祛除了其特殊的价值……对某物价值的认定并不是靠买卖，恰恰是自身主体的存在，即价值的自显，无论如何金钱展示的仅是其工具价值。"[2] 个体生命价值的数理统计本身就十分复杂，学术界至今存在争论，再辅之以伦理学上的悖论，使得成本—效益分析在环境治理领域承受着更大的拷问。

纵观以上争论，其背后是工具理性与价值理性的缠绕交织，是经济因素与政治力量的激烈博弈。尽管如此，环境管制的实践中成本—效益分析却不断得以推进并最终实现了制度化，成为市场调节型环境政策的内核，这说明它有着单纯命令—控制型政策不可比拟的优势。

第一，通过成本—效益分析，确定政府环境管制的优先次序和重点目标，能极大地帮助国会和管制机构提高管制方案的经济合理性。"一个执行良好（well-executed）的成本—效益分析能够清晰地将假设、理论、方法和所运用的程序融为一个整体。通过分析揭示决策过程需要考虑的特殊性，这能增强公共决策的可操作性。"[3] 基于此，论证充分、计算精确审慎的成本—效益分析有助于不同利益主体理解经济评价的结果，审查其价值的合理性，促使决策者对诸多不同的政策设计进行对比，最终选择最具经济合理性或符合成本—效益原则的政策以实现环境目标。

反过来，即便被管制的工业部门带着强烈的主观意愿，将计算过程简

---

[1] Walter A. Rosenbaum, *Environmental Politics and Policy*, Washington, D.C.: CQ Press, 2005, p. 148.

[2] Stephen Kelman, "Cost-Benefit Analysis: An Ethical Critique", *Regulation*, 1981, p. 39.

[3] Raymond J. Kopp, Alan J. Krupnick, and Michael Toman, "Cost-Benefit Analysis and Regulatory Reform: An Assessment of the Science and the Art", Discussion Paper 97-19, Washington, D.C.: Resources for the Future, 1997, p. 7.

单化，夸大成本压低效益，但在制定政策的过程中，隶属政府的政策分析师很少完全接受工业部门的数据估算，他们通常会开展自己的成本—效益分析。"在环保署大部分成本—效益分析都要经过外部专家小组严格的同行互审（peer review），这个专家小组受到科学咨询委员会的监督。"① 面对诸多不同成本—效益分析的估算方案，只要在关键的前提假设和计算方法上遵循共同的标准和尺度，借助科学的程序和公众参与，就有可能在不同方案的选择中平衡各种冲突，最大限度地保证客观性。

面对反对者的批评，支持者还坚持认为，论证充分的成本—效益分析能够发掘数据的局限，探寻信息的盲点，进而"展现我们的无知程度和不确定性的范围，这将为公众参与创造机会并指明未来的研究领域"②。支持者认定批评者反对的是不科学的成本—效益分析，是带主观意愿蓄意编制的分析。科学合理的分析能实现经济和环境的最优化。正如桑斯坦认为："运用成本—效益分析，应该能够刺激出最可求的管制方案，阻止明显不合理的管制方案，实现管制的最优化和成本的最小化。"③

第二，成本—效益分析有助于那些能真正提升公共福祉的管制方案的通过与执行。以实例为证，1990年《清洁空气法》要求环保署原则上每五年对国家空气质量标准进行修改。④ 据此，1997年环保署考虑修改空气中臭氧和颗粒物的管制标准。"当时对拟修改的臭氧标准实施成本—效益分析，结果显示效益在1亿—15亿美元之间，成本约为25亿美元。对拟修改的特殊颗粒物标准实施成本—效益分析，结果显示效益为580亿—1100亿美元，而成本仅为60亿美元，效益至少是成本的10倍。"⑤ 根据分析结果，臭氧标准的修改搁浅，而颗粒物管制标准的修改获得了正当理由。对此，共和党控制的国会试图否定环保署的修改提议，因为"管制方案的修改引发了承受新的巨大成本的工业和城市的强烈不满，共和党控制

---

① Michael E. Kraft, Norman J. Vig, eds., *Environmental Policy in 1990s: Reform or Reactions?* Washington D. C.: CQ Press, 1997, p. 192.

② Daniel Swartzman, Richard A. Liroff, Kevin G. Croke, *Cost-Benefits Analysis and Environmental Regulations: Politics, Ethics and Methods*, Washington, D. C., 1982, p. 175.

③ Cass R. Sunstein, "Cost-Benefit Default Principles", *Michigan Law Review*, Vol. 99, No. 7, June 2001, pp. 1651-1723, p. 10.

④ 42 U. S. C. §7409 (d) (2) (B) (2006).

⑤ Daniel H. Cole, "Law, Politics, and Cost-Benefit Analysis", *Alabama Law Review*, Vol. 64, No. 1, 2012, pp. 72-3.

的两院还试图举行听证会以废除新的标准"①。

最后，几经反复，颗粒物管制标准的修改如期进行，工业代表和国会的反对无济于事。这说明，成本—效益分析在压制政治反对者时发挥了重大作用，为增进公共福祉的管制方案的通过增强了说服力。因为特殊颗粒物标准修改的效益如此巨大，盖过成本，具备相当的经济合理性，抑制了反对者的气焰，使其心服口服。

第三，成本—效益分析还可以阻止无效管制方案的出台。小布什政府2002年提出了《清洁天空法》（Clear Skies Act），该法案对前任政府空气质量管制目标和进度等指标进行了修改，要求以2000年的排放物为基准，控制氮氧化物、二氧化硫和汞的排放总量，并分阶段实现源头减量。"到2018年使二氧化硫的排放量降低73%，氮氧化物的排放量降低67%，汞的排放量降低69%。"② 实际上这在为重污染企业松绑，因为其标准远逊于1990年《清洁空气法》的规定。

对此参议员詹姆斯·杰佛兹（James Jeffords）和托马斯·卡珀（Thomas Carper）分别提出了S.150议案和S.843议案。这两个提议与布什政府的提议一样，主张采用排污储存和许可交易等市场手段实现环境管制，但具体标准方面更为严格，要求在更短的时间内实现更大幅度的总量降低，并且还要求控制二氧化碳的排放量。

2005年10月27日，环保署分别对三个提议开展了成本—效益分析。根据分析结果，环保署倾向布什总统的立法提议，认为它成本低，将产生更大的社会净效益，因而更具可行性。然而国会研究服务局（Congressional Research Service，CRS）重新评价了环保署的分析，认为《清洁天空法》的成本较低，原因在于其标准低，达标期限长。"《清洁天空法》的成本增量微不足道，在2010年和2020年的效益分别为60亿和30亿美元，同期S.843议案的年度成本为42亿和30亿美元，净效益将为《清洁天空法》的8倍和5倍。S.150议案的年度成本为236亿和181亿美元，净效益为《清洁天空法》的10倍和16倍。"③ 此

---

① 细节参见 Private Proerty and Nuclear Safety and the Committee on Environment and Public Works United States Senate, *Clean Air Act: Ozone and Particulate Matter: Hearings Before the Senate Subcom On Clean Air, Wetlands*, 105th Congress, U. S. Government Printing Office, 1997, pp. 105-150。
② US EPA Archive Document, *Clear Skies Act of 2003*, www.epa.gov/clearskies（2017-12-27）。
③ James E. McCarthy, Larry B. Parker, "Costs and Benefit of Clear Skies: EPA's Analysis of Multi-Pollutant Clear Air Bills", Congress Research Service, 2005, pp. 9-10。

外国会研究服务局认为环保署的计算在效益增量、健康模型设计、天然气和电力的价格弹性设定、年老者的死亡贴现（senior death discount）问题上都充满缺陷。

尽管国会研究服务局的报告没有明确谴责《清洁天空法》的欺骗性和可操控性，但经过成本—效益分析的数据比较，其目的昭然若揭，最终布什的《清洁天空法》未被国会通过。由此可见，"成本—效益分析可能，也一直存在为着某种特定目标的策略性操控。操作的最终失败说明成本—效益分析有明确的详细规定和业内共同的行为规范，不能太过离谱。反过来，国会基于政治的考量，也没有执行其他效益更高的管制提议。成本—效益分析提供的仅仅是决策信息，不会也不可能脱离政治"[①]。这说明成本—效益分析作为一种手段，不可能脱离政治而孤立地存在。恰恰是政治场域的利益博弈，使得成本—效益分析本身异化为政治工具。

然而，即使是成本—效益分析的拥护者，也没有人认为它是解决问题的万能良药和唯一标准。对此，经济学家保罗·约翰逊的评价较为中肯，"其价值在于将理性计算和炙热的情感有机统一，执行恰当的话，它能提供管制提议的成本或效益，告诉你大约多少生命得以保全。同样重要的是它还提供一系列的可替代方案，倘没有严格的分析，无人知道强加在管制提议上的成本是否物有所值"[②]。从支持者的角度看，成本—效益分析遵守一套固定的程序和标准，具备中立性的部分特质，比其他决策工具表现出更多的科学性，能够将管制政策的复杂要素融为一体，使得政策的选择相对清晰、透明集中。

三　美国环境管制中成本—效益分析政治化的实例

有学者认为"理论上成本—效益分析作为价值中立的工具，有助于实现政府公共投资回报的最大化。实践中由于信息上的不确定性和差异

[①] Daniel H. Cole, "Law, Politics, and Cost-Benefit Analysis", *Alabama Law Review*, Vol. 64, No. 1, 2012, p. 88.

[②] Paul Johnson, "The Perils of Risk Avoidance", *Regulation*, 1980, p. 17.

性，辅之以伦理和利益的交织使得它成为政府和利益集团斗争的武器"①，另有学者认为，"环境管制的反对者与管理和预算办公室联系密切，使后者私底下变成了工业利益集团的同盟"②。理论上的预设投射到实践领域，就是不同利益主体围绕同一研究对象，因立场、计算方法、数据来源和前提假设的差异测算出不同的数据结果，并将其视为表达自身利益诉求的凭借，以期影响政府公共政策的制定与执行。在此，根据美国环境管制中成本—效益分析的数据实例，剖析其蕴含的内在价值取向。

如前所述，政府经济管理部门和污染企业通常强调和抬高成本，忽视效益。就环保署而言，即便到了20世纪80年代初，环保署的经济分析依然"采取经济模型评价污染控制成本对美国经济的总体性影响，特殊的环境管制对石油、化工等工业部门的影响，对工厂关闭和工人就业等问题的影响"③，依然没有环境管制的效益分析。

迟至1990年《清洁空气法》才明确要求"环保署对该法案在公共健康、经济和环境方面的成本和效益展开评估，分析其对就业、生产、生活成本、经济增长和宏观经济的影响。该款还要求环保署每两年重新评估一次《清洁空气法》的预期成本和效益，并向国会报告"④。据此环保署主要审查了1970年至1990年大气污染治理产生的成本和效益。经过长时间的精心测算，1997年环保署的评估结果出炉。"从1970—1990年环境治理的实际货币总效益在5.6万亿—49.4万亿之间，平均估计是21.7万亿美元，直接成本大约为0.523万亿。"⑤ 环保署作为环境治理的行政主管部门，运用数据为自己的政策辩护，显然是想以增进立法与执法的正当性。以致经济学家保罗·波特尼认为："即使环保署自身的数据难以置信，对

---

① K. Puttaswamaiah, ed., *Cost-Benefit Analysis: Environmental and Ecological Perspectives*, New Brunswick, NJ: Transaction Publishers, 2002, p. 154.
② Richard L. Revesz, Michael A. Livermore, *Retaking Rationality: How Cost-Benefit Analysis Can Better Protect Environment*, Oxford University Press, 2008, p. 29.
③ U.S. Environmental Protection Agency, *Economics in EPA*, A Report by the Subcommittee on Economic Analysis/Science Advisory Board, July 22, 1980, pp. 7-8.
④ www.epa.gov/oar/sect812 (2020-12-28).
⑤ U.S. Environmental Protection Agency, "1970-1990 Executive Summary", in U.S. Environmental Protection Agency, *The Benefits and Costs of the Clean Air Act*, 1970 to 1990, October 1997, 1999. p. ES-8.

效益更加保守的估计依然显示效益远远高于成本。"①

环保署计算的效益远远大于成本的这一结果引发了工业部门及其代表者的质疑。例如，国会的保守派长期批评严格的环境管制，他们认为"按照1977年《清洁空气法》的要求，燃煤电厂为保住东部高硫煤地区数千名矿工的工作，安装和维护除尘器的成本超过了所有矿工工资总和的十倍"②，对钢铁研究所做的12个成本—效益分析的研究发现，有11个案例估算的成本超过了实际成本的两倍。"工业部门预算1990年《清洁空气法》通过后，二氧化硫治理的成本是每吨1500美元，到2000年经实际测算，每吨低于150美元。"③ 由此可以非常清楚地看出，被管制的工业部门总是高估管制的成本低估效益，表现出强烈的夸张性诉求，其价值与立场不证自明。

商务部从经济发展的角度出发，只关注工业企业和政府的污染治理投入的成本及其对总体经济形势和物价的影响。"到1975年全美污染投入成本增加了93.28亿美元，1978年增加了163.08亿美元。其中1972—1975年空气污染控制费用增幅最大，1975年增幅为25%，达到顶峰，相应对生产力的负面影响亦最大。"④ 因此，在商务部看来，"管制程序的低效致使每年浪费的资金达150亿美元，对国家的经济健康有重大危害"⑤。商务部基于自身职责，运用成熟的经济学理论和方法对美国经济的各项数据统计细致入微、专业详尽，但不提与环境治理相关的所有效益，只关心成本和影响，相反认为节约的成本可以实现更好的生活质量改进和更佳的空气质量标准。可见，不同计算主体的数据差异，反映了不同部门基于自身利益对环境污染治理投入的测算目的与问题意识。

微观案例的数据分析能更好地诠释政府部门的价值取向，彰显健康安全边际和经济利益之间的张力。按照《清洁空气法》的要求，环保署每五

---

① Paul Portnoy, Robert Stavins eds., *Public Policies for Environmental Protection*, pp. 101-105.
② Paul R. Ehrlich, Anne H. Ehrlich, *Betray of Science and Reason: How Anti-Environmental Rhetoric Threatens Our Future*, Washington, D. C.: Island Press, p. 50.
③ Frank Ackerman, Lisa Heinzerling, "Pricing the Priceless: Cost-Benefit Analysis of Environmental Protection", *University of Pennsylvania Law Review*, Vol. 150, No. 5, May 2002, p. 1580.
④ Edward F. Denison, "Pollution Abatement Programs: Estimates of Their Effects upon Output per Unit Input", *Survey of Current Business*, Vol. 59, No. 8, p. 59.
⑤ Robert W. Crandall, *Controlling Industrial Pollution: the Economics and Politics of Clean Air*, Washington, D. C.: Brookings Institution, 1983, p. 33.

年必须对现行国家空气质量标准进行评估，以决定是否需要修改。2008年，布什政府评估了克林顿政府时期执行的 0.084ppm 的臭氧含量标准，拟将其调整到 0.075ppm，标准的变化引发了环保主义者和环保署自身的科学家的不满。因为环保署的科学咨询委员会认为新的标准不够严格，倾向于臭氧含量标准应低于 0.070ppm。不过，环保署长史蒂芬·约翰逊置科学咨询委员会的意见于不顾，最终采用的仍是 0.075ppm 的标准。

之所以如此，关键在于可替代性方案的成本—效益分析。在此以 7% 的贴现率为前提，比较 0.070ppm、0.065ppm 和 0.060ppm 三种浓度标准下的分析结果可以发现，"臭氧含量标准为 0.075ppm 时，净效益在负 24 亿—54 亿美元之间，中间值为 31 亿美元。臭氧含量标准为 0.070ppm 时，净效益在负 140 亿—50 亿美元之间，中间值为 14 亿美元。臭氧含量标准为 0.065ppm 时，净效益在负 250 亿—70 亿美元之间，中间值为 7 亿美元。臭氧含量标准为 0.060 ppm 时，中间值为负 48 亿美元"[1]。显然随着标准日趋严格，总成本上升，净效益下降，在效益的选择和公众的健康边际成为悖论的情况下，布什政府决策的首要原则是经济和效益。

为此，环保署的科学家、美国肺脏协会和环境保护基金等环保组织准备提起诉讼，不过，案件尚未听证，布什总统到期卸任。继任的奥巴马政府一方面坚持采用布什政府的标准，并承诺，2011 年 8 月 12 日之前为采取启动评估行为的最后期限；另一方面组织听证会评论布什政策的科学根据，结果遭到因严格的标准而诱发的巨额成本承担者的强烈反对，陶氏化学公司的总裁致信总统办公室："环保署的最终决策将是强加给美国经济的最为昂贵的管制方案，估计每年需要多花 200 亿—900 亿美元的成本，更为重要的是相应的技术还未成熟……这将严重阻碍美国经济发展，并丧失就业机会。"[2] 共和党控制的众议院认为环保署为"杀死工作"（job-killing）的机构，会阻止经济增长，多方势力的反对使得标准的修改不了了之。正如信息和管制事务办公室主任卡斯·桑斯坦所言："我们致力于保

---

[1] EPA, "Summary of the Updated Regulatory Impact Analysis (RIA) for the Reconsideration of the 2008 Ozone National Ambient Air Quality Standard", S1-4—S1-7. https://www3.epa.gov/ttnecas1/regdata/RIAs/s1-supplemental_analysis_summary11-5-09.pdf (2019-02-05).

[2] Letter from Andrew N. Liveris, Chairman & CEO, Dow Chem. Co. to Hon. William Daley, Chief of Staff to the President, 2011, p.1, http://thehill.com/images/stories/blogs/energy/brt.pdf. (2020-02-05).

护公众的健康和福利，但某种程度上必须与经济形势相协调。"①

布什政府臭氧含量标准的修改中经济效益的优先性原则战胜了环境与公众的健康安全边际。与此相反，围绕 PM 2.5 管制政策引发的惠特曼诉美国卡车协会一案中，各方利益团体明火执仗，最终，环境与公众的健康安全边际得到了优先考虑，经济理性原则次之。1993 年底，美国环保署能源分析学家施瓦茨与哈佛大学流行病学家道格拉斯·多克里等人组成的医学团队首次证实了 PM 2.5 和非正常死亡之间的关系，迅即在美国社会引起了轩然大波。

首先发难的是美国肺脏协会，1994 年，它起诉环保署没有按照美国《清洁空气法》中的要求每五年评价一次空气质量标准，很快肺脏协会胜诉。随后，美国癌症协会的研究进一步证实了 PM 2.5 的致癌性。多方压力下，美国环保署根据《清洁空气法》的要求研究 PM 2.5 的管制问题。1996 年底，时任环保署长卡罗尔·布劳纳（Carol Browner）发布了管制提议初稿并向公众征求意见，得到了美国社会的强烈响应。不过引发了诸多利益主体如电力、能源、交通运输、化学和农业部门的反对，它们担心新法案会带来巨大的成本压力。卡罗尔·布劳纳针锋相对，"认为新的标准将保护 1.25 亿美国人，包括 3500 万名儿童免受不洁空气的健康影响，防止大约 15000 人过早死亡，350000 例哮喘病人的恶化，近一百万儿童肺功能的损伤"②。此外她援引《清洁空气法》的规定予以辩护："公共卫生的决策应该基于可资利用的最好的科学，而不是成本—效益分析的结果。即便如此，环保署经过大量的研究和同行评议，发现清洁空气的效益超过了污染物降低的成本。"③ 最终国会和政府批准通过了 PM 2.5 的管制条例。不过为了平息工业集团的反对也做出了一些让步，允许各州根据自己的情况分步推进。

---

① Daniel H. Cole, "Law, Politics, and Cost-Benefit Analysis", *Alabama Law Review*, Vol. 64, No. 1, 2012, p. 79.

② U.S. Government Printing Office, *The Environmental Protection Agency's National Ambient Air Quality Standards for Ozone and PM 2.5*: Hearing before the Committee on Agriculture House of Representatives 105th Congress, Sep 16, 1997, p. 28.

③ U.S. Government Printing Office, *The Environmental Protection Agency's National Ambient Air Quality Standards for Ozone and PM 2.5*: Hearing before the Committee on Agriculture House of Representatives 105th Congress, Sep 16, 1997, p. 33.

对此，美国卡车协会和其他私人公司，联合密歇根州、俄亥俄州和西弗吉尼亚州将环保署告上法庭。1999年6月，哥伦比亚特区巡回法院作出判决：认定环保署违宪，不正当地使用了国会赋予的职权。此时环保署腹背受敌，时任环保署长克里斯蒂·惠特曼女士向联邦最高法院提起诉讼。2001年2月27日，联邦最高法院作出终审判决：环保署的标准没有违宪，其做出的决定也没有超出国会赋予的职权范围。"法律允许环保署长比较不同的健康结果，允许她根据情势决定健康风险的可接受水平，同时赋予她大量的自由裁量权。自由裁量权足够避免一些因工业集团的利益所导致的极端后果。"① 此判决显然基于科学事实和公众健康标准，而不是公司的财务报表，环境和政治的考量获胜。以上两个微观案例共同从本质上反映了不同利益在环境保护与经济成本之间的取舍博弈，二者的掣肘常在常新，互有胜负，是成本—效益分析的理论争论在现实政治中的投射。

四 结论

成本—效益分析用于环境管制伊始起，相关争论步步递进，层层深入，不断地展现着问题的本质，呈现着典型的代际特征。第一代争论涉及成本—效益分析是否可行，为何需要，如何执行等经济学层面的操作性问题，最终以克林顿的行政命令为终结，标志着支持者的全面获胜。第二代争论涉及的问题更为复杂，包括如何衡量生命和健康的价值，如何评定环境舒适性的价值，老年人的生命价值和年轻者的生命价值是否均等，子孙后代效益的折现等问题。此外，在普遍执行成本—效益分析的前提下，行政机构如何行使本质职能，确保何种情况下可以背离成本—效益分析的结论而更多地考虑健康和安全边际，也是洞悉不同时期政策倾向和利益取舍的风向标。尽管环境经济学界一直在努力完善环境资源的价值评估方法，② 但学理的相对性和现实的复杂性决定了有关环境成本—效益分析的争论永不会停息。

---

① Whitman v. American Trucking Associations, Inc, 531 U.S. 457 (2001), p. 495.
② 参见［美］迈里克·弗里曼《环境与资源价值评估——理论与方法》，曾贤刚译，中国人民大学出版社2002年版，第7—10页。

审视不同机构的数据计算，我们可以发现民间机构计算的效益高于成本，被管制的工商业集团的计算注重成本，且成本大于效益。作为政府主管部门的环保署和管理与预算办公室，尽管都认为效益大于成本，但环保署估算的效益往往大于管理和预算办公室的估算，商务部则侧重计算环境管制的成本开销及其对经济的负效应。无可置疑，利益集团以利己的方式计算着成本和效益。由于成本—效益分析逻辑上的不周延，方法上的不统一以及操作层面的漏洞，常常使它沦为不同利益主体口诛笔伐的凭借手段。虽然它不是一个评价环境政策的尽善尽美的方法，在计算不同环境管制的成本和效益时面临着政治、经济和伦理压力，但不可否认的是，作为评价环境决策的手段，它更容易被管制者接纳，符合企业的现实利益和大众的长远利益，从而能更好地促成环境管制政策的制定与实施。

最终客观地看待成本—效益分析的运用及其争论，问题的关键在于"成本—效益分析并不是在抽象意义上反对环境管制，也不是从经济学路径赋予其价值评判，而是作为一种工具设计，为官员和公众提供管制的综合性结果，目的在于引发对被忽略的问题的关注，同时确保有限资源利用的效率最大化。这样理解成本—效益分析它将获得有着不同意见，甚至观点冲突的人的支持"[①]。环境管制中政治势力和经济手段交织而构建的政治经济学，展示了不同环境主体为其自身利益在政策制定过程中对技术手段的认知和运用方式之差异，背后潜藏的是谁占有、谁使用、为何使用、如何使用与使用效应之差异等问题。利益主体对这些问题的争论常常游走于科学、经济与政治之间，实质上将环境问题的治理从自然—技术—人的关系问题转化成了以技术为中介的人与人之间的关系。其间，技术手段早已负载着复杂的社会性和价值属性。

---

① Exec Order No. 12866, 58 Fed. Reg 51735, Sep 30, 1993.

二战后日本地震社会记忆变迁与灾害文化构建
——以阪神淡路大地震为中心的考察

王瓒玮[*]

  2011年3月11日9级强震突袭日本，日本国民面对大灾时的冷静与从容赢得世人慨叹，乃至中国对日本灾后表现出的"国民秩序"给予了高度评价。但当我们肯定日本地震防灾减灾事业取得重大成就的同时，不应忘记这个"居安思危"的民族在地震中经历了堪比切尔诺贝利事故的福岛核泄漏灾害。被认为是世界上最重视灾害防御的国家恰因其频繁遭遇大灾，这值得深入反思。

  一直以来，1995年阪神淡路大地震（以下简称阪神大地震）与2011年东日本大地震后的福岛核泄漏被视为两起相互独立的灾害事件。回顾国内外既有研究，均少有论及两者相互关联的层面。虽然在灾害理论研究中，我国学者早已于20世纪80年代提出灾害链概念，关注到单一或多灾种之间的相互作用过程，但却仅限于灾害因子及自然环境变化的要素讨论，忽视了承灾体的人类社会与自然之间的复杂联系。本文试图以环境史为研究视角，在较长历史时段中考察日本阪神大地震的记忆变迁过程，探析地震记忆是如何与自然的不确定性纠葛一处的，并在"遗忘—记忆"的动态过程中获得了"重要的连贯性"，从而推动日本灾害文化建构实现有效防灾；同时，地震的经验教训又是如何失效，导致311地震中发生福岛核电站泄漏事故，促使日本走入另一场灾难。探寻灾害历史的生态演化脉络，不仅有助于破除灾难循环带给人类的迷思，还可以为重塑人与自然之关系提供镜鉴。

---

  [*] 中国社会科学院日本研究所助理研究员。

一 遗忘与阪神大地震的发生

与记忆相对的是遗忘,它体现了记忆的不稳定性,也让我们失去了从"过去"获得经验的可能。1923年关东大地震后,寺田寅彦便写下了"天灾总是在我们忘记它的时候发生"的名言,警示后人要保持防灾意识。短短70余年,阪神大地震便成为另一场震惊日本的"意外之灾"。它不仅使地域社会遭受重创,甚至打破了日本战后50年创造的地震安全神话。

事实上,阪神大地震的严重灾情正是日本地震记忆危机的反映,而自然在人们记忆变化的曲线间扮演着重要角色。二战后的日本在相当长的一段时期内并未经历大灾,除1959年微拉台风中出现5000人左右死难者外,日本几乎未出现大规模人口死亡的自然灾害事件。得益于自然的眷顾,日本在相当长的一段时期内未发生大规模自然灾害从而开启了经济高速发展期并迅速崛起,日本学者将此过程视为生存的"侥幸"[①]。阪神大震前,这种幸运之感四处弥漫,民间甚至广泛流传着"关西地区不会发生大地震"的传言。然而依据自然科学家藤田和夫的"六甲变动"(Rokko Movement)说,六甲山造山运动出现的活断层是威胁阪神地域地震安全的最大隐患。但活断层运动是以数百乃至数千年的时间尺度计算,因此对人们而言每次地震都像是一次突然到来的个别事件。历史地震资料显示,10—19世纪以来的千年时段中,阪神地区几乎没有大地震的活动记录。[②] 众多地震亲历者的回忆也证实,"自己从未在阪神地区经历过小震,更未从老人那里听到任何有关地震经历的讲述"[③]。地震的静稳让人的记忆产生偏差。

与此同时,近代以来以科技为媒介的人化环境发展改变了日本的自然

---

① 鎌田浩毅:《西日本大震災に備えよ:日本列島大変動の時代》,PHP研究所2015年版,第59页。
② 力武常次:《日本の危険地帯:地震と津波》,新潮社1996年版,第89页。
③ 《安全と信じた故郷の大惨事》,《朝日新聞》,1995年1月19日第13版,载朝日新聞社:《阪神大震災:朝日新聞大 阪本社版紙面集成》(1995年1月17日至2月17日),朝日新聞社1995年版,第57页。

认知方式。相比了解自然，日本人更倾向于依赖建筑抗震性。[①] 但建筑抗震标准从技术提高到广泛应用两者并不同步。日本曾于 1971 年与 1981 年两次修改抗震标准，连续提高了建筑防震等级。但新标准只适用于新建筑，大量既有建筑依然存在隐患。不仅如此，日本以往的灾害记忆也未能得到有效社会整合，转化为连贯稳定的灾害观念意识。二战后，随着社会秩序的逐步稳定，防灾减灾以保证经济发展成为国家发展的当务之急。以此为背景，灾害的社会记忆运动由此开始。1960 年，日本将 1923 年关东大地震发生日 9 月 1 日定立为国家防灾日。1982 年，日本确立了防灾周。日本又将包含防灾日在内的 8 月 30 日—9 月 5 日，设立为"防灾周"。日本曾在 1971 年和 1981 年，分别两次进行修改。20 世纪七八十年代，随着日本政治体制进入"地方的时代"，各自治体纷纷设立县级防灾日。宫城县将 1978 年 6 月 12 日宫城县冲地震的 6 月 12 日定为防灾日；广岛将曾受暴雨灾害的 6 月 29 日定为防灾日；岐阜县将 1891 年浓尾地震的 10 月 28 日定为防灾日等。当原本游离于关西地域空间之外的灾害记忆与漫长的地震静稳期重叠，关西民众几乎已将地震的恐怖遗忘殆尽。

1995 年 1 月 17 日阪神大地震发生后，造成 6434 名死难者，43792 人受伤，大量城市建筑物惨遭损毁。[②] 此震不仅标志着日本列岛结束了地震平稳期，进入"大地动荡时代"，更以严重灾情后果成为日本地震灾害史中少数死亡千人以上的地震。[③]

二 追寻记忆之场：地震社会记忆的再塑与变迁

对人们而言，死亡是灾难冲击最直接的后果，因而围绕罹难者的纪念

---

① 石橋克彦：《阪神・淡路大震災 の教訓》，岩波書店 1997 年版，第 3 页。
② 数据来源：（1）気象庁技術報告第 119 号，1997 年。（http://www.data.jma.go.jp/svd/eqev/data/1995_01_17_hyogonanbu/tech/119_01_seismo.pdf，2017 年 9 月 2 日）（2）阪神淡路大地震人与防灾未来中心，对外展示的展板数据。(3) 兵库县阪神淡路大地震信息公开数据，最终更新日期，2008 年 1 月 28 日。(http://web.pref.hyogo.jp/pa20/pa20_000000015.html，2017 年 9 月 2 日）
③ 根据日本著名地震学家宇佐美龙夫的统计：1868—1949 年，死亡千人以上地震次数共为 7 次，死亡万人以上地震为 1 次。但史料情况记载缺失，或情况不明的状态也很严重，无法统计死亡人数的地震次数为 197 次 。具体数据可参见宇佐美龙夫《新編日本被害地震総覧》（増補改訂版），東京大学出版会 1996 年版，第 20 页。

便为地震记忆保持了最持久的温度。但一场创伤性灾害事件之后，种种教训很难脱离灾害场景得到完全的保留。故此，记忆需要依附特有的符号与象征物以汇聚集体的认同，从而实现记忆的传承。法国历史学家皮埃尔·诺拉（Pierre Nora）在他的鸿篇巨制《记忆之场》中提出了"记忆之场"的概念，其所指十分广泛，从纪念物、纪念仪式，到教育、国境、历史文化遗产、语言文学等都可被视为记忆的装置物。[①] 记忆借助"记忆之场"得以表达与释放，但其形式与内容却受到社会框架的约束，使记忆塑造的过程转化为社会各群体复杂权利介入的关系表达。战后日本受到政治体制变革的影响，政府权力被法律所约束。这一特点在某种程度上制约了国家应对突发性自然灾害的行动能力，以至阪神大地震后政府救灾行动迟缓，社会反而迸发了自主救灾的活力，使 1995 年被称为"志愿者元年"。战后日本地震社会记忆正是在此背景下得以塑造与蔓延的。

首先，围绕慰灵与镇魂而来的地震死难者纪念活动，是地震社会记忆的重要组成部分。震后不久，广大灾区民众提出要向世人昭示此次地震教训的要求获得政府大力支持。1999 年，经过长时间筹备，一处重要的地震记忆公共空间在神户市政府旁的东游园地正式建成。为铭记地震，将灾后复兴的过程传承后世，[②] 每年地震纪念日，此地都会举行盛大的追悼纪念仪式，成为唤醒地震记忆的重要场所。与世界上很多国家建造纪念碑的方式不同，阪神大地震的慰灵与复兴纪念碑设立在地下，创造出一处根植于日本传统文化的内敛性哀悼冥想空间。纪念碑上镌刻着几乎所有震亡者的姓名，并对地震发生时间、震源深度及所造成的生命和物质损害做了清晰而简洁的描述。追悼者们在这里寄托哀思，使灾难的过去与当下的怀想凝聚一处，地震记忆得以不断重构。

地震纪念碑建立执行委员会会长堀内正美在震后 10 周年的采访中回忆道："震后的第一个彼岸祭[③]，人们在烧焦的城市废墟间供奉鲜花、啤

---

① 关于"记忆之场"的概念及皮埃尔·诺拉的研究可以参照孙江《皮埃尔·诺拉及其"记忆之场"》，《学海》2015 年第 3 期。
② 《慰霊と復興のモニュメント·1.17 希望の灯り》，神户大学震灾文库档案馆藏，资料号：震灾-15-v364。另外可参见神户市政府的公开信息说明（http://www.city.kobe.lg.jp/safety/hanshinawaji/revival/monument/）。
③ 日本祭奠死者的节日，春天的彼岸节是每年的 3 月 20 日左右，含春分日的一周；秋天的彼岸节是每年的 9 月 23 日左右，含秋分日的一周。

酒、果汁等东西，以思念故人，有时甚至还能看到强拉着陌生人倾诉受灾遭遇的场景。这种包含了个人祈祷与希望对他者讲述的情感动因大概就是纪念碑建造的思想原点"，"纪念碑之所以重要，除了起到抚慰死难者亲属的情绪的作用外，还因为灾后重建会使记忆的纽带消失。因此，这个城市需要唤醒记忆的按钮。为了建立让记忆不断延续的装置，我们一直在做纪念碑地图①与交流谈话活动"②。

　　震后20余年间，阪神大地震纪念碑的建造更是跨越了地域边界向全国蔓延。这一特点具有跨时代的历史意义。至2004年，日本各地为阪神大地震所建纪念碑总数已超过230个。③ 神户大学今井信雄教授曾对纪念碑进行过社会学分析，他认为从纪念意义而言纪念碑可分为面向死者或面向生者而立的碑；从立碑者所属而言，又可分为学校、地域组织、宗教组织、行政组织、福利组织所立之碑。纪念碑表达的意义以及碑文的叙事框架正是在如此交错的社会关系框架中产生。④ 与社会自组织相对，日本政府在地震记忆构建中的政治参与作用并不明显。2006年，东游园中仅增立了皇后支援灾后复兴的诗文碑。2015年5月16日，安倍晋三作为震后20年来唯一参加地震纪念仪式并为死难者献花的日本首相显得姗姗来迟。⑤在这种情形下，社会记忆的无限膨胀也为灾害认知带来了某些负面作用。由于某些纪念碑上的内容太过简单，反而使地震灾情描述缺位，意义表达晦暗不明。这不仅难以推动地震记忆传播，甚至会使地震的纪念警示功能日渐丧失。2002年4月1日，兵库县正式将阪神大地震纪念日设置为"兵库县安全日"。无疑，纪念日的固定化将地震记忆引向了更为宽广的未来，但随着地震记忆的不断变迁，如何在多元意象中寻求防灾意义的有效传承

---

　　① 原阪神淡路震灾复兴委员长下河边淳、作家陈舜臣等人结成志愿者组织"纪念碑地图制作委员会"。为推动震灾体验共有化，他们在地图上对各种地震纪念碑进行标注。1999年，他们制作了12万份地图向社会发放，地震纪念碑交流谈话活动随之开始。震災モニュメントマップ作成委員会、毎日新聞震災取材班：《忘れない1.17 震災モ ニュメントめぐり》，葉文館出版社2000年版。

　　② 《記憶呼び覚ます装置》，《神戸新聞》2005年3月3日，神户大学震灾文库馆藏，资料号：震災-15-v303。

　　③ 《7年ぶり帰った61人》，《神戸新聞》2004年8月5日，神户大学震灾文库馆藏，资料号：震災-15-v303。

　　④ 今井信雄：《阪神大震災の記憶に関する社会学的考察——被災地につくられたモニュメントを事例として》，《ソシオロジ》47（2）（通号145），2002年10月，第89—104页。

　　⑤ 《安倍首相が阪神・淡路大震災の被災地視察》，《神戸新聞》2015年5月16日。

成为日本社会亟须解决的新课题。

东游园地中另一重要地震纪念物是长燃不灭的"1.17 希望之灯"。地震纪念碑落成后，民众倡议以"温情""体味""活着的证明"为象征意义设立纪念灯。灯中火种从地震灾区及日本全国 47 个都道府县分别运来，合而为一。纪念灯的碑文，记录了受灾者的复杂心绪，

> 一九九五年一月十七日午前五时四十六分，阪神淡路大地震。地震夺去的是我们的生命、工作、团圆、家园、回忆⋯我们看到了不能在地震来临前一秒进行预报的人类的极限。但地震留给我们的是温情、体谅、人与人的羁绊、朋友。这盏灯将夺去的所有生命及活着的我们的思绪连为一体。

简短的叙述表达了人在自然面前应有的谦逊，对大灾中生命意义的领悟，以及借由"希望之灯"所传递的地震记忆所建立的生死维系。

更为重要的是，希望之灯还衍生出分灯仪式，灯火由神户传向全国。2003 年为止，全国各地都曾点燃过"1.17 希望之灯"，这意味着阪神大地震的记忆已不再限于震灾之地而走向开放。与此相应，东游园地地震纪念集会时，追悼蜡烛的形状甚至去掉了 KOBE（神户）的地域字样。[①] 随之，阪神大地震记忆在此后的地震发生中产生了共振效应。2011 年东日本大地震后，受灾地岩手县大槌町、陆前高田市及福岛县南相马市等 5 个地区都陆续模仿神户建造起"希望之灯"。灯中火种在神户取得，再带回点燃。逐渐，希望之灯的纪念形式开始适用于其他灾害纪念仪式。2015 年 8 月 12 日，东日本大地震灾区的岩手县大槌町为纪念 2014 年广岛泥石流灾害中丧生的死难者也举行了分灯仪式。他们"不仅是为死难者慰灵与镇魂，更将祈求复兴的心情与不忘灾害的愿望与神户、大槌、广岛等地域共同分享"[②]。

除却纪念之物与纪念仪式，那些融入日常风景的地震遗址，也是值得追寻的记忆之场。尽管巨灾之下的景观变动阻断了人与城市间原本熟悉的记忆构图，令人产生强烈的丧失感，但那些由不易变动的山川、河流所构

---

① 《阪神淡路大震災 1.17 のつどい現在に至る経緯》，神户市政府对外公开信息，资料号：震災-15-v364。另外可参见神户市政府的公开信息说明（http://www.city.kobe.lg.jp/safety/hanshinawaji/revival/monument/）。

② 《希望の灯り、土砂災害 1 年の広島へ分灯大槌で》，《読売新聞》2015 年 8 月 12 日。

成的独特自然环境以及花草、绿树组成的公共环境,却是记忆弥合的重要元素。① 震后,随着大规模重建的开展,地震痕迹几乎抚平不见,那些附着于灾难现场的地震记忆也随之湮灭。

面对地震废墟的消逝,社会出现了一种声音,"为了不忘记震灾,不仅需要活着的证人,还要保存地震遗迹"②,受灾建筑物应作为宝贵遗产留传后代。③ 为此,志愿者们付出了艰辛的努力,其中影响较大的是保护地震残迹的"记忆神户"(Remember Kobe Project)运动。领导者三原泰治与三原一真在受灾最重的神户长田区寻找具有保存价值的遗迹时,发现了一处经历二战战火和地震双重打击却屹立未倒的残壁,并将之命名为"神户之壁"。此后,"神户之壁"逐渐演变为灾区民众纪念地震的重要场所。随之,市民又将生活美学融入其中,使它逐渐蜕变为日常生活的交流之地,吸引了一批艺术家聚集于此。1997年,市民们甚至自发创作了歌曲《神户之壁》,在当地传唱。可以说,作为地震记忆之场的"神户之壁"已将防灾与社会文化连为一体。1999年2月,"神户之壁"被迁往淡路岛津名町永久保存,④ 在那里它将成为全人类的地震物质文化遗产,继续发出声音。⑤

值得指出的是,阪神地区经历重建后,像"神户之壁"一样得以保存的地震遗迹并不多见。神户港震灾纪念公园与神户震灾复兴纪念公园中仅有为数不多的地震遗迹残存。北淡路岛的震灾纪念公园中的野岛断层保护馆,保存了地震活断层的自然痕迹。因此,"神户之壁"的永久保存必将成为日本地震记忆延续中一抹无尽的风景。

此外,神户还创造了用霓虹灯饰品表现地震祭典的人工景观,试图将

---

① 鳴海邦碩,小浦久子:《失われた風景を求めて:災害と復興、そして景観》,大阪大学出版会2008年版,第102—107页。
② リメンバー神戸プロジェクト:《『神戸の壁』保存活動記録:震災を決して忘れないために》第1卷,神戸:リメンバー神戸プロジェクト,1998年版序言。
③ 《被災建物を遺産に》,《読売新聞》1995年2月26日,载リメンバー神戸プロジェクト:《『神戸の壁』保存活動記録:震災を決して忘れないために》第1卷,神戸:リメンバー神戸プロジェクト,1998年版第14页。
④ リメンバー神戸プロジェクト:《『神戸の壁』保存活動記録:震災を決して忘れないために》第1卷,神戸:リメンバー神戸プロジェクト,1998年版第1—2页。
⑤ リメンバー神戸プロジェクト:《『神戸の壁』保存活動記録:震災を決して忘れないために》第2卷,神戸:リメンバー神戸プロジェクト,1998年版第79页。

地震记忆升华为艺术感染力。神户"光之祭"契合了日本战后发光城市发展策略,将地震记忆与神户城市形象建设及旅游结合一体,展现了独特的魅力。"光之祭"活动中,志愿者会走上街头呼吁为世界各地的受灾地区募捐。阪神大地震记忆已经在不断重构中融入了世界灾害记忆体系,为改善灾后人类生存境遇作出应有贡献。随着地震记忆不断日常化,知识界中一场围绕震灾记忆"脱场所化"与"再场所化"的讨论与反思也正在进行。[①] 地震记忆正在通过不断的社会交往重塑日本,彰显特定历史时代的意义。

三 面向自然:日本灾害文化的兴起与教训

地震袭来的瞬间显露了自然的狂野,强烈冲击着人类社会,给人们留下了创伤性的"闪光灯记忆"。个体的记忆是凌乱、分散与感性的,诸多记忆细节需要在社会集体记忆的框架中不断相互参照、修正才有可能整合为理性的体系以反映事件全貌。阪神大地震后,人们不断追问自身之于灾害的生命意义,反思地震记忆传承的内涵。经过思想碰撞,一种基于对自然重新理解而生的新观念逐渐形成,推动了日本灾害文化勃然兴起。在这场前所未有的文化变革中,知识界首先以其敏锐的触觉不断改变着对自然的探索方式与认知范畴。

地震后,知识界迅速组成了志愿者组织,工作范围从最初的灾害情报公开、历史资料抢救扩展到救灾记录保存。1995年1月31日,东京大学生产技术研究所成立了"阪神大地震支援联络会"(KOBE net 东京),他们不仅在东京设立事务所和展示室对民众公开报道灾况,还积极向海外研究者提供专业资料。同日,神户组成了"阪神大地震当地 NGO 救援联络会议"(简称 NGO 联络会议),设立"文化情报部",以抢救保护历史资料。3月,成员们反思了1990年云仙普贤岳火山灾害中没有将救援记录保存下来的问题后,自觉成立了"震灾活动记录室",尝试记录救灾体验并将之作为地震资料进行保存。4月,在 NGO 联络会议的呼吁下,一批有志

---

① 参见平山洋介《ファンタジー・プレイス:神戸ルミナリエの都市戦略》,《都市住宅学》1999年,第29—33页。

于地震记录保存事业的图书馆工作人员成立了"地震记录保存图书管理员网"NGO组织，他们以"不应遗忘、将大地震的记录传递后世"为主旨，推进灾区公共图书馆地震资料收集与保护，并面向公众开放。① 自此，阪神大地震开创的地震资料保存运动逐渐展开，知识的不断更新成为地震记忆传承的重要形式。

神户大学奥村弘教授曾回忆，"震后，一些人开始有意识地进行地震资料的收集、保存工作，这些资料并非自然科学的数据，而是能够表明人们在灾害中如何思考与行动的记录。而活动的目的是推进公众对地震资料的大规模利用，这也是日本前所未有的创举"②。1995年2月，奥村弘联合关西地区历史研究者，组建了"历史资料保全情报网络"（简称史料网）。③ 他提出，应该创建一种新形式将无数从地震中获得的教训与经验保存、整理、开放，将其作为全人类应对灾害的历史文化中的一部分不断传承。④ 1995年10月，政府正式将该活动纳入兵库县震后复兴计划。1998年4月，神户又成立"阪神淡路大地震纪念协会"。2000年，该组织在国家资助下深入灾区腹地进行大规模社会调查，"共有约450名调查员走访了各种团体、组织、企业、灾后复兴公营住宅、城市重建协议会等"⑤。目前，史料网活动范围仍不断扩大。2004年，日本在遭受一连串水灾打击后，青年们纷纷加入灾害资料收集与保存运动中来。2011年东日本大地震后，年轻人成为组织的中坚力量。⑥

地震资料搜集与保存是阪神大地震给予日本乃至世界的宝贵财富。活动的深入改变了日本对"地震资料"的认知，使之超越了自然科学的范

---

① 稲葉洋子:《阪神・淡路大震災と図書館活動：神戸大学「震災文庫」の挑戦》，神戸：人と情報を結ぶWEプロデュース，2005年版，第16—18页。

② 奥村弘，佐々木和子:《大災害の記録事始め阪神淡路大震災資料の保存活用をめぐって》，载岩崎信彦等编:《災害と共に生きる文化と教育：「大震災」からの伝言（メッセージ）》，昭和堂2008年版，第163—164页。

③ 该组织公开网页 http://siryo-net.jp/，2017年10月2日。

④ 奥村弘:《阪神大震災をとらえ返す》，神戸大学震災研究会:《大震災を語り継ぐ：阪神大震災研究》第5卷，神戸：神戸新聞総合出版センター2002年版，第205页。

⑤ 参见人と防災未来センター，震災資料の収集・保存事業の経緯概（http://www.dri.ne.jp/material/material_details，2017年8月29日）奥村弘，佐々木和子:《大災害の記録事始め 阪神淡路大震災資料の保存活用をめぐって》，载岩崎信彦等编《災害と共に生きる文化と教育：「大震災」からの伝言（メッセージ）》，昭和堂2008年版，第168页。

⑥ 该组织公开网页：（http://siryo-net.jp/，2017年9月2日。）

畴，个人生活记录、震灾体验、传单、避难所板报等，那些突破传统知识的记忆载体都被统合到"地震资料"体系之中。2000年，为促进地震资料利用，将之切实转化为社会防灾力，神户建造了"人与防灾未来中心"。在中心诸多先驱性的尝试中，以阪神大地震为契机萌生的人们对地震及其他灾害防灾减灾的愿望正在慢慢实现。① 日本灾害文化在这一进程中的形成与发展，使应对灾害的知识、经验和教训在更加广域的时空中薪火传承。

在灾害文化构建中，教育也发挥了重要的作用。日本近代最早的防灾教育文本可追溯到明治时期的《稻草之火》（英文原名 *A Living God*），但战后日本教科书却对之未加采用。1971年《城市震灾对策推进纲要》制定后，防灾教育逐步被纳入自治体的防灾计划与防灾演练之中。但阪神大地震后，一位老师却指出，防灾训练并未对防御大地震起到丝毫作用。这是因为学校的防灾训练是以3级地震为前提，导致防灾演练模式化，无法灵活应对强震。不仅如此，灾后一项问卷调查的结果还显示，灾区大部分民众甚至毫不了解何为"活断层"②。这说明日本的防灾教育体系出现了问题。

震后，兵库县开始思考如何将地震教训有效地融入防灾教育之中。教育工作者认为，震前防灾教育的最大不足在于仅以防灾演习为中心，没有重视防灾知识的体系化教学。③ 1995年11月，兵库县根据小中高各阶段学生理解力的不同特点，完成了《让幸福来》（《幸せを運ぼう》）的防灾教材制作。④ 此外，各地学校还纷纷组织学生前往灾区进行地震知识学习与交流，掀起了日本战后防灾教育新高潮。2000年，兵库县立舞子高中正式设立了"环境防灾"专业，成为日本唯一设置防灾教育专业的学校。经过20多年不断发展，日本防灾教育更从最初防灾知识的传授转向舍己为人精神的人格培养。⑤

---

① 人与防灾未来中心网页，主任致辞：(http://www.dri.ne.jp/centertop, 2017年9月2日)。
② 社会科の初志をつらぬく会関西ブロック：《阪神大震災を教育に生かす》，黎明書房1996年版，第92、109页。
③ 神戸市立中学校長会编：《幸せ運べるように：神戸・教育復興の10年》，みるめ書房2005年版，第25页。
④ 震災復興調査研究委員会编：《阪神・淡路大震災復興誌》第1卷，神戸：21世紀ひょうご創造協会1995年版，第416页。
⑤ 神戸市立中学校長会编：《幸せ運べるように：神戸・教育復興の10年》，みるめ書房2005年版，序言页。

不仅如此，由民众参与建设的新型灾害文化的兴起改变了日本地震记忆与灾害历史的存在方式。一直以来，记忆与历史之间存在着复杂的转换关系，历史书写者决定何种记忆得以流传，而更多人群的记忆则被埋没。近代后，日本举凡大震害均采用"震灾志"的形式进行记述。记录形式有地震史料目录表、地震年表、市史"灾害篇"的地震部分、地震灾害地图、各类震后调查报告、应对记录、复兴计划等。受近代记忆媒体变革的影响，照片集、报纸等新记录方式也随之出现。[1] 但历史书写者大多是地方自治体、警察、消防等救灾专门机构。二战后，微拉台风灾害又开创了《复兴志》的书写体例。阪神大地震后，受地震资料保存运动的影响，日本社会开始出现了留存自我记忆，并保存下去的公共意识。市民阶层的自我觉醒改变了历史的认知方式，他们试图将个体的灾害体验编入地震共同记忆之中，从而突破了近代民族国家史学的意识藩篱，重新审视被扭曲的历史。[2] 老人、孤儿、女性、残障人士等，那些长久以来曾被遗忘，失去声音的群体成为自身历史的书写者。新形势使曾经作为记忆替代品的档案文书、史料集等再也无法容纳重新建构的记忆本身。相反，自由、鲜活的记忆开始超越科学的历史，并大有取代之势。同时，地震相关研究成果作为地震历史的重构力量，也如雨后春笋般涌现。那些围绕地震灾害成因、地震影响、震灾应对、灾民心理等广大学术问题展开的讨论深化了地震认识并再次汇入地震记忆之中。

阪神大地震的发生促使日本经济高速发展过程中人与自然关系中存在的诸多风险得以暴露，力量日益壮大的市民阶层以自立之精神反躬自省。但东日本大地震后福岛核电站的泄漏事件却再次诘问了日本的防灾能力。日本政府在事故后仍将这场灾难解释为意外灾害，多位政要在新闻发言中含糊其词试图将一切责任转嫁给自然力。[3]

但早在1997年，地震学家石桥克彦便通过阪神大地震看到了日本的危机，最早提出"核电站地震"。它是指由地震引起的核电站事故演变为

---

[1] 参见建设省建筑研究所图书室编《わが国における震災誌リスト》，建设省建筑研究所图书室1967年版。

[2] 奥村弘:《大震災と歴史資料保存：阪神・淡路大震災から東日本大震災へ》，吉川弘文館2012年版，第69—73页。

[3] 参见Geller, R. J.《日本人は知らない「地震予知」の正体》，双葉社2011年版，第25—26页。

放射性灾害的复合地震灾害。① 他指出了阪神地震中未曾发生,但却可能在未来频繁的地震中造成更大破坏的隐患。日本自 1963 年正式使用核电站以来,到 1997 年时共有 51 座投入使用中,只关西地区便有 13 处,一旦因地震出现问题,后果将十分严重。对此,他曾深刻地批评了政府重视政治经济利益而忽视自然,在错误地震认知基础上进行防灾顶端设计。②2007 年,新潟中越冲地震后柏崎刈羽核电站危机敲响了原发地震的警钟。虽然当时并未造成核泄漏,但核电站变压器在地震中发生火灾的场景已经让日本民众神经紧张。事后,核能安全委员会委员长铃木笃之诚恳地承认,"在核电站耐震安全性的评价问题上,的确存在一种不会发生大地震的侥幸心理"。参与核能安全性能审查的地震学权威学者、东北大学名誉教授大竹政和也曾直言,"即使对地下断层进行过最细致的调查都必定会有遗漏,对自然需要一种谦虚的态度"③。正因自然敬畏之心的缺失,导致阪神大地震以来的地震记忆没有对防灾产生应有的作用。而这个灾害先后继起的过程,已经超越了自然科学研究中的灾害链作用机制,是在人与自然之间相互作用的进程中产生的生态链式反应。

---

① 石橋克彦:《原発震災:破滅を避けるために》,《科学》1997 年 10 月。
② 石橋克彦:《原発震災:破滅を避けるために》,載室崎益輝、藤田和夫《大震災以後》,岩波書店 1998 年版,第 313 页。
③ 新潟日報社特別取材班:《原発と地震:柏崎刈羽「震度 7」の警告》,講談社 2009 年版,第 50—52 页。

信息网络和社会组织

唐后期五代的支郡专达

闫建飞

　　唐前期州县二级制下，如何加强对三百多个州郡的监察和控制，是朝廷面临的重要问题。为此，唐廷经常派遣巡察、按察、采访等使"廉按州部"，"分命巡按，以时纠察"[1]。这种情形，在唐中期后渐渐发生变化。天宝年间，采访使职权已不限于"采访"，逐渐参与、干预地方事务，甚至有"专停刺史务"之权[2]。安史之乱后，唐肃宗废采访使，改为观察处置使[3]。与诸道使府势力上升的过程相应，兼具监察、行政职能的观察处置使，多由地方节度使兼任，原本由朝廷派遣专员以莅下巡行诸道的按察方式逐渐被地方观察使取代[4]。观察使与节度使的结合，也使藩镇成为州郡之上集军政、民政职权于一身的高层政区[5]。由此，唐后期的行政运作就呈现为"君之命行于左右，左右颁于方镇，方镇布于州牧，州牧达于

---

* 本文原刊《国学研究》第 45 卷，2021 年出版。

　本文系教育部重点研究基地重大项目"7—16 世纪的信息沟通与国家秩序"（项目号：17JJD770001）阶段性成果，同时受国家社科基金项目"宋夏对峙格局下的陕西军政研究"（项目号：20CZS028）及湖南省社科基金项目"10 世纪藩镇研究"（项目号：19YBQ031）资助。文章修改过程中，得到曹家齐、余蔚、高柯立、王孙盈政、张亦冰等师友的指正，并承两位匿名评审专家惠赐评审意见，并致谢忱。

** 闫建飞，湖南大学岳麓书院副教授。

[1] 宋敏求编：《唐大诏令集》卷 104《政事·按察下·遣御史大夫王晙等巡按诸道制》，中华书局 2008 年版，第 532 页。

[2] 王溥：《唐会要》卷 78《诸使中·采访处置使》，上海古籍出版社 2006 年版，第 1681 页。

[3] 王溥：《唐会要》卷 78《诸使中·采访处置使》，第 1681 页。

[4] 邓小南：《从"按察"看北宋制度的运行》，收入氏著《宋代历史探求》，首都师范大学出版社 2015 年版，第 252—255 页。

[5] 需要说明的是，就唐后期五代的行政层级来说，州郡上级为观察使，而非节度使，节度使必须兼观察使才有统辖支郡的权力，故唐后期节度使例兼观察使。后文所引大量诏敕仅提及观察使，正源于此。

县宰，县宰下于乡吏，乡吏传于村胥，然后至于人焉"① 的实态。在支郡②与朝廷的公务沟通中，藩镇处于枢纽地位，支郡与朝廷的直接沟通反遭隔断。这种现象，被后唐君臣总结为"制敕不下支郡，牧守不专奏陈"，奉为"本朝旧规"③。因此，朝廷、藩镇、支郡的关系是唐后期历史的重要问题。

在对这一问题的探讨中，支郡专达是学者经常关注的问题。其研究出发点在于，唐后期的藩镇割据是建立在藩镇对支郡的牢固掌控基础上的，要想打破藩镇割据，就必须打破藩镇对朝廷与支郡公务往来渠道的垄断，建立起朝廷与支郡的直达。因此，对支郡直达的研究就成为学者们关注藩镇问题的重要切入点。基于此，日野开三郎较早讨论了支郡直达和直属州在解决藩镇问题上所起的作用④。郑炳俊从行政、财政等方面力图呈现支郡直达的实态，是目前关于支郡直达最全面的研究⑤。陈志坚、张达志对唐后期的支郡直达亦有论述⑥。山崎觉士讨论了五代支郡的直达情况⑦。

总的来说，以上研究有两点值得补充：第一，学者所论"直达"在唐后期五代史料中经常表述为"专达"，但专达除直达之义外，尚有专决之义，这一点学者少有注意，支郡直达与刺史专决之间的关系，更未曾论及；第二，学者们对直达的研究往往基于朝藩对立的思路，忽略了藩镇与支郡在地方行政中的分工合作。因此，关于唐后期五代的支郡专达，仍有继续探讨的价值。在论述前，有必要先释义"专达"，以纠学界认识偏差。

---

① 谢思炜校注：《白居易文集校注》卷26《人之困穷由君之奢欲》，中华书局2011年版，第1427页。

② 一般而言，研究者将藩镇治州之外的藩镇辖州称为支郡，但这一说法并不准确。胡三省言："节镇为会府，巡属诸州为支郡。"（司马光：《资治通鉴》卷273，同光二年十月辛未，中华书局1956年版，第8925页。）因此，支郡是相对于节度观察等使而言的，而非治州，节度观察使所统全部州郡包括治州均为支郡。不过由于节度观察使兼任治州刺史，治州并不存在刺史无法专达的问题，因此本文要讨论的"支郡"并不包括治州，前贤关于州郡直达的研究亦是如此。

③ 司马光：《资治通鉴》卷273，同光二年十月辛未，第8925页。

④ ［日］日野開三郎：《藩鎮體制と直屬州》，《東洋学報》第43卷第4号，1961年，第485—520页。

⑤ ［韩］郑炳俊：《唐後半期の地方行政體系について——特に州の直達・直下を中心として——》，《東洋史研究》第51卷第3号，1992年，第378—412页。

⑥ 陈志坚：《唐代州郡制度研究》，上海古籍出版社2005年版，第138—147页；张达志：《唐代后期藩镇与州之关系研究》，中国社会科学出版社2011年版，第52—71页。

⑦ ［日］山崎覚士：《五代の道制——後唐朝を中心に——》，《東洋学報》第85卷第4号，2004年，第519—552页。

一 "专达"释义

以往学者在关于支郡直达的讨论中，一般默认专达为直达之意，实际上专达有专决、直达两层含义。先说专决。《唐六典》云：

> （太子左右卫率府）长史掌判诸曹及三府、五府之贰。凡府事，大事则从其长，小事则专达。①

太子左右卫率府长史对于率府之事，大事需要遵从长官率府率的意见；小事"专达"，自己专决即可。又大历十四年（779）十二月二日敕：

> 南选已差郎官，固宜专达。自今已后，不须更差御史监临。②

敕令强调，南选由郎官负责的情况下，不再差御史监临，由郎官专决即可。又元和十三年（818）正月，户部侍郎孟简奏：

> 天下州府常平、义仓等斛斗，请准旧例减估出粜，但以石数奏申，有司更不收管，州县得专达以利百姓。③

唐廷从之。此后常平、义仓减估出粜的粮食，州县只需向有司上奏数目，具体事务则专决以利百姓。以上"专达"均为专决之意，支郡专达即刺史专决州务。

再说直达。唐代宗朝颜真卿上言："诸司长官皆达官也，言皆专达于天子也。"④ 宋初"诸州各置进奏官，专达京师"⑤，州郡直接与朝廷公务

---

① 李林甫等撰，陈仲夫点校：《唐六典》卷28《太子左右卫及诸率府》，中华书局1992年版，第716页。
② 王溥：《唐会要》卷75《选部下·南选》，第1622页。
③ 刘昫：《旧唐书》卷49《食货志下》，中华书局1975年版，第2127页。
④ 刘昫：《旧唐书》卷128《颜真卿传》，第3593页。
⑤ 王栐撰，诚刚点校：《燕翼诒谋录》卷4，中华书局1981年版，第41页。

往来。宋仁宗景祐三年（1036），诏"怀远军本隶宜州，自今奏事毋得专达"①。以上"专达"均为直达之意。从这个层面说，支郡专达亦指支郡不通过观察使直接与中央沟通，即支郡直达。

刺史专决针对的问题是使府过分干预支郡事务，支郡直达则是使府垄断朝廷与支郡的沟通渠道，因此刺史专决、支郡直达都与藩镇问题密切相关。但从另一个方面说，即使刺史专决完全实现，州务也不可能全部由刺史处理；支郡直达完全实现，州务也不可能事无巨细上报中央。因此，刺史所专决的只是自己职权之内的日常公务，其他部分则需上申观察使或朝廷，此即支郡直达所对应的公务。同时需要指出的是，刺史专决的部分处理结果也要上报朝廷，刺史专决与支郡直达的主要区别在于州郡事务处理的决定权在州郡还是朝廷，而非是否上奏。刺史专决和支郡直达对应的是州郡不同公务的处理方式，二者是相互配合的。这种地方事务的分层处理，是支郡专达的核心内容，也是本文讨论的重点。

二 唐后期的刺史专达

从地方事务分层处理的角度来看，使府、州、县三级只有各司其职，地方行政才能正常运转。但唐后期地方行政的实态，却并不完全如此。唐宪宗元和初年白居易言："今县宰之权受制于州牧，州牧之政取则于使司，迭相拘持，不敢专达，虽有政术，何由施行？"②表明当时州、县两级都没有完全做到刺史、县令专决州县事务。类似问题，唐文宗时依然存在，《大和三年南郊赦》言：

> 刺史职在分忧，得以专达。事有违法，观察使然后举奏。顷年赦令，非不丁宁。如闻远地多未遵守，州司常务，巨细取裁，至使官吏移摄、将士解补、占留支用、刑狱结断，动须禀奉，不得自专。虽有政能，无所施设，选置长吏，将何责成？宜委御史台及出使郎官、御史严加察访，观察使奏听进止。本判官不得匡正，及刺史不守朝章，

---

① 李焘：《续资治通鉴长编》卷119，景祐三年十一月乙亥条，中华书局2004年版，第2810页。
② 谢思炜校注：《白居易文集校注》卷26《牧宰考课》，第1475页。

并量加贬降。①

敕书指出，支郡日常事务，包括"官吏移摄、将士解补、占留支用、刑狱结断"等本应由刺史专决；处置不当时，观察使才能"举奏"。但偏远地区观察使对这些支郡常务也处处干预，导致刺史难以正常履职。从敕书来看，唐廷对地方行政的层级区分为：刺史专决支郡常务，观察使对刺史有监察权。这与唐前期唐廷对按察、采访等使的要求类似。

支郡常务由刺史专决，观察使不得干预，这符合我们对地方行政的一般认识。而当申奏的部分，假如刺史专决，则会受到唐廷处分。元和四年闰三月敕云：

> 如刺史不承使牒，擅于部内科率者，先加惩责，仍委御史台、出使郎官、御史察访闻奏。②

该敕指出，刺史科率必须"承使牒"，即由观察使下发牒文；若无牒文，则要受到惩责。换言之，科率并非刺史能够专决的州务。又大中三年（849）二月，中书门下奏：

> 诸州刺史到郡，有条流须先申观察使，与本判官商量利害，皎然分明，即许施行。③

可见支郡刺史到任后，有新的举措（条流），也必须征得观察使的同意。

如果我们扩大材料范围，会发现朝廷对观察使的要求不止于此。相关诏令颇多，仅以《唐会要》卷六八、六九而言，即有以下几例。

a. 元和二年正月制度支："如刺史于留州数内，妄有减削，及非理破使，委观察使风闻按举，必当料加量贬，以诫列城。"

b. 大和三年五月中书门下奏："……刺史在任政绩尤异、检勘不

---

① 宋敏求编：《唐大诏令集》卷71《典礼·南郊五·大和三年南郊敕》，第398页。
② 王溥：《唐会要》卷68《刺史上》，第1423页。
③ 王溥：《唐会要》卷69《刺史下》，第1432页。

虚者，观察使具事状及所差检勘判官名衔同奏。若他时察勘不实，本判官量加削夺，观察使奏听进止。所陈善状，并须指实而言……"敕旨依奏。

　　c. （大和）七年七月中书门下奏："……伏请自今已后，刺史得替代，待去郡一个月后，委知州上佐及录事参军各下诸县取耆老、百姓等状。如有兴利除害、惠及生民、廉洁奉公、肃清风教者，各具事实申本道观察使，检勘得实，具以事条录奏，不得少为文饰……仍望委度支、盐铁分巡院内官同访察，各申报本使录奏。如除授后访知所举不实，观察判官、分巡院官及知州上佐等并停见任，一二年不得叙用。如缘在郡赃私事发，别议处分，其观察使奏取进止。"敕旨依奏。

　　d. 其年（开成元年）八月中书门下奏："……从今已后，望令诸观察使每岁终具部内刺史、县令司牧方策、政事工拙上奏……请颁示四方，专委廉察，仍令两都御史台并出使郎官、御史及巡院法宪官常加采访，具以事状奏申。中书门下都比较诸道观察使承制勤惰之状，每岁孟春分析闻奏，因议惩奖。"敕旨依奏。

　　e. （会昌）六年五月敕："诸州刺史……增加一千户以上者，超资迁改。仍令观察使审勘，诣实闻奏。如涉虚妄，本判官重加贬责。"①

　　五条材料中，a 朝廷要求观察使对刺史非法使用留州钱进行按举；b、c、d、e 则是观察使对支郡刺史政绩进行核实，包括兴利除害、惠及生民、廉洁奉公、肃清风教、户口增加等。从材料来看，当时参与刺史政绩考核的除了观察使，还有两都御史台及出使的郎官、御史，盐铁、度支巡院的法宪官等；刺史替代，参与刺史政绩核查者尚有代理州务的知州上佐、录事参军等。假如政绩不实，这些参与的地方官员都要受到处罚。这表明当时唐廷对支郡刺史监督、考核的信息来源于多个渠道，这些不同渠道的信息需要汇总到中书门下比较分析，再作出裁断。同时需要指出，这些信息渠道中，作为刺史上级的观察使，不论在信息搜集还是政绩核实方面，都有其他渠道无可比拟的优势，是朝廷最重要的地方信息来源。考虑到支郡常务之外的州务也需要上申观察使同意，足证观察使居于地方公务处理的核心地位，这对朝廷强化支郡控制无疑是不利的。

---

① 王溥：《唐会要》卷 68《刺史上》、卷 69《刺史下》，第 1422—1432 页。

要改变这种情况，必须加强对支郡信息的搜集，除了上述渠道，来自支郡的上奏无疑是更直接有效的信息，因此唐后期多次下诏刺史上奏。唐宪宗元和十二年四月敕："自今已后，刺史如有利病可言，皆不限时节，任自上表闻奏，不须申报节度观察使。"① 在该敕鼓励下，长庆三年，夔州刺史刘禹锡上表论列夔州"利害及当州公务"②。唐穆宗长庆四年正月一日德音云："宜令诸道观察使、刺史，各具当处利害，其有弊事可革、有益于人者，并言何术可以渐致富庶，附驿以闻。"③ 准此德音，刘禹锡再次上表论列夔州利害④。唐文宗开成五年（840）三月，户部侍郎崔蠡奏："天下州府应合管系户部诸色斛斗，自今已后刺史、观察使除授，到任交割后，并须分析闻奏。"敕旨依奏⑤。唐宣宗大中六年十二月，中书门下奏："今请观察使、刺史到任一年，即悉具厘革、制置诸色公事，逐件分析闻奏，并申中书门下。"敕旨依奏⑥。

如果仔细观察以上敕令、德音，会发现除元和十二年敕书外，其他命令有两个特点：第一，朝廷有比较明确的上奏要求，包括当处利害、兴利除弊、州府应合管系户部诸色斛斗、厘革、制置诸色公事等；第二，上奏有特定的时间要求，如到任交割、到任一年等。可见，唐后期支郡刺史并非可以随时上奏，上奏事务也有明确范围，上奏地方公务应是刺史一时一事之权，而非稳定职权。另外，除了元和十二年敕，其他敕令德音都是要求刺史、观察使将管内事务上申中书门下。观察使要申报管内事务，必然要帖下诸州搜集信息，即刺史仍要向观察使申奏。可见以上敕令、德音并不排斥刺史向观察使申奏，只是要求刺史同步向朝廷汇报。因此，唐后期朝廷要求刺史上奏，最主要的目的是获取支郡信息，并对前任、现任刺史进行考核，而非排斥观察使对地方行政的干预。至于元和十二年敕令规定刺史上奏可以"不限时节""不须申报节度观察使"，应与唐宪宗时削藩战争比较顺利，朝廷处于强势地位有关。但元和中兴昙花一现，该敕也不

---

① 王溥：《唐会要》卷68《刺史上》，第1423页。
② 刘禹锡撰，卞孝萱校订：《刘禹锡集》卷14《夔州论利害表》，中华书局1990年版，第178—179页。
③ 宋敏求编：《唐大诏令集》卷85《政事·恩宥三·长庆四年正月一日德音》，第486页。
④ 卞孝萱校订：《刘禹锡集》卷14《论利害表》，第179—180页。
⑤ 王溥：《唐会要》卷58《尚书省诸司中·户部侍郎》，第1189页。
⑥ 王溥：《唐会要》卷69《刺史下》，第1434页。

可能得到长期落实。

以上主要就诏敕规定讨论了唐后期支郡的直达情况，那么支郡直达的实态如何呢？首先唐后期支郡刺史上奏例子并不少见，但就上奏事务而言，最多的为符瑞，仅《册府元龟》卷二五《帝王部·符瑞四》所见就有33例。地域上以南方州郡为主，但也有一些北方州郡，如关中坊州、宁州、河东泽州、晋州、岚州、河南亳州、汝州、河北冀州[①]。这说明在符瑞方面，支郡刺史是有比较通畅的申奏权的。不过符瑞与地方公务关系不大，那么支郡公务的上奏情况如何呢？本文整理了所见22例上奏情况，列表如下，以备讨论。

尽管本文统计当有缺漏，但从表1也可以看出唐后期百余年间支郡公务上奏例子并不多。从上奏区域来看，以唐廷控制最强的南方藩镇支郡为主，有少数河南支郡，看不到河北三镇支郡上奏例子，这显示出支郡刺史上奏的多少与朝廷对藩镇的控制强弱有一定相关性。从上奏事务来看，包括水灾赈灾（5、7、10、19、20、21）、租课（4、6、8、10、12）、官员（2、3、22）、道路（1、18）、军政（13、14）、水利（11）等方面。这些事务看起来颇为庞杂，但多为突发事件（如自然灾害、军乱等），或刺史甚至观察使职权之外的事情（如蠲免赋税、官员设置调整等），因此需要上申中书门下，请求处理办法。结合前文所论，可以更加确信，唐后期支郡刺史的上奏权只是一时一事之权，支郡与朝廷能通过这一渠道沟通的公务信息是相当有限的。

支郡上奏事务到达中书门下后，不同事务的处理方式并不相同：或由中书门下直接处理，或由中书门下观察使处理。其中例2、8、9、10、12、17、18、22八例，刺史上奏时均提出了解决方案，朝廷直接同意即可，故处理意见多为"依奏""许之""从之"等。例1、11虽未见朝廷处理意见，亦应为直接同意。例5、6、19、20则需要中书门下有具体的处理意见，故例5"诏其当道两税除当军将士春、冬衣赐及支用外，各供上都钱物已征及在百姓腹内者，量放二年"[②]；例6下敕"宜付有司"[③]，由相

---

① 王钦若等编：《册府元龟》卷25《帝王部·符瑞四》，中华书局1960年影明刊本，第265—271页。
② 王钦若等编：《册府元龟》卷491《邦计部·蠲复三》，第5871页。
③ 王钦若等编：《册府元龟》卷486《邦计部·户籍》，第5813页。

表1　唐后期支郡公务上奏表

序号	时间	支郡	所属方镇	奏请事宜	出处
1	791.8	商州刺史李西华	金商都防御	请广商山道	《唐会要》卷86
2	792.12	汝州	东都畿汝州都防御使	所辖七县复置县尉一员	《唐会要》卷69
3	796.5	信州刺史姚骥	江西都观察使	举奏员外司马户南史贼犯	《唐会要》卷59
4	796.10	虔州刺史崔衍	陕虢观察使	请求蠲免旧额颁税	《唐会要》卷83
5	802.7	蔡（洺）州申光	淮西观察使	春大水，夏大旱	《册府》卷491
6	811.1	衡州刺史吕温	湖南观察使	据所检隐户调整征课	《唐会要》卷85
7	816.9	饶州	江西观察使	本州水灾及漂没户口数	《旧唐书》卷15
8	819.7	湖州刺史李应	浙西观察使	罢当州官酤	《唐会要》卷88
9	820.7	歙州	宣歙观察使	移开元寺玄宗真容于龙兴寺，并交换寺额	《册府》卷30
10	820.9	宋州	宣武军节度使	雨败田稼六千顷，请免今年租	《册府》卷491
11	822	朗州刺史温造	荆南节度使	奏开后乡渠	《唐会要》卷89
12	822.4	江州刺史李渤	江西观察使	请求蠲免通赋	《通鉴》卷242
13	822.6	盐州	朔方节度使	北界党项须被夏州潜兵劫掠杀戮，请别命帅	《册府》卷977
14	822.7	宋、亳、颍刺史	宣武军节度使	汴州军乱，请别命帅	《通鉴》卷242
15	823.11	夔州刺史刘禹锡	荆南节度使	夔州利害及当州公务	《刘禹锡集》卷14
16	824.5	夔州刺史刘禹锡	荆南节度使	夔州利害	《刘禹锡集》卷14
17	824.8	龙州刺史尉迟锐	东川节度使	朴塞牛心山据断处	《通鉴》卷243
18	828.2	郑州刺史杨归厚	义成节度使	请求改驿路于城西	《唐会要》卷86
19	829.7	齐、德州	平卢、横海	请赐百姓麦种、耕牛等	《册府》卷106
20	830.8	舒州	淮南节度使	当州太湖、宿松、望江等县水灾，没百姓产业	《册府》卷106
21	834.11	滁州	淮南节度使	本州水灾及漂没户口数	《旧唐书》卷17下
22	840.7	潮州刺史林郁阳	岭南节度使	本州县官由吏部注拟	《唐会要》卷75

说明：该表参考了郑炳俊、陈志坚的研究，并排除了其误列的非支郡上奏例子。为求简洁，上奏时间转换为公元年，月份则为农历。支郡所属方镇情况参吴廷燮《唐方镇年表》（中华书局2003年版）。《资治通鉴》、《册府元龟》使用简称，上奏事官亦有删节。

关部门拿出处理方案；例19 "量赐麦三千石，牛五百头，共给绫一万匹充价直，仍各委本州自以侧近市籴分给"①；例20 "有诏以义仓赈给"②。另外，例13 盐州上奏夏州攻杀党项之事，事务本身与盐州无关，所以最后朝廷的处理也是给夏州，诏"夏州节度使李祐，其党项勿令侵扰"③。以上支郡刺史上奏均由中书门下直接处理。

此外，尚有一些上奏事务，尤其涉及州郡特殊情况、兴利除弊等，朝廷掌握的信息有限，就需要将相关事务下观察使处理。如唐宣宗大中四年正月诏书云：

> 应天下州县，或土风各异，或物产不同，或制置乖宜，或章条舛谬，或云施之岁久，或缘碍于敕文，有利于人而可举行者，有害于物而可革去者，并委所（任）〔在〕县令、录事参军备论列于刺史，具以上闻，委中书门下据事件下观察使。详言列奏，当与改更，各从便安，自当苏息。④

该诏发布的对象是"天下州县"。诏令言，假如本地有特殊情况以及利弊之事，县令、录事参军可以条列于刺史，由刺史上申中书门下，而中书门下则将事件下观察使处理。根据大中诏书，推测例15、16 刘禹锡所上夔州利害亦当由中书门下下荆南节度观察使处理。

如何理解支郡刺史上奏与支郡公务上申观察使之间的关系呢？简单来说，前者偏重于刺史个人职权，后者是对支郡行政机构公务处理的要求。唐后期刺史上奏朝廷只是一时一事之权，大多数公务则是直接上申观察使。即使刺史有不受限制的上奏权，也不意味着支郡公务可以不经观察使，如宋太宗太平兴国二年（977），怀州刺史高保寅在给皇帝的上奏中，就抱怨怀州上申公务经常被河阳三城节度使赵普所抑，"乞罢节镇领支郡之制"⑤。该例虽为宋初之事，但仍足以说明刺史上奏朝廷与支郡公务申奏观察使并不矛

---

① 王钦若等编：《册府元龟》卷106《帝王部·惠民二》，第1267—1268页。
② 王钦若等编：《册府元龟》卷106《帝王部·惠民二》，第1268页。
③ 王钦若等编：《册府元龟》卷977《外臣部·降附》，第11483页。
④ 王钦若等编：《册府元龟》卷155《帝王部·督吏》，第1879页；据董诰《全唐文》卷80，唐宣宗《敕州县条奏利弊诏》校，中华书局1983年版，第839页。
⑤ 李焘：《续资治通鉴长编》卷18，太平兴国二年八月，第410页。

盾，我们不能将刺史个人的职权推演到州郡公务处理的层面。

综上可知，唐后期朝廷对支郡专达政策的变化基本是在藩镇、州、县三级制的框架内做出的调整：支郡常务由刺史专决，观察使不得干预；其他部分则必须上申，征得观察使同意；观察使对刺史有监督和考课之权。与此同时，刺史个人则有一定的上奏权，可以在一定时间就某些公务或州郡信息上申中书门下。这些上申公务和信息，视具体情况，或由中书门下直接处理，或下发观察使处置。尽管支郡刺史的上奏权并不稳定，但仍对朝廷、藩镇、州三者的关系有一定影响。在三级制县申州、州申使府、使府申奏中书门下的情况下，观察使因垄断支郡和朝廷的公务及信息渠道，实际上居于地方公务处理的核心；刺史上奏中书门下，假如公务由中书门下直接处理，等于部分排除了观察使的影响，即便据事件下观察使，中书门下亦掌握了支郡事务处理的部分主导权。可见刺史上奏权会带来地方行政流程和重心的变化，进而影响到朝藩关系。但同时需要说明的是，由于刺史上奏权只是一时一事之权，能够上申中书门下的公务、信息有限，加上不少州郡上申事务最后仍要交由观察使处理，因此刺史上奏的意义、对朝藩关系的影响，都不应夸大。而学者们关于唐后期支郡直达的研究中，常常夸大支郡直达的程度和效果①，这是由三方面因素导致的。首先，他们忽视了"专达"有专决之意，将所有"专达"都默认为支郡直达，通过对材料的误读"扩大"了材料来源。其次，他们并未区分刺史上奏权和支郡事务处理两个层面，将刺史个人职权与支郡行政机构职权混同起来，仅仅从刺史上奏这一点，就推演到支郡事务亦可不经使府，明显不当。再次，以往研究多是基于朝藩对立的思路，将支郡直达视为朝廷化解藩镇问题的措施，忽视了地方行政中的分工合作。由此得出的结论，自然与史实有一定距离。

三　五代的支郡专达

黄巢之乱后，唐廷中央与地方统治秩序崩溃，诸割据势力多自除管内

---

① 前引郑炳俊、陈志坚、张达志论述。相比之下，日野開三郎对州郡直达的估计比较符合唐后期实际情况，可惜学界对此未给予足够重视。

刺史以下官，刺史专决、支郡直达朝廷都难以落实。朱温建国过程中，逐渐掌握了境内刺史委任权①，为后梁的支郡专达提供了基础。后梁开平四年（910）九月，朱温下诏要求刺史专决：

> 魏博管内刺史，比来州务，并委督邮。遂使曹官擅其威权，州牧同于闲冗，俾循通制，宜塞异端。宜依河南诸州例，刺史得以专达。②

督邮为汉晋郡之佐官，此处代指录事参军③，"比来州务，并委督邮"，即节度使以录事参军理事，导致"州牧同于闲冗"。唐后期五代，河北藩镇常以幕职官兼录事参军代理州务④，以剥夺刺史职权，直接控制支郡。可见，朱温此诏主要是减少使府对支郡的过度干预，增强刺史处理支郡事务的独立性，重新厘清使府与支郡的关系。从诏书规定魏博诸州"依河南诸州例"来看，此前河南诸州刺史专决就已实现。当然，与唐后期相同，刺史所专决的也只是州郡常务，重要事务应仍需向观察使或朝廷申奏。

除了刺史专决，后梁支郡直达也得到落实，这主要表现为租庸使直帖支郡。不过史料对此记载不详，后唐同光二年（924）藩镇与租庸使的争执，为我们提供了线索：

> 冬十月辛未，天平节度使李存霸、平卢节度使符习言："属州多称直奉租庸使帖指挥公事，使司殊不知，有紊规程。"租庸使奏，近例皆直下。敕："朝廷故事，制敕不下支郡，牧守不专奏陈。今两道所奏，乃本朝旧规；租庸所陈，是伪廷近事。自今支郡自非进奉，皆须本道腾奏，租庸征催亦须牒观察使。"虽有此敕，竟不行。⑤

---

① 刘波：《唐末五代华北地区州级军政之变化研究——基于军政长官的探讨》第一章，硕士学位论文，华东师范大学，2013年。
② 薛居正：《旧五代史》卷5《梁太祖纪五》，中华书局2015年修订版，第98页。
③ 白居易：《白氏六帖事类集》卷21《录事》，文物出版社1987年版，第59b页；李林甫等撰：《唐六典》卷30《三府督护州县官吏·司录参军事》，第741页。
④ 唐明宗天成二年（927）颁布敕令："限诸藩镇幕职不得兼录事参军，邺都管内诸州录事参军不得兼防御判官。"可见河北藩镇中幕职官兼录事参军之事，到了后唐仍未止绝。王钦若等编：《册府元龟》卷716《幕府部·总序》，第8517页。
⑤ 司马光：《资治通鉴》卷273，同光二年十月辛未，第8925页。

李存霸、符习控诉"属州多称直奉租庸使帖指挥公事,使司殊不知",可见当时租庸使孔谦是越过观察使、直帖诸州调发租税钱粮的。对此孔谦的辩解是"近例皆直下",后唐朝廷认为"租庸所陈,是伪廷近事",可见所谓"近例"即后梁租庸使的运作方式。后唐君臣的说法,可从梁末帝贞明六年(920)四月己亥制书中得到印证:

> 用兵之地,赋役实烦,不有蠲除,何使存济。除两京已放免外,应宋、亳、辉、颍、郓、齐、棣、滑、郑、濮、沂、密、青、登、莱、淄、陈、许、均、房、襄、邓、泌、随、陕、华、雍、晋、绛、怀、汝、商等三十二州,应欠贞明四年终已前夏秋两税,并郓、齐、滑、濮、襄、晋、辉等七州,兼欠贞明四年已前营田课利物色等,并委租庸使逐州据其名额数目矜放。①

该制书涉及众多州郡,其情况如下:

表2　　　　　贞明六年四月己亥制书所涉州郡情况表

节镇	治州	支郡	节镇	治州	支郡
宣武军	宋州	亳、辉、颍州	天平军	郓州	齐、棣州
宣义军	滑州	郑、濮州	泰宁军		沂、密州
平卢军	青州	登、莱、淄州	匡国军	许州	陈州
山南东道	襄州	均、房州	宣化军	邓州	泌、随州
镇国军	陕州		感化军	华州	商州
永平军	雍州		定昌军	晋州	绛州
河阳三城		怀州	西都		汝州

说明:军号、支郡情况据闫建飞《唐末五代宋初北方藩镇州郡化研究》附表《唐末五代宋初北方方镇军号支郡表》,博士学位论文,北京大学,2017年,第243—287页。

从表2可以看出,租庸使放免以上诸州所欠两税及营田课利物色时,是"逐州据其名额数目矜放"的,同一节镇内,可以与治州、支郡同时公务往来,与支郡的沟通并不通过使府。可见"租庸使帖下诸州调发,不关

---

① 薛居正:《旧五代史》卷10《梁末帝纪下》,第164页。

节度观察使"的"直下"①，在后梁的确存在。后梁租庸使"负有全境两税与营田课利的征收与放免之责"②，这也意味着，在两税征收和营田课利这样最基本的州郡事务上，朝廷与支郡的公务直达有了实质进展。与唐后期支郡刺史上奏、由下达上不同，后梁租庸直帖是中央财政机构直接指挥支郡事务。显然，后梁直帖模式下，朝廷对支郡事务的干预比唐后期强得多。

  后唐庄宗朝的支郡直达，仍然表现在租庸使直帖支郡。与后梁相比，后唐租庸使发生了巨大变化。后梁时期，租庸司和由宰相分判的三司并存，共同负责境内财政事务。后唐同光二年正月，唐庄宗下敕，"盐铁、度支、户部三司并隶租庸使"③，"凡关钱物，并委租庸使管辖"④，由此三司不论在组织还是业务上，均为租庸司兼并，租庸司成为全国最高财政机构⑤。在支郡直达上，租庸使也变得更为强势。从前引孔谦与藩镇的争执中可以看出，尽管庄宗弟弟李存霸、旧将符习对租庸使直帖支郡表达了强烈不满，庄宗亦下诏支郡上奏（进奉除外）和租庸使催征都需要经过观察使，最后却并未得到落实。

  同光四年，洛下兵变，庄宗被杀，唐明宗即位。稍后，以聚敛著称的孔谦被杀⑥，租庸使被废，直帖支郡的做法也被废除。但支郡刺史上奏是否能直达中书门下，则视具体事务而定。唐明宗天成元年（926）八月甲午诏："如刺史要奏州县官，须申本道请发表章，不得自奏。"⑦可见刺史申奏州县官需要通过观察使。而长兴二年（931）八月丙寅诏云："百官职吏应选授外官者，考满日，并委本州申奏，追还本司，依旧执行公事。"⑧京城百司吏员外放州郡任职满任后，由州郡申奏回京任职，并不通过观察

---

  ① 司马光：《资治通鉴》卷273，同光二年十月辛未胡三省注，第8925页。
  ② 陈明光：《五代财政中枢管理体制演变考论》，《中华文史论丛》2010年第3期。
  ③ 司马光：《资治通鉴》卷273，同光二年正月戊午条，第8913页。
  ④ 薛居正：《旧五代史》卷149《职官志》，第2322页。
  ⑤ 五代中央财政体制的演变参见陈明光《五代财政中枢管理体制演变考论》，《中华文史论丛》2010年第3期；张亦冰《唐宋之际财政三司职掌范围及分工演进考述》，《唐史论丛》第28辑，2019年，第1—26页。
  ⑥ 孔谦之聚敛，并非如传统所论为了满足庄宗私欲，而是为了供给洛阳地区的军人及其家属。参见闫建飞《后唐洛阳城的粮食供给》，《唐研究》第25卷，北京大学出版社2020年版，第665—679页。
  ⑦ 薛居正：《旧五代史》卷37《唐明宗纪三》，第580页。
  ⑧ 薛居正：《旧五代史》卷42《唐明宗纪八》，第666页。

使。从二诏亦可见使府与支郡在人事权方面的某些分工：州县官奏荐权在使府；与地方人事权无关的官员变动（在京百官职吏）则可由支郡刺史直接申奏。

后汉乾祐三年（950）五月敕同样对支郡上申朝廷和观察使事务进行了区分：

> 诸防御、团练州申奏公事，除朝廷以军期应副，则不及闻于廉使。如寻常公事，不得自专，须先申本管斟酌以闻。今后州府不得违越。①

据敕书，此敕发布的对象是藩镇支郡中带防御、团练使者，从禁令来看，当时防御州、团练州有越过使府直接向朝廷申奏公事之举。后汉时期，外与契丹对峙，内则李守贞等三叛连横，戎马不息，而防御、团练州有较强的军事职能，与朝廷有不少直接公务往来。乾祐三年，三叛已次第平定，国内少安，此时朝廷再次下诏限制防御使、团练使的上奏权。但对"军期应副"和"寻常公事"仍然做了区分，假如是军需征调，防御使、团练使依然可以奏事朝廷，寻常公事则必须通过观察使申奏。

可以看出，与唐后期支郡刺史上奏局限于特定事件不同，五代支郡刺史在某些领域如"军期应副"等方面已获得比较稳定的日常奏事权。五代戎马倥偬、政权皇位更迭频繁，也给了掌握支郡军权的武将刺史们更多活动的空间，史料中所见支郡公务上奏的例子较唐后期大为增加。据本文不完全统计，所见已达46例。为便于省览，列表如下：

表3　　　　　　　　　　　五代支郡刺史上奏表

序号	时间	支郡	节镇	上奏事宜	材料来源
1	911.10	贝州	魏州天雄军	晋兵寇东武	《通鉴》卷268
2	912.8	郑州	滑州宣义军	怀州屯驻龙骧骑军溃散	《通鉴》卷268
3	925.9	卫州	邺都留守	水入城，坏庐舍	《薛史》卷33
4	926.5	商州	华州镇国军	当管水银五窟，乞依旧管系	《册府》卷494

---

① 王溥：《五代会要》卷24《诸使杂录》，上海古籍出版社1978年版，第392页。

续表

序号	时间	支郡	节镇	上奏事宜	材料来源
5	927.10	贝州	邺都留守	请制置盐州乌、白两池	《册府》卷494
6	928.1	陈州	许州忠武军	奏开颍河	《册府》卷497
7	928.4	复州	襄州山南东道	湖南大破淮贼于道人矶	《薛史》卷39
8	928.8	房州	襄州山南东道	新开山路四百里	《薛史》卷39
9	928.9	密州	兖州泰宁军	辅唐县民华延福事父母至孝	《册府》卷140
11	932.4	棣州	郓州天平军	水坏其城	《薛史》卷141
12	932.6	卫州	兴唐府天雄军	河水坏堤，东北流入御河	《薛史》卷43
13	934.4	卫州	兴唐府天雄军	刺史王弘贽奏，闵帝以前月二十九日至州	《薛史》卷46
14	934.4	卫州	兴唐府天雄军	此月九日鄂王薨	《薛史》卷46
15	934.11	蔚州	北京留守	经契丹蹂践处，乞蠲除差税	《册府》卷492
16	936.7	沂州	兖州泰宁军	诛都指挥使石敬德，并族其家，敬瑭之弟也	《薛史》卷48
17	936.7	洺州	邢州安国军	擒获魏府作乱捧圣指挥使马彦柔以下五十八人	《薛史》卷48
18	936.12	慈州	晋州建雄军	草寇攻城，三日而退	《薛史》卷76
19	937.9	贝卫	广晋府天雄军	河溢害稼	《薛史》卷76
20	940.7	宿州	徐州武宁军	收到南唐牒文	《薛史》卷79
21	943.6	宿州	徐州武宁军	飞蝗抱草干死	《薛史》卷81
22	943.8	<u>泾青磁州、邺都</u>		共奏逃户凡五千八百九十	《薛史》卷82
23	943.11	单州	宋州归德军	军事判官赵岳奏刺史杨承祚出奔青州，赵岳代行知州	《薛史》卷82
24	943.12	淄州	青州平卢军	青州节帅杨光远反，遣兵取淄州，刺史翟进宗入青州	《薛史》卷82
25	944.2	易州	定州义武军	刺史安审约奏，战契丹于北平，断祁沟关桥梁而还	《薛史》卷82
26	944.2	冀州	贝州永清军	败贼军于城下	《薛史》卷82
27	944.3	齐州	郓州天平军	青州贼军寇明水镇	《薛史》卷82
28	944.4	陇州	凤翔节度使	饿死者五万六千口	《薛史》卷82
29	945	商州	华州镇国军	刺史李俊奏元随吴汉筠监军资库擅用官钱，已处斩	《册府》卷449

续表

序号	时间	支郡	节镇	上奏事宜	材料来源
30	945.2	府州	北京留守	防御使折从阮奏，部领兵士攻围契丹胜州，降之，见进兵趋朔州。	《薛史》卷83
31	945.3	易州	定州义武军	刺史安审约奏差壮丁斫敌营，杀贼千余人	《薛史》卷83
32	945.3	易州	定州义武军	郎山寨将孙方简破契丹千余人	《薛史》卷83
33	946.5	沂州	兖州泰宁军	淮南遣海州刺史领兵一千五百人，应接贼头常知及	《薛史》卷84
34	947.12	宿州	徐州武宁军	部民饿死者八百六十有七人	《薛史》卷100
35	948.4	郢州	邓州威胜军	刺史尹实奏，荆南起兵欲攻城	《薛史》卷101
36	949.5	<u>兖</u>、<u>郓</u>、齐州		奏蝼生	《薛史》卷102
37	949.6	<u>澄濮澶曹兖</u>淄青齐宿怀<u>相</u>卫博陈等州		有蝗虫	《薛史》卷102
38	949.9	<u>邺都</u>、磁<u>相邢</u>洺等州		霖雨害稼	《薛史》卷102
39	949.12	颍州	宋州归德军	破淮贼于正阳	《薛史》卷102
40	950.1	密州	兖州泰宁军	刺史王万敢奏，奉诏领兵入海州界	《薛史》卷103
41	951.2	隰州	晋州建雄军	刺史许迁奏，河东刘筠自晋州来攻，贼军伤死者五百人，信宿遁去	《薛史》卷111
42	952.8	颍州	陈州镇安军	送还所俘淮南挚畜	《薛史》卷112
43	952.9	易州	定州义武军	契丹武州刺史石越来奔	《薛史》卷112
44	953.4	陇州	凤翔节度使	刺史石公霸控诉凤翔府越级指挥陇州属县公事	《册府》卷66
45	955.12	淄州	青州平卢军	前宰相景范卒	《薛史》卷115
46	958.2	隰州	晋州建雄军	北汉军队遁逃	《薛史》卷118

说明：以上不包括符瑞等与地方公务无关的上奏。支郡所属藩镇据闫建飞《唐末五代宋初北方藩镇州郡化研究》附表《唐末五代宋初北方方镇军号支郡表》，第243—287页。为求简洁，《资治通鉴》《册府元龟》《旧五代史》使用简称，上奏事宜亦有删节。治州、支郡同时上奏时，下划线者为治州。

五代五十余年，只有唐后期的三分之一；所辖州郡不过百余，也只有唐廷的三分之一；但表3所见五代支郡公务上奏例子却是唐后期的两倍多，尽管可能有记载方面的部分因素，依然可以说明五代支郡刺史上奏频率比唐后期大为增加。上奏区域囊括了河南、河北、河东、关中诸州，说明五代支郡刺史上奏权应是普遍存在的。上奏事务以军政最多，有例1、2、7、17、18、24、25、26、27、30、31、32、33、35、39、40、41、42、46，共十九例，另外，例16、23分别与石敬瑭、杨光远叛乱相关，亦可归入军政事务。军政事务占支郡刺史上奏公务半数，这与五代戎马不息的时代背景密切相关。此外，自然灾害也是支郡上奏的重要内容，有例3、10、11、12、19、21、36、37、38，共计九例。五代自然灾害频发，加上战乱、官府聚敛、救灾不力等因素，部民饿死、户口流失情况较多，除了节镇上报的情况外，支郡上报者有例22、28、34。此外还有州郡民政事务，包括例4、5、6、8、15、44，涉及道路、租税、榷货、日常公务等；另有一些外事活动或政治人物活动信息的上报，如例13、14、20、43、45等。可见，五代支郡刺史上奏范围是比较广泛的，在军政、自然灾害等方面应该已获得比较稳定的奏事权。这是唐后期所无法比拟的。

这些上奏事务，多由朝廷直接下发处理意见。如例5天成二年十一月，"贝州刺史窦廷琬上便宜状，请制置盐州乌、白两池，逐年出绢十万匹、米五万石"，唐明宗遂"升庆州为防御使，便除廷琬为使"①。例37乾祐二年六月，滑、濮等州奏蝗，汉隐帝"分命中使致祭于所在川泽山林之神"②。

需要说明的是，尽管五代支郡刺史在不少方面获得了稳定奏事权，且这些事务多由朝廷直接处理。但就日常公务而言，应还是以申奏观察使为主，这从广顺三年（953）四月陇州防御使石公霸的上奏可以看出：

（陇州）元管三县五镇，自秦州阻隔，废定戎、新关两镇。唯汧源皆称直属本府，及官吏批书历子、考校课最、贼盗寇攘、户民减损，又责州司职分，何以检校？昨汧阳令李玉上府，主簿林萼下乡，州司不曾指挥，本县亦无申报。每有提举，皆称本府追呼，无以指纵，何能致理？其间户口多有逃亡。预虞大比之时，恐速小臣之罪。伏睹近敕，凡有诉讼，尚委逐处区分，不得蓦越。岂可本属县镇，每事直诣凤翔？望降新规，以涤旧弊。

---

① 王钦若等编：《册府元龟》卷494《邦计部·山泽二》，第5909页。
② 薛居正：《旧五代史》卷102《汉隐帝纪中》，第1584页。

汧源、汧阳均为陇州辖县,理应由陇州指挥,但汧源等县"皆称直属本府","汧阳令李玉上府,主簿林萼下乡,州司不曾指挥,本县亦无申报"。陇州为凤翔节度使支郡,但凤翔府直接指挥陇州属县公事的做法并不合乎朝廷规定,这引起防御使石公霸的强烈不满。① 为此周太祖下敕:

> 凤翔属郡宜令依诸道体例指挥。今后凡诸县公事、征科、诉讼,并委逐州官员区分。于事或有疑误须禀使府者,则县申州,州申使府,不得蓦越。其李玉、林萼专擅上府下乡,本州勘罪奏闻。②

从敕令来看,周太祖将县级公务分为两类,一是诸县公事、征科、诉讼,由逐州官员处分;二是有疑误须禀使府者,则县申州、州申使府,逐层申报。这一"诸道体例"说明,当时支郡一方面可以专决辖县公事和征科诉讼;另一方面,有疑误者仍需上申使府,这与陇州刺史个人拥有上奏权并不矛盾。

总的来看,除了后梁、唐庄宗时短暂出现的租庸使直帖支郡,五代地方日常公务的处理,总体上维持"诸道体例":刺史专决支郡常务,其他部分需要申奏观察使,观察使对刺史有监督考课之权。但相比唐后期,支郡刺史个人在诸多领域获得了稳定奏事权,朝廷对支郡公务的直接参与也在加深,这是五代朝藩力量对比转变给地方行政带来的影响。

结　语

根据以往学者的理解,支郡专达尤其是支郡直达是解决藩镇问题的重要措施,前引日野开三郎、郑炳俊等学者的研究出发点正在于此。但经过上文的追索可以发现,唐后期五代朝廷对支郡专达的政策,是在承认藩镇、州、县三级制的前提下,在地方行政系统内部进行的调整,虽与藩镇

---

① 石公霸选择广顺三年四月上奏,应与该月凤翔节度使人选变更(河中节度使王景移镇凤翔,原凤翔节度使赵晖改镇宋州)、便于调整使府与支郡关系有关。朱玉龙编著:《五代十国方镇年表》,中华书局1997年版,第222页。

② 王钦若等编:《册府元龟》卷66《帝王部·发号令五》,第743页。案,"四月"《册府元龟》误作"四年"。

问题密切相关，但主要目的却是为了维持地方行政的正常运转。以往学者关于支郡专达的研究与唐后期五代的史实有一定偏差，这种偏差与我们的思维定式有关。讨论朝藩关系时，学者们倾向于将藩镇视为朝廷对立面，主要关注朝藩对抗和朝廷削藩这一层面，忽视了日常行政中二者的分工合作。安史之乱以降至宋初的"藩镇时代"[①] 长达两个半世纪，朝藩对抗不可能始终是朝藩关系的主流，地方行政的分工合作才是朝藩关系的日常。这种分工合作，从根本上说，是地方行政的需求导致的。唐前期州县二级制下，朝廷需要直面三百多个州郡，以当时帝国之广袤，加之行政技术和信息传递的局限，实际上很难快速有效地处理州郡尤其是边郡的上申公务，对州郡的监察亦困难重重。观察使的出现，恰好满足了朝廷的这一需求。同时，从加强地方治理和提高行政效率的角度考虑，地方事务的分层处理亦不可或缺。朝廷在强调刺史专决州郡常务的同时，要求其他事务申奏观察使，观察使有监督和考课刺史之权，对应的正是不同层次公务的处理需要。与此同时，出于获取支郡信息、考核刺史的需求，朝廷亦会临时或在某些规定时间，要求支郡刺史上奏当州利害和公务，五代刺史的上奏频率大为增加，在不少领域获得稳定奏事权。但总的来说，支郡刺史个人的奏事权并未打破观察使对支郡公务的主导地位，多数支郡上申公务仍由观察使处理，或通过观察使上达中书门下。直到宋太宗太平兴国二年废藩镇支郡前夕，怀州刺史高保寅尚在给皇帝的上奏中，抱怨怀州上申公务多为河阳三城节度使赵普所抑[②]，五代支郡多数上申公务处理更不可能越过观察使，这与刺史个人拥有稳定上奏权并不矛盾。因此，我们对唐后期五代的州郡专达尤其是州郡直达的落实情况和效果不应夸大。学者们注意到宋太宗废藩镇支郡后，支郡专达尤其是支郡直达基本得到落实，就误以为支郡专达是解决藩镇问题的重要措施，实际上是倒果为因，并非支郡专达解决了藩镇问题，而是藩镇问题的解决带来了支郡专达的落实。

唐后期五代关于支郡专达的政策调整，尽管主要目的并非直接为了解决藩镇问题，但与朝藩关系密切相关。关于支郡专达的讨论，补充了朝廷、藩镇、州郡在地方事务处理中分工合作的一面，丰富了我们对朝藩关系的认识，为我们理解朝廷、藩镇、州郡的关系提供了一个有益的观察视角。

① "藩镇时代"的提法见于鹤年《唐五代藩镇解说》，《大公报·史地周刊》1936年3月8日。
② 李焘：《续资治通鉴长编》卷18，太平兴国二年八月，第410页。

信息搜集与国家治理：近代早期英格兰信息国家的兴起[*]

初庆东^{**}

信息时代的来临引发史学的革新，"信息转向"正成为史学发展的新趋势。① 信息爆炸与信息安全改变着人们的日常生活，"信息社会"也成为人们耳熟能详的称谓。但人类对信息的重视古已有之，"信息社会"也非新事物。"新文化史"的旗手罗伯特·达恩顿就认为"每一个时代都是各具特征的信息时代"②。信息是国家决策的依据，信息的搜集汇聚关涉国家治理的效果。在16、17世纪英格兰从传统农业社会向近代工业社会转型的时代，国家搜集信息的范围与规模达到前所未有的程度，政务文书的数量和重要性也日益凸显，形成彼得·伯克所言的"文书国家"③，或爱德华·海格斯所说的"信息国家"④。

1662年，约翰·格兰特（John Graunt）利用伦敦教区的死亡记录，对死亡人口进行分类统计。⑤ 1690年，威廉·配第出版《政治算术》一书，在

---

* 本文曾发表在《山东社会科学》2022年第8期，收入论文集时略有改动。
本文系国家社科基金一般项目"近代早期英国治安法官与地方社会治理研究"（项目号：22BSS010）的阶段性成果。
** 初庆东，华中师范大学历史文化学院。
① 参见王旭东《信息史学建构的跨学科探索》，《中国社会科学》2019年第7期。
② Robert Darnton, "An Early Information Society: News and the Media in Eighteenth-Century Paris", *The American Historical Review*, Vol. 105, No. 1, February 2000, p. 1.
③ Peter Burke, *A Social History of Knowledge: From Gutenberg to Diderot*, Cambridge: Polity Press, 2000, p. 119.
④ Edward Higgs, "The Rise of the Information State: the Development of Central State Surveillance of the Citizen in England, 1500–2000", *Journal of Historical Sociology*, Vol. 14, No. 2, June 2001, pp. 175–197; Edward Higgs, *The Information State in England: The Central Collection of Information on Citizens since 1500*, Basingstoke: Palgrave, 2004.
⑤ John Graunt, *Natural and Political Observations Mentioned in a Following Index, and Made upon the Bills of Mortality*, London: Royal Society, 1662.

这部完成于 1671—1676 年的著作中，配第宣称："凡关于统治的事项，以及同君主的荣耀、人民的幸福和繁盛有极大关系的事项，都可以用算术的一般法则加以论证。"他的"政治算术"就是用"数字、重量和尺度"这些真实的内容来描述一个国家的社会经济状况。① 格兰特和配第对数字管理的重视，折射出近代早期英格兰对数字等信息的空前关注，形成不折不扣的"信息国家"。

随着"知识社会史"研究路径的兴起，研治近代早期英国史的学者们近年来开始关注信息与社会的交融。② 保罗·斯莱克对 17 世纪英格兰的"信息系统"作了初步探讨③，保罗·格里菲思则聚焦 16、17 世纪英格兰地方政府通过各类调查，搜集信息，进而制定政策④。尼古拉斯·波珀专注于考察伊丽莎白一世政府对外交信息的搜集。⑤ 承载这些信息的国家文书档案也进入学者们的研究视野，亚历山德拉·沃尔沙姆等人考察了近代早期国家文书档案与信息的关系，涉及文书档案的制作、传播、保存、控制等问题。⑥ 但这些研究未能充分关注信息搜集与国家治理的关系，这就遮蔽了近代早期英格兰信息国家的多重面相。相较而言，国内学界虽然在中国古史领域对信息沟通、文书行政等主题多有研究，但世界史领域的相关研究较为薄弱。⑦ 基于此，本文在已有研究的基础上，从信息搜集与运

---

① [英]威廉·配第：《政治算术》，陈冬野译，商务印书馆 2014 年版，第 4、8—9 页。

② "知识社会史"研究路径的代表人物是彼得·伯克，相关著作有 Peter Burke, *A Social History of Knowledge: From Gutenberg to Diderot*; Peter Burke, *What is the History of Knowledge*? Cambridge: Polity Press, 2016.

③ Paul Slack, "Government and Information in Seventeenth-Century England", *Past & Present*, No. 184, August 2004, pp. 33-68.

④ Paul Griffiths, "Local Arithmetic: Information Cultures in Early Modern England", in Steve Hindle, Alexandra Shepard and John Walter, eds., *Remaking English Society*, Woodbridge: The Boydell Press, 2013, pp. 113-134; Paul Griffiths, "Surveying the People", in Keith Wrightson, ed., *A Social History of England, 1500-1700*, Cambridge: Cambridge University Press, 2017, pp. 39-59.

⑤ Nicholas Popper, "An Information State for Elizabethan England", *The Journal of Modern History*, No. 90, September 2018, pp. 33-68.

⑥ Kate Peters, Alexandra Walsham and Liesbeth Corens, eds., *Archives and Information in the Early Modern World*, Oxford: Oxford University Press, 2018.

⑦ 中国古史研究的代表性成果有：卜宪群：《秦汉公文文书与官僚行政管理》，《历史研究》1997 年第 4 期；邓小南：《宋代信息渠道举隅：以宋廷对地方政绩的考察为例》，《历史研究》2008 年第 3 期；邓小南：《信息渠道的通塞：从宋代"言路"看制度文化》，《中国社会科学》2019 年第 1 期；吴佩林：《清代中后期州县衙门"叙供"的文书制作》，《历史研究》2017 年第 5 期。世界史领域的相关研究，参见杜宣莹《女王之死：伊丽莎白一世时期的权力政治（1568—1590）》，社会科学文献出版社 2022 年版。

用的角度考察近代早期英格兰应对社会问题的制度安排与权力博弈,管窥英格兰在社会转型时期解决社会问题的制度安排与运作实态。

一 信息国家兴起的动因

1626年,切斯特(Chester)市政官员发现市政档案存有遗漏,这让他们惴惴不安。负责档案记录的书记员罗伯特·布伦特伍德(Robert Brerewood)成为众矢之的。市政官员指责布伦特伍德对市长和法官出言不逊、渎职和中饱私囊,造成行政管理的混乱。他们批评布伦特伍德自从在别处兼职后,就没有将市政指令和陪审员的名单记录在册。更糟糕的是,他恶意篡改市政指令、起诉书和判决书。在市政官员看来,布伦特伍德的行为严重妨碍司法公正,使城市蒙羞。他们为此感到焦虑不安,当即解除布伦特伍德书记员的职务,并寻找保管市政档案的合适人选。[1] 对切斯特而言,此时没有比让城市档案恢复秩序更加重要的事情。这是因为市政档案中记载的信息对市政管理关系重大,是政府制定政策必不可少的参考。这种情况不限于英格兰,而是欧洲不同地域普遍存在的发展趋势。彼得·伯克指出近代早期不同地域都存在着这样一种普遍趋势,"人们将越来越多的信息收集起来,并同时通过计算图表或统计模型的方式对其进行加工整合……政府掌控信息原本只是为了应对一些特殊状况或危机,如暴动、瘟疫和战争等,但不可否认的是,这一做法后来逐渐演变成了一种处理日常公务的惯用方式"[2]。

近代早期英格兰深受犯罪、贫困、饥荒和瘟疫等社会问题的困扰,这些社会问题致使社会压力增大,社会关系日趋紧张。就犯罪问题而言,16世纪一位到访英格兰的意大利人认为"世界上没有哪个国家比英格兰有更多的盗贼"[3]。从16世纪中叶到内战前夕,英格兰各类法庭的诉讼数量均

---

[1] Paul Griffiths, "Local Arithmetic: Information Cultures in Early Modern England", in Steve Hindle, Alexandra Shepard and John Walter, eds., *Remaking English Society*, p. 113.

[2] [英]彼得·伯克:《知识社会史》上卷,陈志宏、王婉旎译,浙江大学出版社2016年版,第125页。

[3] *A Relation, or rather a True Account, of the Island of England*, trans. Charlotte Augusta Sneyd, London: Camden Society, 1847, p. 34.

达到历史高峰,特别是与之前和之后的年代对比后,1560—1640 年的诉讼数量成为英格兰诉讼史上的最高峰。① 伊丽莎白一世后期,全国诉讼总量是 15 世纪末的 10 倍之上,到 1640 年又翻一番。② 这一时期英格兰的贫困问题也日益凸显,从 16 世纪初开始英格兰贫困人口数量占总人口数量的三分之一左右。之后,贫困人口数量继续增加,约占总人口的三分之二。③ 饥荒与瘟疫频仍又加剧这一时期的社会压力。1555 年和 1556 年,英格兰发生严重饥荒,随后又暴发瘟疫,造成 20% 的人口相继死亡。④ 在 1587—1588 年、1597—1598 年、1622—1623 年英格兰先后遭遇饥荒。1623 年,林肯郡的穷人因为买不起粮食,不得不屠狗宰马充饥。这种状况一直持续到 17 世纪中叶才得以缓解。⑤ 当犯罪、贫困、饥荒和瘟疫等问题同时发生在 16 世纪中叶到 17 世纪中叶的英格兰时,英格兰的社会压力可想而知。而有效应对这些社会问题的第一步,便是要掌握这些社会问题的成因、范围与程度等相关信息,由此信息国家顺势而兴。

从 16 世纪中叶到内战前夕,英格兰的人口数量大体保持持续增长的态势。英格兰在 1541 年的人口约有 277 万,到 1641 年增加到 509 万。内战之后,英格兰人口总数基本稳定,一直持续到 18 世纪。与人口增长同步的是物价飞涨。从 1541 年到 1656 年,人口增长近两倍,而物价增幅却超过三倍。⑥ 以英格兰南部为例,食物价格在 1450 年到 16 世纪初一直相对稳定,但到 16 世纪 40 年代食物价格翻倍,到 16 世纪 70 年代食物价格已上涨三倍,等到 17 世纪初食物价格的增幅已达六倍。⑦ 物价飞涨致使劳

---

① 初庆东:《近代早期英国"诉讼爆炸"现象探析》,《史林》2014 年第 5 期。
② Christopher Brooks, "A Law-Abiding and Litigious Society", in John S. Morrill, ed., *The Oxford Illustrated History of Tudor and Stuart Britain*, Oxford: Oxford University Press, 1996, p.140.
③ Derek Charman, "Wealth and Trade in Leicester in the Early Sixteenth Century", *Transactions of the Leicestershire Archaeological Society*, Vol.25, 1949, pp.84, 94-95; J. F. Pound, "The Social and Trade Structure of Norwich 1525–1575", *Past and Present*, No.34, July 1966, pp.50, 63; W. G. Hoskins, *Provincial England: Essays in Social and Economic History*, London: Macmillan, 1963, p.84.
④ F. J. Fisher, "Influenza and Inflation in Tudor England", *The Economic Historical Review*, New Series, Vol.18, No.1, 1965, p.127.
⑤ 向荣:《告别饥荒:近代早期英国的农业革命》,《光明日报》2017 年 6 月 19 日。
⑥ E. A. Wrigley and R. S. Schofield, *The Population History of England 1541-1871: A Reconstruction*, Cambridge: Cambridge University Press, 1989, pp.208-209, 402.
⑦ R. B. Outhwaite, *Inflation in Tudor and Early Stuart England*, London: Macmillan, 1969, p.10.

工上涨的名义工资跟不上食物价格的飙升,这导致劳工的实际工资下降,他们陷入更加贫困的境地。劳工的日工资购买力从16世纪初开始下降,到16世纪中叶下降的幅度更大。① 与劳工境遇截然相反的是,以土地利润为主要收入的领主和约曼农生活更加富裕,这就使得贫富差距愈益扩大。② 为满足不同地区的生活所需,国内贸易随之发展起来,这促使生产的专业化与市场化,从而使得许多乡村成为以城市为中心的区域经济的组成部分。例如,伦敦的食物市场就延展到周边各郡,它们为伦敦提供蔬菜、乳制品和谷物等商品。③ 到17世纪中叶,英格兰不同地域间都有经常性贸易往来,这就促生出一批以贸易为生的中间商。中间商为获得利润,往往倒买倒卖、哄抬物价,特别是在饥荒时期,这就要求政府加强对市场的监管,以保障穷人维持生计所需。

近代早期英格兰的经济分化为中等收入者(middling sort)的崛起提供了物质条件。"中等收入者"是"在中世纪等级制度瓦解之后从平民中分化出来的富裕社会阶层,包括城市市民和农村的'约曼农'",他们勤劳节俭、行为庄重。④ 从16世纪末开始,伊丽莎白济贫法规定教区负担救济穷人的重任,而"中等收入者"是教区济贫资金的主要承担者,所以穷人成为"中等收入者"的济贫负担,有损他们的经济利益。⑤ 同时,自16世纪宗教改革以来,清教徒猛烈抨击有违上帝意旨的行为,包括酗酒、非婚性行为等,而这些行为的主体又是穷人。以非婚性行为为例,埃塞克斯郡特灵村在1570—1699年间非婚性行为者的社会地位以穷人和名不见经传之人为主。⑥ 在此情形下,"中等收入者"对穷人的态度发生变化,由之前的慈善救济转为强制规训。"中等收入者"越来越多地加入地方政府,他们与乡绅一道影响国家政策的制定与推行。这一时期英格兰教育水平的提

---

① Thorold Rogers, *Six Centuries of Work and Wages: The History of English Labour*, London: W. S. Sonnenschein, 1884, p. 326.
② Joan Thirsk, ed., *The Agrarian History of England and Wales*, Vol. Ⅳ: *1500-1640*, Cambridge: Cambridge University Press, 1967, pp. 302-305.
③ F. J. Fisher, "The Development of the London Food Market, 1540-1640", *The Economic History Review*, Vol. 5, No. 2, April 1935, pp. 46-64.
④ 向荣:《啤酒馆问题与近代早期英国文化和价值观念的冲突》,《世界历史》2005年第5期。
⑤ 初庆东:《近代早期英国治安法官的济贫实践》,《世界历史》2017年第3期。
⑥ Keith Wrightson and David Levine, *Poverty and Piety in an English Village: Terling, 1525-1700*, Oxford: Clarendon Press, 1995, pp. 128-130.

高为乡绅和"中等收入者"阅读和书写提供了条件。以肯特郡、诺福克郡、北安普敦郡、萨默塞特郡、伍斯特郡、北约克郡等郡中担任治安法官的乡绅为例,1562 年六郡治安法官中接受大学教育的比例仅为 4.89%,但到 1636 年六郡治安法官中接受大学教育的比例猛增至 61.65%。[1] 又如,1640 年莱斯特郡约曼农的文盲率为 55%,而农夫的文盲率超过 80%,劳工和仆人的文盲率超过 90%。[2] "中等收入者"加入地方政府,为搜集和整理地方信息注入活力,成为信息国家兴起的重要推手。

在信息搜集的范围与规模达到前所未有之程度的同时,国家权力日益向地方渗透,正如基斯·赖特森所言,"不论'都铎专制主义'是否存在,但毫无疑义的是,16、17 世纪中央政府的有效权力,特别是对地方管理的控制权,有极大扩大"[3]。与此同时,政府权威的表现形式也日益走向私密化。尽管近代早期英格兰政府的权威在公共展示方面仍有重要体现,但其重要性逐步下降,而秘密的规训和政府权威形式在 17 世纪变得越来越普遍。[4] 以刑罚为例,绞刑、公开鞭笞等向公众展示的刑罚在 16 世纪还比较普遍,但到 17 世纪刑罚愈益集中到教养院,不再向公众公开展示,走向私密化。从 17 世纪开始,英格兰政府的权威日益转向内部和室内,从而使得信息传递变得更加重要,这成为信息国家兴起的政治动因。

质言之,近代早期英格兰信息国家的兴起缘于伴随社会转型而涌现出的各类社会问题。能否成功应对这些社会问题的挑战,决定了英格兰国家的命运走向。以后见之明来看,英格兰能够率先开启工业革命,成为第一个迈入工业社会的国家,表明英格兰信息国家的兴起为这些社会问题的解决提供了应对之道。

二 信息网络的构筑

为搜集和控制信息,近代早期英格兰构筑起比较完备的信息网络。由

---

[1] J. H. Gleason, *The Justices of the Peace in England 1558 to 1640: A Later Eirenarcha*, Oxford: Clarendon Press, 1969, pp. 123-245.

[2] Keith Wrightson and David Levine, *Poverty and Piety in an English Village*, p. 16.

[3] Keith Wrightson and David Levine, *Poverty and Piety in an English Village*, p. 7.

[4] Paul Griffiths, "Local Arithmetic: Information Cultures in Early Modern England", in Steve Hindle, Alexandra Shepard and John Walter, eds., *Remaking English Society*, p. 117.

于近代早期英格兰的军事官僚国家机器比较薄弱，这就使得英格兰无法以行政权为主导实行"命令—服从"式威权统治，代之而行的是具有"行政司法化"特征的司法控制模式。① 英格兰的行政司法化是以司法机构弥补官僚机构的不足，由此信息网络呈现出行政网络与司法网络交织的特点。

英格兰行政司法化的国家模式决定了国家权力并非垄断在国王之手，而是分散在从中央到教区的各级官员之手。在中央层面，以国王、枢密院（Privy Council）和议会为权力主体。都铎时期王权的加强"不是以牺牲议会为代价，而是通过有意识地利用议会、借助议会的支持与合作实现的"②。宗教改革之后，议会获得了至高无上的法律地位，成为国家的最高权力机构。伊丽莎白一世时期的政论家托马斯·史密斯爵士在《盎格鲁共和国》一书中指出，"英格兰至高无上的权力在议会中"③。国王成为议会的组成部分，与议会共享国家最高主权，从而形成"王在议会"的国家主权原则。在议会之外，国王日益倚重枢密院处理国务。枢密院起源于中世纪的贤人会议，经过都铎时期的政府改革，它成为不具代议性质的、兼具咨询和行政职能的、常设的政府机构。④ 枢密院在近代早期位居中央政府的核心地位，成为国王唯一的征询机构，承担治理国家的大部分职能。

在郡层面，以治安法官（Justice of the Peace）、郡督（Lord Lieutenant）、郡长（Sheriff）为权力主体。近代早期英格兰郡政府的权力结构发生重大变化，集中表现为郡长权力的式微、治安法官和郡督权力的膨胀。都铎时期，郡长的主要权力转移到治安法官和郡督之手，但郡长仍承担大量的司法与行政工作。郡督接管郡长领导地方军队的权力，主要负责维持秩序与抵御外侵。治安法官在都铎时期一跃成为郡政府的权力中枢，控制地方司法与行政大权。治安法官负责逮捕盗贼与流民、镇压骚乱，以及惩处其他所有的轻罪。⑤ 到17世纪，治安法官被认为是"保证王国安宁的政府结构形式，是其他基督教世界所没有的"⑥。实际上，地方政府的所有事务，包

---

① 何国强、李栋：《早期英格兰行政司法化传统的宪政意义》，《广东社会科学》2012年第4期。
② 程汉大：《英国政治制度史》，中国社会科学出版社1995年版，第158页。
③ Thomas Smith, *De Republica Anglorum*, edited by Mary Dewar, Cambridge: Cambridge University Press, 1982, p. 78.
④ 边瑶：《都铎中期枢密院建制两方案探析》，《世界历史》2016年第3期。
⑤ Thomas Smith, *De Republica Anglorum*, p. 104.
⑥ Edward Coke, *Fourth Part of the Institutes of the Laws of England*, London: M. Flesher, 1644, p. 170.

括厘定工资与物价、征收税收、惩罚天主教徒和流民以及袭击他人者、管理济贫法等，都在治安法官的职权之内。①

在教区层面，教堂执事（churchwarden）、济贫管理员（overseer of the poor）、警役（constable）构成教区政府的权力主体。都铎时期，随着济贫法的颁布，教区成为英格兰基层行政组织。从中世纪开始，教区选举自己的官员和成立征收与分配共有资金的组织。教区居民每年选举两名教堂执事，教堂执事负责管理遗赠给教堂的房屋税或土地税等所得收入，用作维修教堂等开销。教区收入还包括教区税。从 15 世纪开始，征收教区税是教堂执事的主要职责。低级警役由庄园法庭任命，为村或镇服务，其司法辖区经常与教区基本重合。都铎政府在济贫改革时充分利用这一现存的管理机构，教堂执事与新设立的济贫管理员共同负责济贫事务，警役则负责将流民遣返回法定居住地。警役和教堂执事负责根据季审法庭的规定征收教区税，以救济贫困囚犯、供应慈善救济院和救济残疾士兵。教区官员与治安法官的联系人是高级警役，每个百户区有两名高级警役，由治安法官任命。高级警役负责维持秩序、监督低级警役、向治安法官通报辖区情况。高级警役还负责分配教区的税额，并将教区上交的各种税收按季度交给财政官员。②

在从中央到地方的行政网络之外，英格兰还构筑起遍布全国的"法庭之网"，这些法庭是英格兰行政司法化的载体。近代早期英格兰的法庭体系包括三大部分：中央法庭、地方法庭、教会法庭。中央法庭包括王座法庭、普通诉讼法庭、大法官法庭、财政法庭、恳请法庭、星室法庭、巡回法庭，以及地方性的中央法庭（主要包括达勒姆特区法庭、切斯特特区法庭、兰开斯特公爵特区法庭、边境法庭、北方法庭）等。地方法庭根据行政单位划分为郡法庭、季审法庭、市镇法庭、庄园法庭、百户区法庭等。中央法庭与地方法庭均属于世俗法庭，与此对应的是教会法庭，包括从坎特伯雷和约克的大主教法庭到地方上的教区法庭。

在这一法庭网络中，巡回法庭和季审法庭对地方社会治理意义重大，决定着国家政令在地方的执行情况，决定着国家治理的效能。近代早期英

---

① Winifrid Elizabeth Lewis, *Local Government under Elizabeth, with Special Reference to Staffordshire and its Quarter Sessions Rolls*, [no publication information], 1933, p. 2.

② D. H. Allen, ed., *Essex Quarter Sessions Order Book 1652 – 1661*, Chelmsford: The Essex County Council, 1974, pp. xiii–xiv.

格兰巡回法庭的组织结构日趋完善与成熟，巡回区也渐趋固定。巡回次数是每年两次，通常在二月底或三月的大斋期（冬季巡回）和七月或八月初的圣三一假期（夏季巡回）。巡回法官两人一组，到各自巡回区召开巡回法庭。巡回法庭不仅是一个法庭，也是一个委员会。作为司法组织，巡回法庭具有司法职能；作为全郡官员商讨地方治理的场所，巡回法庭又具有行政职能。在刑事听审授权令与提审囚犯授权令之下，巡回法官有权判决叛国罪、重罪、轻罪和审判巡回区内被囚禁的其他嫌犯。在民事诉讼令状的授权下，巡回法官有权受理民事诉讼。枢密院将巡回法官看作唯一能够有效处理既得利益或地方权贵间纠纷的地方代理人。巡回法官成为比有党派与利益冲突的治安法官，更公正实施调查和更可信赖的工具，而且巡回法官更能对触犯法律者予以惩处。巡回法官比治安法官能更好地处理叛乱、滥征税、对代理律师与揭发者的抱怨、与基督教或行政官员相关的冲突、伪证、滥讼、继承土地或孤儿地产等纠纷。[1]

如果说巡回法庭是中央政府的代表，那么季审法庭则是郡政府的专属。季审法庭是治安法官履行国家法令与治安委员会规定职责的司法组织，每年召开四次。季审法庭处理的案件范围广泛，除叛国罪、谋杀罪等重罪由巡回法庭审理和一些由教会法庭审理的道德与宗教案件外，其他案件几乎全部由季审法庭审理。季审法庭审理最多的案件是民众普遍讨厌的行为，如酗酒、撒泼（common scolds）、非法啤酒馆等。违反狩猎法者、夜间为非作歹者、夜间流浪者等，也经常出现在季审法庭。季审法庭还受理诽谤（libel）诉讼，特别是关于当权者、欺诈恶行（barratry）（邻里间争吵引发的）、敲诈（extortion）和诈骗（fraud）等诽谤。季审法庭也负责调查与惩罚地方官员的违法行为，包括渎职、敲诈、腐败以及其他罪行。季审法庭还处理雇主与仆人间的劳资纠纷，惩处哄抬物价者（forestallers）、囤积居奇者（regrators）和垄断商品者（engrossers）。[2] 与巡回法庭一样，季审法庭不仅是司法组织，也是行政组织。在一定程度上，季审法庭是郡政

---

[1] Thomas G. Barnes, ed., *Somerset Assize Orders 1629 - 1640*, Somerset Record Society, Vol. LXV, 1959, p. xxiii; J. S. Cockburn, *A History of English Assizes 1558-1714*, Cambridge: Cambridge University Press, 1972, pp. 175-177, 179.

[2] William Lambarde, *Eirenarcha, or, The Office of the Justices of Peace*, London: Company of Stationers, 1619, pp. 376-634; Sir Thomas Skyrme, *History of the Justices of the Peace*, Vol. I, Chichester: Barry Rose Publishers, 1991, pp. 170-172.

府官员的一次大聚会。① 郡中官员聚在季审法庭开庭之所，讨论公共事务，根据地方需求进行社会治理。

如上所述，巡回法庭和季审法庭均可审理司法与行政案件，巡回法官和治安法官都身兼司法与行政职责，这凸显了近代早期英格兰行政司法化的特征。近代早期英格兰的行政与司法并非截然分离，而是融为一体。行政网络与司法网络相互交织，共同构成了近代早期英格兰信息国家的信息网络。近代早期英格兰信息国家的运作仰赖作为信息渠道的行政与司法网络。

三 信息与国家治理的展开：以济贫为中心

信息国家的兴起表明，信息搜集与分类在近代早期英格兰国家治理中发挥至关重要的作用。从16世纪中叶开始，英格兰政府搜集和运用信息的范围与规模空前，由此产生的文书档案，不仅是英格兰制定政策必不可少的参考，而且作为国家权威和法律的代表具有深远的象征意义。更为重要的是，信息不限于一隅，而是不断向外传播，从而使更广泛的区域了解某一社会问题并采取应对举措。② 职是之故，近代早期英格兰通过信息搜集、数据分析与信息传递进行政策制定和国家治理，从而维护社会秩序。

近代早期英格兰政府为解决贫困、犯罪等社会问题，首当其冲的是加强对人口的信息监管。国家官员积极搜集穷人、陌生人、流民、乞丐、街头小贩等人群的姓名和数量，以及酗酒者、不去教堂参加礼拜者、参加周末户外运动者、天主教徒等有违社会秩序群体的信息，官员、仆人、工匠的活动也在国家的信息监控中。围绕信息搜集而形成的文书档案，代表了国家对社会问题的认知水平，成为国家制定社会政策或起诉违法乱纪之人的基础。

为解决贫困问题，一些地方市镇率先开始贫困普查（census of the

---

① G. C. F. Forster, *The East Riding Justices of the Peace in the Seventeenth Century*, York: East Yorkshire Local History Society, 1973, pp. 34–35; A. Hassell Smith, "Justices at Work in Elizabethan Norfolk," *Norfolk Archaeology*, Vol. XXXIV, 1967, p. 103.

② Paul Griffiths, "Local Arithmetic: Information Cultures in Early Modern England", in Steve Hindle, Alexandra Shepard and John Walter, eds., *Remaking English Society*, p. 114.

poor），这成为近代早期英格兰政府系统搜集居民信息的最早实践。切斯特（1539）、考文垂（1547）和伊普斯威奇（1551）等市镇先后进行贫困普查。在考文垂，治安法官调查居民的住房、房主、定居时间、婚姻、家庭、工作能力、雇佣情况，警告不雇帮工的雇主、惩罚懒惰者、救济穷人等。① 伊普斯威奇治安法官要求每个教区提名两人调查教区贫困状况。② 1570 年，诺里奇为重新实施济贫法计划，开始贫困普查。诺里奇贫困普查对居民年龄、婚姻、职业、财产、家庭规模等进行普查。普查结果表明，16 岁以上的成年男性有 525 人，成年女性有 860 人；16 岁以下的儿童总计 926 人；贫困人口总数是 2 359 人，占全部人口的 22%。③ 为更好地了解诺里奇贫困普查的信息，兹录一条调查结果如下：

  彼得·布朗，守门人，鞋匠，50 岁，没有工作；他的妻子安娜 60 岁，自圣诞节生病后就没有工作，身体健康时纺纱；有三个女儿，年龄依次是 18 岁、16 岁、14 岁，她们在有纱的时候纺纱，但现在没有工作可做。他在此居住的时间已经超过 20 年。他的一个女儿比较懒惰，被送往威廉家当仆人，她每年在那里居住三个季度。守门人的房子。一周 4 先令，非常穷困。可以工作。没有多余的钱。④

  诺里奇的贫困普查使市政官员得以了解居民贫困的程度与规模。在此基础上，1571 年 6 月，市议会公开宣读"贫民政令册"，很快获得通过。⑤ 可以说，贫困普查为政府了解贫困问题提供信息，成为政府制定济贫政策的前提条件，也是福利保障政策的起点。

  大多数贫困普查是在饥荒、骚乱时期进行的。例如，1586 年沃里克贫困普查和 1597 年伊普斯威奇贫困普查，就是在收成不好、谷物价格上涨

---

① Mary Dormer Harris, ed., *The Coventry Leet Book*, Early English Text Society, Original Series No. 138, 1909, pp. 783-784.

② Nathaniell Bacon, *The Annalls of Ipswiche*, edited by William H. Richardson, Ipswich: S. H. Cowell, 1884, p. 235.

③ John F. Pound, ed., *The Norwich Census of the Poor 1570*, Norwich: Norfolk Record Society, Vol. XL, 1971, p. 7.

④ John F. Pound, ed., *The Norwich Census of the Poor 1570*, p. 23.

⑤ Paul Griffiths, "Inhabitants," in Carole Rawcliffe and Richard Wilson, eds., *Norwich Since 1550*, London: Hambledon & London Publisher, 2004, p. 63.

的时期。两次普查的侧重点不同：沃里克贫困普查主要关注乞讨者和新移居者带来的混乱，而伊普斯威奇贫困普查则是罗列定居穷人的需求。[①] 1616 年谢菲尔德贫困普查表明，谢菲尔德总人口有 2207 人，其中有三分之一（725 人）是请求救济的穷人，另有 160 人因为太穷而不能救济别人。[②] 索尔兹伯里圣马丁教区在 1635 年的贫困普查显示，除接受济贫的人口外，有不少于人口总数的三分之一是"穷人"[③]。地方市镇官员通过贫困普查搜集关于贫困问题的信息，这有利于地方政府及时调整济贫政策，更好地组织济贫。地方政府可以根据搜集到的信息，决断是否开放或重组教养院，是否控制流民或其他人口。地方政府的这些应对举措为后来国家出台济贫法令提供了先例。

类似贫困普查的地方性量化统计并不限于市镇，在郡和乡村中量化统计也发挥重要作用。即使是很小的村庄，也经常被治安法官要求对某些事项进行统计。例如，1606 年卡斯顿（Cawston）村在越来越多的村民需要慈善救济度日之时，发起一项调查。这项调查区分了无力维持生计的穷人和自给自足的穷人，以及介于两者之间的穷人。后者是无法通过劳动维持生计，但适合并且愿意付出劳动的穷人，主要包括 7 岁以上的孤儿、孩子负担过重之人、由于年龄或体弱致使劳动能力衰退之人。[④] 尽管如此，市镇对量化统计的需求还是要比乡村更加迫切，这是因为越来越多的人口涌入城市。例如，17 世纪初剑桥的市政官员发布指令，要求调查员孜孜不倦地搜集和如实记载在本市居住少于三年之人的姓名和数量。此外，市政官员还要求对"靠打工为生的穷人"、"每个教区中的贫困户主"、同居者、其他所有可能需要救济之人、啤酒馆经营者，以及为乞讨者提供住宿之人

[①] Peter Clark and Philip Morgan, eds., *Towns and Townspeople 1500-1780: A Document Collection*, Milton Keynes: The Open University Press, 1977, pp. 41-43; John Webb, ed., *Poor Relief in Elizabethan Ipswich*, Ipswich: Suffolk Records Society, Vol. IX, 1966, pp. 119-140; Paul Slack, "Social Problems and Social Policies," in *The Traditional Community Under Stress*, Milton Keynes: The Open University Press, 1977, p. 84.

[②] John Pound, *Poverty and Vagrancy in Tudor England*, London: Longman, 1971, pp. 25, 93-94.

[③] Paul Slack, ed., *Poverty in Early-Stuart Salisbury*, Wiltshire Record Society, Vol. XXXI, 1975, pp. 80-82.

[④] Tim Wales, "Poverty, Poor Relief and the Life-Cycle: Some Evidence from Seventeenth-Century Norfolk", in Richard M. Smith, ed., *Land, Kinship and Life-Cycle*, Cambridge: Cambridge University Press, 1984, pp. 368-369.

进行统计。① 地方官员在对穷人的统计和归类上花费的时间比其他任何事务都要多，这与近代早期英格兰的贫困问题日益凸显有关。

近代早期英格兰政府对人口的统计和归类并不限于穷人。例如，普雷斯顿（Preston）的官员为掌握市镇的状况，从1650年开始对以下人群进行统计：失业穷人、登记在册的穷人、非法居留者、未宣誓的自由民、囚犯、陌生人、养狗之人、无执照啤酒经销商、不出席民事法庭的居民、"无用之人"、轻率之人、侵占市镇土地之人等。② 此外，非婚性行为、教堂的空椅、酗酒、周末运动、纵火等法律禁止的行为也都记录在册。例如，兰开夏治安法官在1600—1660年惩罚私生子母亲共有90人，而私生子父亲只有40人。③ 1609年4月26日，诺丁汉郡的北科林汉姆（North Collingham）的一位居民因为自上次季审法庭之后，先后10次到啤酒馆酗酒，而被罚33先令4便士。④ 纵览近代早期英格兰的国家文书，我们可以发现几乎所有的社会问题都有案可查，这些信息成为了解社会问题与制定对策的基础。

在政府将搜集到的信息登记在册后，这些文书档案又可为政府的后续活动提供信息。在贫困问题上，政府官员通过了解穷人的数量与成因，从而制定有针对性的举措。例如，治安法官在饥荒年代里努力确保地方谷物供应，保证居民有粮可食。1587年，诺丁汉治安法官将该市供应谷物的情况，连同面包师傅、酿酒商等的名单及其消耗谷物的情况，一并报送枢密院。⑤ 为控制流民，治安法官积极惩罚流民。根据琼·肯特对莱斯特郡和斯塔福德郡三个乡村的研究，1611—1620年共有47名流民被捕，1631—1640年则有248名流民被捕。⑥ 一些郡任命军队司令逮捕和惩罚流民。例

---

① Paul Griffiths, "Local Arithmetic: Information Cultures in Early Modern England", in Steve Hindle, Alexandra Shepard and John Walter, eds., Remaking English Society, p. 119.

② Paul Griffiths, "Local Arithmetic: Information Cultures in Early Modern England", in Steve Hindle, Alexandra Shepard and John Walter, eds., Remaking English Society, p. 121.

③ Walter J. King, "Punishment for Bastardy in Early Seventeenth-Century England", Albion, Vol. 10, No. 2, Summer 1978, p. 140.

④ Hampton Copnall, ed., Nottinghamshire County Records: Notes and Extracts from the Nottinghamshire County Records of the 17th Century, Nottingham: Henry B. Saxton, 1915, p. 43.

⑤ Robert Lemon, ed., Calendar of State Papers, Domestic Series, 1581–1590, London: Her Majesty's Stationery Office, 1896, p. 389.

⑥ Joan R. Kent, "Population Mobility and Alms: Poor Migrants in the Midlands during the Early Seventeenth Century", Local Population Studies, No. 27, Autumn 1981, p. 38.

如，1616 年枢密院致信米德塞克斯郡治安法官，任命军队司令逮捕和惩罚流民。① 对于失业者，国家要求地方官员为他们提供工作。例如，1622 年枢密院告知威尔特郡、格洛斯特郡、萨默塞特郡、多塞特郡、牛津郡、肯特郡、索福克郡、德文郡和约克郡治安法官："因为很多织工失业而陷入贫困"，"命令商人尽量多地购买布绸"，"要求（治安法官）恢复失业织工的工作"②。治安法官为解决穷人的工作问题，一方面要求儿童接受学徒制、工人接受强制性农业服务和厘定的最高工资，另一方面将拒绝接受工作者囚禁在教养院。③

与贫困问题相关的啤酒馆问题和私生子问题，也体现了国家官员对信息的运用。啤酒馆和私生子的数量在近代早期呈现爆炸式增长，这引起国家对社会失序和道德沦丧的恐慌。因此，国家统计啤酒馆和私生子的数量，对没有经营执照的啤酒馆经营者和私生子的父母进行惩罚。例如，1630 年之后，伦敦市政官员频繁地统计啤酒馆的数量，米德塞克斯郡在 1633 年统计的啤酒馆数量是 127 个，稍后在伦敦市和特别行政区统计的啤酒馆数量是 211 个。④ 诺丁汉郡季审法庭受理多起无照酿酒案件，1604 年 4 月 16 日有 34 人被起诉，1608 年 7 月 11 日又有 63 人被起诉。⑤ 在 17 世纪的赫特福德郡、兰开夏、萨默塞特郡、沃里克郡，至少有 203 名私生子的母亲受到治安法官的惩罚，其中有 112 名私生子的母亲被监禁在教养院。⑥ 地方官员通过调查啤酒馆经营者与私生子的父母的情况，对其行为进行规训和惩罚，以此维护社会秩序。

由此看来，国家文书不仅是信息的载体，也是秩序的保障。国家文书将信息系统地组织在一起，使国家官员了解和认识相关问题，他们通过检

---

① J. V. Lyle, ed., *Acts of the Privy Council of England*, *1616–1617*, London: His Majesty's Stationery Office, 1927, p. 3.

② Mary Anne Everett Green, ed., *Calendar of State Papers*, *Domestic Series*, *1619–1623*, London: Her Majesty's Stationery Office, 1858, p. 343.

③ 参见初庆东《前工业化时期英国治安法官与劳资纠纷的化解》，《武汉大学学报》（人文科学版）2017 年第 3 期。

④ Paul Griffiths, *Lost London: Change, Crime, and Control in the Capital City*, *1550–1660*, Cambridge: Cambridge University Press, 2008, pp. 402–403.

⑤ Hampton Copnall, ed., *Nottinghamshire County Records*, pp. 49–51.

⑥ Steve Hindle, *The State and Social Change in Early Modern England*, *c. 1550–1640*, Basingstoke: Palgrave, 2000, p. 186.

索和统计文书中的数字和词语,为解决相关社会问题对症下药,从而实现以"信息秩序"维护"国家秩序"的目的。

结　语

16、17世纪是英格兰政府结构重塑与发展进程中重要的历史时期,是信息国家的兴起和近代国家的形成时期。近代早期英格兰政府对信息搜集的强度空前,这从一个侧面表明该时期政府活动的增加与政府结构的变革。

近代早期英格兰政府对"秩序"的关注程度前所未有。为维持社会秩序与社会稳定,政府加强信息搜集、保存和运用,这集中表现为中央集权与地方参与,而"中央集权与地方自治相平衡的行政司法体制"成为近代早期英格兰信息国家兴起的典型特征。[①] 国家权力通过巡回法官、治安法官、教区官员等渗透到地方,而社会剧变中的民众发生分化,"中间阶层"作为陪审员或教区官员参与地方治理,"穷人"则往往成为治理的对象,由此形成一种参与式共享型国家治理模式。信息国家的兴起并非中央单方面对地方的渗透,而是中央与地方动态交往的过程。[②] 在迈克尔·布拉迪克看来,英格兰的中央集权是指"对社会生活更广泛地规制,以及随之发生的在协调立场的过程中分散性权力的增加"[③]。基斯·赖特森认为,近代早期英格兰信息国家的兴起并非通过官僚机构的中央集权化,而是通过中央权力在教区的分散来完成的。[④]

治安法官作为中央政府与教区政府之间的联络官员,在信息国家兴起的过程中发挥着重要作用。治安法官作为地方政府的权力中枢,上承国王与枢密院,下接教区官员与民众。国王与枢密院希望治安法官顺从、勤政,积极搜集信息,但治安法官作为地方的管理者和领导者,根据地方实

[①] 郭方:《近代国家的形成:16世纪英国国家机构与职能的变革》,商务印书馆2007年版,第86页。

[②] Steve Hindle, *The State and Social Change in Early Modern England, c. 1550-1640*, p. 16.

[③] Michael Braddick, "State Formation and Social Change in Early Modern England: A Problem Stated and Approaches Suggested", *Social History*, Vol. 16, No. 1, January 1991, p. 12.

[④] Keith Wrightson, *English Society 1580-1680*, London: Hutchinson, 1982, pp. 222-228.

情与个人利益决定是否进行信息搜集。因此，枢密院与治安法官既合作又竞争。治安法官监督与领导教区官员，而教区官员是否愿意与治安法官合作决定了治安法官能否履行职责。枢密院—治安法官—教区官员的这种权力平衡与制约的合作模式，成为近代早期英格兰信息国家成功与否的关键。随着近代早期治安法官权力的膨胀，其在信息国家中的作用和地位更加凸显。在一定程度上，治安法官决定了国家权力的集中与扩散，决定了国家治理的水平与效果。在近代早期社会剧变时期，国家与治安法官均追求社会秩序的稳定，这种相同的诉求使得国家与治安法官在济贫、惩治犯罪、规训道德等方面达成共识，形成合力，积极搜集、保存、传递和运用信息，这为英格兰社会稳定转型和国家有序治理提供了条件。

殴斗的逻辑

——乾隆至同治时期重庆的脚夫组织[*]

周 琳[**]

一 研究缘起

同治三年（1864）九月，重庆城[①]的"茶帮"和"川帮"脚夫为争夺地盘展开了激烈诉讼。双方诉状都极力渲染殴斗的情节，茶帮指控川帮"多人来行寻凶，抄毁锅榾碗盏"；川帮也说茶帮"多人各执刀棒入行"。接下来的一年半，两帮越来越深地卷入这场纠纷，见于记载的殴斗事件就发生了11次。整个过程中据说有人身负重伤，有人失踪数月，还有人丢掉了性命。

这是笔者根据清代《巴县档案》的三个案卷〔同1，同2，同4〕[②]，大致勾勒出的此案轮廓。然而笔者在阅读案卷的过程中却产生了三点疑问：

第一，在这三起案件中，两帮都使用了暴力，这符合此前研究者对于清代脚夫的论断，[③]也印证了前辈学者对同治时期重庆社会"粗野"

---

[*] 国家社科基金青年项目"清代州县档案中的市场、商人与商业制度研究"（14CZS019）。
[**] 周琳，公众历史作家，自由撰稿人；zhoulinworkmail@gmail.com。
[①] 本文所研究的城市是清代重庆府和巴县的治所，当时人多称为"巴县"。但由于"重庆"这一称谓在当时也曾使用，且为现代读者所熟知，所以本文用"重庆"指代这个城市。
[②] 为节省篇幅，本文随文注（以方括号辨识）中所引《巴县档案》案卷均采用这样的缩写形式，案卷名称、年代、出处、编号方式详见文后"附录1"。
[③] 全汉昇指出："苦力帮最重要的任务是守着势力范围而作营业上的保护"（《中国行会制度史》，食货出版社1986年版，第188页）；上田信认为明末清初的江南脚夫"以暴力作为谋生手段"（《明末清初·江南的都市无赖をめぐる社会关系——打行と脚夫》，《史学雑誌》1981年第11期）；申浩认为："脚夫的行业组织具有严重的暴力倾向"（《对清代以来江南市镇中脚夫群体的考察》，《史林》2008年第2期）；李里认为，清代天津脚行时常因脚价地界纠纷而酿成暴力冲突（《清代以降天津脚行与政府关系嬗变》，《中国经济史研究》2014年第1期）。

的观感。① 但笔者还是想追问，暴力究竟是内生于脚夫组织的行为方式，还是在特定环境下的适应性策略？

第二，此前一些研究将脚夫视为"无赖"或"流氓"②。具体地说就是：经常从事扰害社会秩序的暴力行为；脱出既有社会结构之外，难以管束；居留不定；无恒产亦无恒业。这与笔者在此案中看到的脚夫很不相同。这些脚夫虽卷入暴力冲突，却时时强调他们的职业是正当的、长久的，与其他生意并无不同。这说明，此时的重庆脚夫可能还具有某些复杂而隐秘的特质。

第三，此案诉讼过程中有一个吊诡的现象，那就是：一方面两帮脚夫频频提起诉讼，另一方面地方官府没有做出任何有意义的仲裁或判决。这使笔者感到好奇：此前关于清代重庆商业秩序的研究，大致认为清代重庆地方官府既有对商业事务的关切，又积累了处理商业事务的经验。③ 但为何面对这桩纠纷时，态度却截然不同呢？

基于上述困惑，笔者决定全面追溯乾隆至同治时期重庆脚夫组织的演变历程，寻找上述问题的答案。

本文使用的是清代《巴县档案》中的诉讼案卷。其中不仅有丰富的脚力纠纷案卷，而且详细记载了每个案件的诉讼过程，能给研究者提供更大的讨论空间。另外正如上田信所说：此前关于脚夫的研究"多是利用官府或请求官府取缔'无赖'的人所写的东西，因此所展现的形象是有失偏颇的"④。而《巴县档案》中有脚夫的诉状、口供，法官的判词，客长、街邻等人士的供述，这些信息必然有助于重构一个更加复杂、丰满的脚夫群像。

---

① ［日］夫马进：《中国诉讼社会史概论》，范愉译，收入中国政法大学法律古籍整理研究所编《中国古代法律文献研究》第六辑，社会科学文献出版社2012年版，第73页。
② 上田信：《明末清初・江南の都市無頼をめぐる社会関係——打行と脚夫》，《史学雑誌》1981年第11期；郝秉键：《晚明清初江南"打行"研究》，《清史研究》2001年第1期。
③ 邱澎生：《国法与帮规：清代前期重庆城的船运纠纷解决机制》，收入邱澎生、陈熙远编《明清法律运作中的权力与文化》，联经出版公司2009年版；［美］戴史翠（Maura Dykstra）：《帝国、知县、商人以及联系彼此的纽带：清代重庆的商业诉讼》，收入王希主编《中国和世界历史中的重庆：重庆史研究论文选编》，重庆大学出版社2013年版。
④ 上田信：《明末清初・江南の都市無頼をめぐる社会関係——打行と脚夫》，《史学雑誌》1981年第11期。

二 既有研究的检讨

2000年，山本进发表了《清代巴县的脚夫》一文[1]，勾勒了重庆脚夫的组织和经营模式，至今都是关于清代重庆脚夫最系统的研究。这篇文章的结论是：

（1）此一时期的重庆脚夫，主要分为"码头脚夫"和"行户脚夫"两类。

（2）在此百余年内，脚夫组织不断突破"夫头—散夫"结构，日益复杂多元。

（3）自嘉庆时期，相当数量的"管行脚夫"脱离"帮"的辖制，转向"自立化"经营。他们既从事搬运业务又介入商品贸易，不仅增加了运输成本，也妨碍了商业资本对流通各阶段的"一元化"管理。

上述结论对于笔者帮助甚大，但笔者认为，这项研究也存在着四个方面的硬伤：

（1）不能仅用乾嘉道时期的案例来说明整个清代的情况。尤其是在清代中后期，重庆的商业环境发生了深刻的变化[2]，所以乾嘉道时期的情况绝不等同于整个清代的情况。

（2）对于乾嘉道时期重庆脚夫帮的分化、演变，叙述相当模糊。文中可见："但这只是一个猜测"；"西帮、南帮、索帮、杠帮的地盘难以厘清的错综复杂"这样的语句。这说明作者并没有构建起一个完整的事实链条，在此基础上形成的结论也难免偏颇。

（3）"行户脚夫突破'帮'的辖制，日益'自立化'"，是这篇文章最重要的结论，但作者据以立论的只有7个片段式的案卷，令人难以信服。

（4）论述囿于脚夫本身，相关的经济、社会问题较少触及。

上述问题的出现，一个重要的原因在于资料不足。山本氏使用的全部是《清代乾嘉道巴县档案选编》中的案卷[3]。这套节选本中收录的案例很

---

[1] 山本进：《清代巴县の脚夫》，收入氏著《明清时代の商人と国家》，研文出版社2002年版。
[2] 相关研究参见周琳《清代重庆史研究述评》，《西华师范大学学报》2014年第6期。
[3] 四川大学历史系、四川省档案馆：《清代乾嘉道巴县档案选编》上下，四川大学出版社1989、1996年版；四川省档案馆编：《清代巴县档案汇编·乾隆卷》，档案出版社1991年版。

少，且一个案例只能选取一到两个情节被严重割裂的诉状。如果仅用这些案例来做研究，得到的结论常有偏颇。山本氏的研究完全依赖上述节选本，是由于当时《巴县档案》全宗的查阅还有诸多不便。但正因为如此，今天的研究者才应该依据更完整的卷宗对前辈学者的研究进行修正和完善。笔者在进行此项研究的时候，严格遵循三个原则：

（1）尽可能使用《巴县档案》全宗中的完整案卷，实在无法找到完整案卷时才使用节选本中的案卷。（2）尽可能查阅相关的所有案卷。（3）全面掌握与主题相关的其他文献，以补充档案资料的不足。

直白地说，本文的研究相当于"拼图"的工作，对档案文书中零乱、琐碎的细节进行搜集、甄别，然后按时间和逻辑顺序拼接起来，尽可能讲一个完整的故事。在故事展开的过程中，希望能解开前文中所提出的疑问。

三 乾隆三十六年至嘉庆十三年——松散、多头的初步整合阶段

乾隆三十六年（1771）四月，巴县知县仲纯信在朝天门码头设置夫头〔乾1〕。山本进将此事件视为清代重庆脚夫群体整合的起点，笔者也赞同此说。但山本氏认为设置夫头的目的是"支应兵差，承办各衙门的搬运差务"[①]，这其实忽略了乾嘉时期重庆脚夫组织的整合历程，下面笔者将详细地追溯这个历程：

（一）初未承差的朝天门码头散夫

在讲述本节的故事之前，有必要解释"差务"和"散夫"两个概念。"差务"是地方官府为维持日常用度和处理公务而向辖区民众征收钱财、货物和劳役。在咸丰六年（1856）以前的重庆，差务是一项重要的商业监管机制，官府惯于以"是否承差"或"承多少差"来厘定工商业者的经营权限。[②]

[①] 山本進：《明清時代の商人と国家》，第93页。
[②] 参见刘铮云《官给私帖与牙行应差：关于清代牙行的几点观察》，（台北）《故宫学术季刊》2003年第2期；范金民《把持与应差——从巴县诉讼档案看清代重庆的商贸行为》，《历史研究》2009年第3期；周琳《"便商"抑或"害商"——从中介贸易纠纷看乾隆至道光时期重庆的"官牙制"》，（台北）《新史学》2012年第1期。

"散夫"从字面上理解似乎是指无组织的、独立承揽业务的脚夫，但事实却并非如此。在议立朝天门夫头的案卷中，多次出现"散夫"一词：

> 夫头徐殿扬等：前沐仁宪在码头设旗赏示，设立夫头。将散夫清查造册……散夫如有增添，随时开报注册……
> 知县仲纯信：嗣后每逢客船装货抵岸，务须经理散夫背运。

由上可知：在此时的语境中，"散夫"其实是指夫头管领的、登记在册的脚夫。只是因为与受雇于牙行、店铺的脚夫（后文将述及）相比，他们的活动范围和业务范围都比较不固定，所以被称为"散夫"。

山本进认为，乾隆三十六年设置朝天门夫头是为了督促散夫承差，但笔者认为这是一种误解。此前的研究已经证明，清代重庆地方官府极其重视差务。[①] 然而在议立朝天门夫头的案卷中，自始至终未曾提到散夫承差的问题。知县反复强调的是"渝城五方杂处，向来客货起岸下船都有乘间拐带之弊"，"脚夫内匪类固多"。颁给夫头的执照中也要求其"不时稽查外来无籍之人"。由此可见至少在议立朝天门夫头之时，夫头的主要职责是稽查流动人口、维持搬运秩序，并非督促散夫承差。

此时的朝天门散夫之所以不承差，应缘于官府对地方安全的担忧。现有的研究揭示出，乾隆时期的重庆已成为啯噜猖獗之地。[②] 两金川战争期间川兵被大量抽调到前线，造成地方防务空虚，致使前线溃逃兵卒汇入川东啯噜。[③] 在乾隆二十五年至四十九年（1760—1784）的《巴县档案》中，笔者找到了30个与缉拿"啯匪"明显相关的案卷，这可以说明当时的重庆城正面临着巨大的安全隐患。而相比于其他城市空间，码头应该是最令官府头疼之所在。因为其作为南来北往之地，必会招来流窜的啯噜。而散夫作为以中青年男性为主且组织相对松散的群体，不仅可以藏匿啯

[①] 参见刘铮云《官给私帖与牙行应差——关于清代牙行的几点观察》，（台北）《故宫学术季刊》2003年第2期；范金民《把持与应差——从巴县诉讼档案看清代重庆的商贸行为》，《历史研究》2009年第3期；周琳《"便商"抑或"害商"——从中介贸易纠纷看乾隆到道光时期重庆的"官牙制"》，（台北）《新史学》2012年第1期。

[②] 啯噜是"清初四川移民社会中出现的以外来移民中'不法'分子为主体的、没有明确政治目的，专门从事抢劫、偷窃活动的一种游民结社"。参见吴善中《清初移民四川与啯噜的产生和蔓延》，《清史研究》2011年第1期。

[③] 魏源：《圣武记》，中华书局1984年版，第377页。

噜，还极易与其相互转化。正因为如此，官府有时会对码头脚夫的行为过度敏感。如乾隆四十六年十月，巴县知县处理了贺元万在朝天门码头强背钱包的案件。但四日后，川东道就责成重庆府和巴县对此案再次"严审"。从数日后，川东道又严令巴县知县十日内将主犯"解赴省听候审办"〔乾4〕联系到乾隆四十六年啯噜大举进攻陕南、川东的事件就不难看出，当时的各级官府其实是将这个案件与啯噜作乱联系在了一起。

综上可以断定，乾隆三十六年四月设置朝天门夫头，更多地是出于监控散夫、防范匪类的考虑。至少在此制度运行之初，其职能是类似于保甲而不是承差。

（二）七门脚夫的差务责任与整合猜想

在乾嘉时期的重庆，真正承担搬运差务的是七门脚夫。所谓"七门"，是指金紫门、储奇门、太平门、东水门、朝天门、千厮门、临江门，包含了当时环绕重庆城，附设水码头的8个城门中的7个。① "七门"组织同样设于乾隆三十六年，保留在《巴县档案》中的一份差务单记载了其承担的差务类型：

> 一、学宪临考接送行李；一、文武各宪荣任荣升搬运行李；一、春秋二祭搬运什物；一、盘查仓廒搬运谷石；一、兵□□□□□□□；一、背运军米；一、背运硝磺；一、覆舟铜铅；一、皇木过境带缆；一、凡各衙差务，有票传唤办理明白。〔乾2〕

这份差务单几乎涵盖了正常情况下维持地方官府运转所需的各种搬运服务，然而承担这些差务却绝非易事。如"覆舟铜铅"，即搬运从长江中打捞起的转运京师的滇铜、黔铅。据统计，雍正末年至咸丰初年，京运滇铜共约98067.6万斤②，黔铅共约55751.9万斤③。而所有的京运铜铅都要

---

① 重庆开埠之前，其商业空间在今天渝中半岛的中部至东部。由于城市商业高度依赖水运，所以环绕半岛的8个城门及附设的水码头成为商品集散之地，形成以边缘辐射城内的商业格局（参见王尔鉴《巴县志》卷二《建制》，嘉庆二十五年刻本；蓝勇、彭学斌：《古代重庆主城城址位置、范围、城门变迁考——兼论考古学材料在历史城市地理研究中的运用方式》，《中国历史地理论丛》第31卷第2辑，2016年）。
② 马琦：《清代滇铜产量研究：以奏销数据为中心》，《中国经济史研究》2017年第3期。
③ 马琦：《清代黔铅的产量与销量——兼评以销量推算产量的办法》，《清史研究》2011年第1期。

在重庆换船转运，而巴县境内共有险滩23处①，动辄发生沉没铜铅数万斤的水损事故②。由此可以想见，七门脚夫搬运覆舟铜铅的负担是相当沉重的。嘉庆十二年（1807），七门脚夫至少承办了3次运铅差务。五月的一次派夫630名，运铅1284块；十二月的一次派夫862名〔嘉3〕。

"皇木过境带缆"也是一项繁重的差务。据统计：乾嘉道时期清廷共在云贵川采办楠木3000根（件/株）。③ 这些巨楠要在重庆扎筏转运，每株所需的搬运人夫甚至可达数百名。④ 乾隆四十七年（1782）一批皇木运抵之时，县衙命朝天、临江、千厮三门每天各派脚夫50人，东水、太平、储奇、金紫四门每天各派脚夫40人参与搬运〔乾5〕。也就是说，每天应承此项差务的脚夫达到310人。

此外，背运硝磺也是脚夫无可逃避的差务。清廷严禁民间贩运制作火器的原料——硝石、硫磺⑤，搬运硝磺必须用官府雇募的脚夫。而重庆是当时四川两大硝磺供给地之一⑥，在这种情况下，七门的差务负担自然沉重。

"七门"与上文中提到的朝天门散夫组织是何关系？档案中没有明确的记载。但是根据有限的材料，笔者做出以下猜想：

第一，"七门"的成立晚于朝天门散夫组织。目前关于"七门"组织最早的材料，是上文提到的那份差务单，其中模糊地标注着"乾隆三十六年"。但是笔者推测，"七门"成立的时间很可能是在朝天门脚夫组织之后，是地方官府对"朝天门经验"的完善和推广。因此其组织规模更大，制度设计方面也将此前忽略的差务问题囊括进来。

第二，"七门"兼并了朝天门散夫组织。因为一方面，在"七门"成立之后就再也没有对朝天门散夫组织的记载；另一方面，在同一个码头空间设置两个脚夫组织既累赘也容易造成混乱。所以最有可能的就是"七

---

① 不著撰人：《铜政便览》，收入刘兆祐主编《中国史学丛书三编》第一辑，据清嘉庆间钞本影印，学生书局1986年版，第253—278页。
② 蓝勇：《清代京运铜铅打捞与水摸研究》，《中国史研究》2016年第2期。
③ 周林、张法瑞：《清代皇木采办情况统计》，《收藏》2013年第9期。
④ 蓝勇：《明清时期的皇木采办》，《历史研究》1994年第6期。
⑤ 马建石、杨育棠主编：《大清律例通考校注》，中国政法大学出版社1992年版，第591页。
⑥ 陈显川：《清代金川战争时期巴县社会状况的考察——以巴县档案为考察中心》，《西南农业大学学报》2011年第11期。

门"成立之后，兼并了原有的朝天门散夫组织。这样一来，朝天门散夫组织类似于保甲的职能也被纳入"七门"之中。

由此可见，将流动涣散、潜藏不安定因素的脚夫纳入政府登记系统、一体应差，绝不是一蹴而就的易事。其间经历了由试点到推广，由单一职能到复合职能的转变过程。

（三）管行脚夫

在这一时期，还有部分脚夫服务于牙行、栈房和店铺，时人称为"管行脚夫"。乾隆五十七年管行脚夫刘文宗自述：

> 昔年蚁等七人去银八十四两，顶朝天坊恒源行抬脚生易，蚁等自行炊食，认房佃租，承办差务，不敢违误，但抬送客货远近脚钱俱有规额，货物交卸，蚁等有任。〔乾7〕

从这段叙述来看，管行脚夫的经营类似于个体承包。他们除了协助店铺搬运货物之外，也要承担官差。

另外，管行脚夫此时并未形成常规化的组织，有案例为证：乾隆五十七年，脚夫刘文宗与行主发生了纠纷。刘氏撤走了行内所有的脚夫，朝天门其他脚夫也拒绝为该牙行搬运货物〔乾7〕。嘉庆四年（1799）脚夫谭正禄与行主发生纠纷，谭一边"估伊伙陈毓敬五人，不许抬行货进出"，一边指使其兄率人到码头阻截货船〔嘉1〕。从这两个案例可以看出，此时的管行脚夫在面对纠纷时还是动用自己的人脉关系来解决，两个案卷中都未出现"帮"或"夫头"这样的字眼，可见此时的管行脚夫还处于松散、组织薄弱的状态。

综上所述，乾隆三十六年至嘉庆十三年（1771—1811）前后，重庆脚夫尚处于松散、多头的初步整合阶段，已经实现的整合也更多依赖于官府的行政力量。这一时期见于档案的脚夫殴斗事件仅有两例〔乾4，乾6〕，殴斗尚未成为重庆脚夫日常化的行为方式。

四 嘉庆十三年至道光元年——复杂化、帮派化、自主化的重组阶段

（一）重要变化之一——脚夫组织的类保甲职能迅速萎缩

官设脚夫组织监控散夫、清查匪类的类保甲职能，似乎一直没有发挥预期的作用。笔者查到，乾隆年间有两宗暴力事件涉及朝天门脚夫。一宗是乾隆五十四年（1789），邓世全叔侄被不明来历脚夫殴打的案件〔乾6〕。另一宗则是前文提到的"贺万元强背钱包案"。然而这两起案件都是涉案人与官府直接交涉，案卷中既未交代这些脚夫是否为在编脚夫，也未有"夫头"出面处理纠纷。嘉庆年间的情形也是如此。嘉庆中期，朝天门等码头外来脚夫聚集，偷窃事件频发〔嘉2，嘉6〕。由此可见，许多码头和街区对脚夫的监管其实非常松懈，官设脚夫组织的类保甲职能至晚在嘉庆中期就基本失效了。

然而这一时期流动脚夫的数量却有增无减。嘉庆时期是重庆市场拓展的重要阶段[1]，也是外来工商业者流入的一个高峰期[2]。在这些远赴重庆的人之中，包含着一个数量可观且相当危险的流民群体。严如熤对这一群体有细致的描述：

> 川江大船载客货由汉阳、荆、宜而上，水愈急则拉把手愈多。每大船一只载货数百石，纤夫必雇至七八十人……所来拉把手在重庆府河岸各棚待下水重载之雇募，下水重船需水手较上水为少，每只多止

---

[1] 关于此问题，现有研究存在微妙的分歧。隗瀛涛认为，开埠前重庆市场主要为盆地内贸易服务（参见隗瀛涛主编《近代重庆城市史》，四川大学出版社1991年版，第96—114页）；龙登高等认为，乾嘉道时期重庆已突破内向型的发展模式，崛起为西南最大的流通枢纽城市（参见龙登高《中国历史上区域市场的形成及发展——长江上游区域市场的个案研究》，《思想战线》1997年第6期；许檀《清代乾隆至道光年间的重庆商业》，《清史研究》1998年第3期）；山本进则认为四川这样重要的区域市场不可能是"封闭"的，但四川18世纪后半期形成了一个有独立性的"区域经济圈"（参见山本进《明清时代の商人と国家》，第11—50页）。无论上述哪一种观点，都承认嘉庆时期重庆商业的向好和物流需求的增加。

[2] 周琳：《清代重庆的工商业移民——依据〈巴县档案〉的研究》，收入吴佩林、蔡东洲主编《地方文献与档案研究》第一辑，社会科学文献出版社2014年版。

三四十人，计重庆所至上水船每日以十船为率，是水手来七八百人，所开下水船每日亦以十船为率，是水手去三四百人。以十日总计，河岸之逗留不能行者常三四千人，月计万矣。此辈初至尚存有上水身价，渐次食完，则卖所穿衣服履物，久之即成精膊溜矣（山中恶少无衣履赤身者谓之精膊溜），弱则为乞丐，强则入啯匪，伙党有力者或负贩佣作。①

由这段记载可知，外来脚夫正是这个群体的一部分，他们与纤夫、水手、啯噜、乞丐一样混迹于社会边缘且常常互相转化。上文提到的嘉庆中期"无聊脚夫"聚集生事的情况，就应放在这样的背景之下理解。

嘉庆至同治时期的《巴县档案》中，可以看到流动脚夫引发的各种治安和社会问题。如扰乱搬运秩序：

> 道光元年（1821）徐隆泰：近因朝天门码头，有流痞李尚元、魏不饱伙聚多痞，在于河坎，见有上货之时，恶等将客麻背上河坎；下货之时，由行背运街心，每捆索钱一、二文不等，方容夫运，否则不容夫背。且不顾官街行止，又硕雨湿客货，并将捆索私解卖钱。〔道2〕

又如盗窃：

> 同治六年（1876）八省客长：兹查匪等多人日每不务正业，就于朝天千厮各门各处盘踞，乘民等各帮起下棉花货物，白昼公然窃取，自称"抓絮帮"。尤引诱十余岁小孩在民等起下棉花货物之处立站，伺民等不暇，乘势沿路掏摸。甚至肆行窃取，随窃转递匪党卸开。〔同5〕

不过，在官设脚夫组织类保甲职能萎缩，外来脚夫又持续流入的情况下，清代中期的重庆为何没有出现严重的治安和社会问题？这就涉及这一时期脚夫组织的第二个重要变化。

---

① 严如煜：《三省边防备览》，道光十年（1830）庚寅来鹿堂刊本。

（二）重要变化之二——脚夫组织的严密化和多样化

这一时期脚夫组织的重整可分为两类，一类是官府主导的，另一类是脚夫自发的。下面分别叙述之。

1. 官府主导的对原有组织的维系与扩充

首先是建立管理行店脚夫的组织。前文提到：在上一个时期，行店脚夫总体上处于一种松散的状态，到嘉庆中期情况发生了改变。嘉庆十五年（1810）花行脚夫宁若济提到：

> 蚁等在朝天坊同人花行内承做脚力生意，照管客货上下背运，如有疏失，责成蚁等赔偿。蚁等间因背运不及，雇倩代背，不惟拥挤争抢滋闹，且多中途透窃。嘉庆十三年经行主等禀请前恩设立夫头，给牌轮背，上下货物钱包，均有议定脚价，以免争竞而杜滋闹。〔嘉5〕

由这段叙述可知，当时花行面临着两个问题：一是随着货物数量的增加，需要雇佣更多的脚夫；二是新雇的脚夫难以管理。在这种情况下，知县设置了朝天门运花夫头。

但是要将行店脚夫组织起来却绝非易事。嘉庆十八年，花行主罗大丰等人与脚夫陈秀伦等人发生了诉讼，争议的中心就是如何有效监管脚夫。官府和牙行力主新设夫头，脚夫们却百般不情愿。在诉讼过程中，行主屡次向官府推举自行雇招的夫头，官府也对涉事脚夫做出了"签传严讯，分别递籍管束"的严重警告。但在脚夫的极力抵制之下，设置夫头的要求最终还是被搁置了起来〔嘉12〕。不仅如此，已经建立的行店脚夫组织也远不能如"七门"那样充分整合。嘉庆十六年的一个案例即反映了这一点：当时朝天门码头聚集了众多外来脚夫，秩序相当混乱，知县令相关人士商议解决办法。"花布帮夫头"武自新为难地提到：

> 蚁等系西黄两帮议举承充夫头，派拨散夫背运西黄两帮花布行李钱包，至背运山广各货，□□蚁等派拨，蚁等亦无染手情事。兹奉札谕，蚁等未便隔端邀议〔嘉6〕。

这说明当时朝天门行店脚夫虽有组织，却互不统属。这个事件的后续发展更加耐人寻味：急于整饬秩序的知县另寻了8名脚夫，希望由他们充当行店脚夫夫头，但遭到其他脚夫和商家的消极抵制〔嘉8〕。从这个事件可以看出，即便有官府介入也无法使行店脚夫自然地整合在一起。

出于对差务的关注，官府也十分重视"七门"的扩充。下面这个案件展现了七门重整的一个过程〔嘉6〕：嘉庆二十五年，张永昌等散夫进入陕西街营业，两月后被朝天门夫头池洪才告到县衙。然而在诉讼过程中，池洪才的说辞却是前后矛盾的。一开始他明确提出之所以状告张永昌等人，是因为陕西街历来不设脚夫组织，无条件为贫苦的外来脚夫提供工作机会，张永昌等人是"垄断把持独吞"。这看似是一个充满正义感的诉求，但实情却并非如此。道光元年（1821）池洪才与其他六门夫头展开了第二轮诉讼。六门夫头提到：池洪才等人已经使张永昌等人分担了朝天门差务，而且张永昌等人也拿到了官府颁发的营业许可（牌轮）。看到这里笔者才恍然大悟。原来池洪才此前对"把持独吞"的声讨只是为了给散夫施加压力，逼迫其同意拿钱帮补朝天门差务，而这一场诉讼事实上反而促成了张永昌们对陕西街业务的垄断。地方官府出于对差务的需求，也默许了这种明修栈道、暗度陈仓的做法。这样一来陕西街脚夫被正式纳入七门系统，但直接控制他们的却是朝天门夫头而不是官府。

由上可知，这一时期重庆地方官府从未放弃对脚夫的管控，但效果却并不乐观。对于原本就缺乏组织的流动脚夫和行店脚夫，管控措施很难落到实处；而"七门"虽名义上听命于官府，却已暗中成为横亘在官府和各街区脚夫之间的寻租势力。

2. 自发脚夫组织——"帮"的出现

山本进认为，乾隆三十六年（1771）设置朝天门夫头之时，重庆就有了正式的脚夫帮[①]，但笔者认为这个论断并不可信。被山本氏用作论据的是嘉庆二十五年（1820）池洪才的供述："晚等自乾隆三十六年间，在朝天门码头背运客货，因金川回兵，仲主给牌设置西南两帮夫头"〔嘉6〕，但笔者认为这句话并不可信。

首先，从乾隆三十六年至嘉庆二十五年（1771—1820）已间隔了49年，设置夫头事件的亲历者已大多不在人世，叙述者完全有可能捏造事实；其次，笔者查阅的所有乾隆年间案卷中，并无只字提到"西帮"或

[①] 山本進：《明清時代の商人と国家》，第93页。

"南帮"。由此可见,"西南脚夫帮设置于乾隆三十六年"这个说法,类似于考据学中所说的"孤证"①,不可轻易采信。而笔者掌握的资料显示,清代重庆脚夫帮的形成其实是一个渐进的过程。

在笔者查阅的案卷中,第一次用"帮"指称脚夫组织是在嘉庆十六年(1811)〔嘉6〕。当时巴县知县正为各码头"无聊脚夫"聚集而大伤脑筋,出面与知县商讨对策的就是"朝天门花布帮夫头"〔嘉6〕。此后,各种脚夫"帮"陆续出现在《巴县档案》中。然而在清代的重庆,"帮"作为脚夫组织的代称,在不同时期也有着不同的含义。

在嘉庆中期至道光初期,"帮"实质上是"服务于特定商人群体的脚夫组织"。前文提到的"朝天门花布帮"就属此类。武自新提到:

> 缘朝天门码头山广各货历无专管夫头,蚁等系西黄两帮议举承充夫头,派拨散夫背运西黄两帮花布、行李、钱包〔嘉6〕。

可见,这个帮的成立机缘、夫头选任、运货种类,都取决于西黄两个商帮。下面笔者将从两起案件入手,具体剖析这一类脚夫组织:这两个案件发生在嘉庆十六年和嘉庆十八年,卷入纠纷的脚夫们称自己为"西帮"或"南帮"〔嘉9,嘉13〕。笔者据案卷梳理出两帮的基本情况:

(1)地缘纽带将"西南""南帮"与特定的商人群体联结在一起。在两个案卷中,交代了籍贯的西帮脚夫来自甘肃、陕西,南帮脚夫则来自湖广。案卷中提到:"南脚夫估背六省,西脚夫仅背山陕二省"。笔者推测,"六省"应该是指湖广、江西、浙江、江南、广东、福建,与山西、陕西加在一起,正好是与清代重庆商贸往来最多的"八省"。也就是说,脚夫籍贯与商人籍贯有粗略的对应关系。嘉庆十六年一份署名"关允中"的诉状,从商人的立场阐述了这种对应关系的重要性:

> 民等凡货物来渝,起至站房。脚夫在路有无盗窃,惟管店之人是问。管店又寻西脚头清理。皆因西脚夫皆有姓名,不能乘机盗窃。所以西脚夫悉背民等西帮货物,不能外运别帮货物,而他帮脚夫亦不得混运民等货物。

---

① 梁启超:《清代学术概论》,上海古籍出版社1998年版,第47页。

这段叙述表明，脚夫需要商人提供稳定的业务来源，商人也需要脚夫提供可靠的搬运服务，地缘纽带则将怀着如此诉求的双方联结在一起。而且这位"关允中"其实并不是普通商人，而是既充当陕西移民领袖又在"八省"组织中占据一席之地的陕西客长。[①] 他为西帮脚夫发声，说明了西帮与山陕移民群体的紧密关联。

（2）"西帮"和"南帮"的分立，到嘉庆中期成为显著的事实。关于"西帮"和"南帮"的分立究竟出现于何时，两帮人士说法不同。西帮脚夫称：乾隆三十六年（1771）设置夫头时，西帮就已经存在；南帮脚夫则称：西帮是嘉庆十三年（1808）才与南帮形成抗衡之势。笔者认为，南帮脚夫说法更加可信。因为从乾隆时期开始，长江中下游的商人和商帮就开始介入重庆的各类贸易。而山陕两省与重庆的贸易往来则比较少。[②] 在两个方向贸易量悬殊的情况下，西帮不可能有实力与南帮抗衡。由此可知，"西帮壮大于嘉庆十三年"的说法更接近于事实。

笔者推测真实的情况可能是：在山陕商人尚未充分开拓重庆市场之前，已经有一些来自西部省份的移民在重庆从事脚夫的职业。如甘肃籍脚夫刘复成供称："乾隆五十二年来渝五福街居住，在三牌坊背脚下力生意。"但在这一阶段，他们应该是与其他省份的脚夫一起工作。随着嘉庆年间重庆市场的拓展，且西部和南部省份也有更多的移民到来并加入脚夫的行列，致使脚夫组织既需要也有可能完成一次重整，于是脚夫们日益分化为"西帮"和"南帮"。西帮和南帮的崛起，造成了一个收益和隐患并存的局面。他们对本帮脚夫的管控，有效地整饬了搬运秩序，甚至可以说在一定程度上重拾了被官设脚夫组织放弃的类保甲职能。可是一旦帮与帮之间出现利益分歧和业务竞争，帮就会运用甚至滥用其动员和调遣帮众的能力，使冲突走向复杂化和激烈化。然而不幸的是，当时的重庆地方官府似乎对这两个方面都缺乏清醒的认知。

（3）地方官府对自发脚夫帮的态度。当时的重庆地方官府既没有认真

[①] "八省"是清代重庆城来自八个省份的移民各推选出"客长"作为代表，形成的一个联合组织。八省组织创设了"总名制度"，陕西客长的总名就是"关允中"（参见周琳《城市商人团体与商业秩序——以清代重庆八省客长调处商业纠纷活动为中心》，《南京大学学报》2011年第2期）。

[②] 周琳：《传统商业制度及其近代变迁：以清代中后期的重庆为中心》，博士学位论文，清华大学，2010年，第二章。

思考如何利用帮来控驭脚夫、安定市场秩序，也没有采取积极主动的措施消弭帮与帮之间的冲突隐患。他最关心的问题还是差务，甚至为了获取差务不惜激化帮与帮之间的矛盾。从西帮与南帮的纠纷中即可看出一些端倪。

初读这两个案卷，笔者十分不解。因为知县明显地处处压制"西帮"，具体事实如下：一是西帮提出的诉求合情合理且请来陕西客长为他们呈情，但知县始终只允许他们搬运山陕布匹、棉花，其余一切货物严禁染指。二是两帮都曾主动挑起殴斗，但知县只责罚西帮脚夫。

然而仔细分析两帮的由来就会发现，知县之所以这样做，就在于"西帮"不承担差务。笔者推测，南帮具有双重性质：一方面是南方省份脚夫联合起来抗衡山陕脚夫的组织；另一方面，它仍然是七门组织的一部分。因为前文提到：乾嘉时期，长江中下游的商人在重庆市场占主导地位，为他们服务的脚夫群体应该发展较早。在南帮崛起之前，这些脚夫最有可能被纳入七门组织。南帮夫头谭秉清也提到："一切货物归蚁背运，差务归蚁应办。只有西号布匹棉花仍归孙大汉背运，并不应差。"由此笔者可以断言：正因为没有承差，西帮才得不到官府公正的对待。

综上所述，地方官府对新生脚夫帮的态度是矛盾的：一方面默许了自发脚夫组织的存在，甚至依赖其维持秩序、监控编外脚夫；另一方面却对"帮"之于社会治理的双面意义视而不见，仍然用不合时宜的"差务"来制衡日益实力化、帮派化的脚夫群体。这样一来，必然有许多纠纷得不到妥善解决甚至被人为激化，不同帮派之间渐成撕裂之势。在这两个案卷中，西南两帮之间不仅发生了频繁的冲突，而且至少有3次升级为殴斗。这说明脚夫帮已经开始用激烈的、绕过官府的方式来解决问题。

五　道光元年至同治十三年——自发脚夫帮强势崛起并相互对抗

（一）乱象丛生的"七门脚夫系统"

前文提到：乾嘉时期，七门组织一直受到官府管控，总体说来运转有序。然而在道咸同时期的案卷中，七门的乱象却越来越多。具体表现如下：

（1）官府、差役在办差过程中对脚夫的勒索。道光七年（1827）七门夫头上呈诉状，痛陈办差过程中遭差役勒索的情况：

> 近因差等以蚁等贫贱可欺，遇有差务，不查前案蚁等认办之事，勒令给夫，否则凶凌。甚至每日勒索蚁等拨夫二三十名不等，日则听其驱使，夜则在彼守候，一切饭食均系蚁等散给。〔嘉16〕

其实乾隆五十八年（1793）也发生过一起相似的诉讼〔乾8〕。但在那一次诉讼中，知县态度鲜明地站在脚夫一边。但在此次诉讼中，七门夫头5个月内6次吁请知县禁止差役勒索，但每次得到的都是"遵照旧章办理"或"毋庸出示"的答复。由此可见，地方官府已经无力（或无意）为应差脚夫提供必要的保护。

（2）"七门"变异为一种寻租机制。下面，笔者将用两个案件来说明这个问题。道光十三年（1833），脚夫王朝状告夫头尹正兴〔道10〕。尹正兴名义上是千厮门夫头，被推举每日赴县衙承办差务。但他办差的方式比较特别，他每月从六门夫头手中领帮差钱，然后自行雇佣脚夫完成差务。所以尹正兴实际上是一个差务承包人，在拿到帮差钱之后，他不需要与七门组织有任何关系。他为什么能够承包这部分差务？其间是否有某种利益交易？都是令人疑惑的问题。

第二起案件发生在道光十八年且更富戏剧性〔道14〕。号称陕西街夫头的刘移山状告散夫张益元等抢背货物。刘移山不仅自称"认帮各门夫头应办差务"，还出示了证明自己夫头身份的木牌。知县接到诉状后，掌责了张益元等散夫并令其"嗣后不得违背估背"。可是九月初三日，案情突然反转。陕西街四位铺主状告刘移山不是夫头，而是"外来无艺棍徒"。十月初四日，又有十位铺主参与告状。至此，刘移山不得不供认他的"夫头"身份的确是假的，就连之前出示的木牌也是伪造的。

看到此处可能会产生疑问：为什么知县不核实刘移山的身份呢？事实上知县根本没有办法核实。因为刘移山之所以敢于冒充夫头并谎称自己承差，就是因为长期以来七门组织与城内各街区脚夫之间存在着这样一种交易：即脚夫交给七门一定数额的"帮差钱"，七门则允许脚夫在城内特定街区营业。虽然七门夫头并没有统领城内脚夫的权力，但出于对差务的需求，地方官府默许了他们的做法。这样一来，出售垄断经营权就成为七门组织便利、稳妥的生财之道。由此可见，此时的七门组织已具有越来越明显的寻租性格。他们凭借与官府的联系，出售本不属于自己的垄断经营权，而官府的控制力在很多时候却被悄然地屏蔽在外。

（二）"差务"杠杆的失灵

咸丰六年（1856）以前，重庆地方官府惯于用差务杠杆来分配垄断经营权，脚力业也不例外。然而笔者发现，从道光末期开始，差务已经越来越不足以控驭这个日益复杂的行业，上一节中的案例就是有力的证据。但更加严重的是，即使脚夫真实地应差，仍然会陷入难以解决的纷争。兹以木货搬运为例说明这个问题〔道12，道13〕。

道光十七年（1837），两个脚夫组织为争夺木货搬运权发生了诉讼。一方自称"七门"，另一方自称"三门"。"七门"前文已有交代，无须赘述。"三门"则是东水门、千厮门、临江门的一个脚夫组织。由于资料缺乏，无法确知这个组织是何性质。但阅读完冗长的案卷后笔者发现：双方长达四个月的胶着，其实一直都是在协商差务和业务范围，笔者将其协议情况梳理如下：

表1　　　　　　　　"七门"与"三门"争运木货协议情况表

时间	七门		三门	
	差务	业务范围	差务	业务范围
嘉庆十三年三月	不详	不详	凡货码头差务，柴码头承认每百夫所帮二十名，以应差务，外六门公议柴码头另帮夫十名，共三十名	圆木、片板、杉方等
道光元年	不详	不抬寿板烟杵	不详	不详
道光十七年三月	不详	不详	认办各衙差务	背运进城木植
道光十七年五月	大小木差	拢河停靠木植	不当差	三处木厂木植
道光十七年六月	皇木过境差使，文武衙门差使	花板、楼板、跳板、寸木、片板	承当文武衙门差使	圆木、条木、安居柏木、棺板

续表

时间	七门		三门	
	差务	业务范围	差务	业务范围
道光十七年六月	皇木过境差使，文武衙门差使	柏木、棺板及客货行李板片	承办文武衙门差使	圆木、条木、花板

由表1可知，"七门"和"三门"都承担一定数量的木差，所以都有资格获得搬运权。但问题在于，要简明、合理地划定双方的差务和业务范围实在不是容易做到的事。表1中的六次协议都涉及对差务和业务范围的调整，有时只是微调，要使脚夫们准确记忆每次微调的结果并自觉遵守，几乎是不可能的。而更加容易导致混乱的是，东水门、千厮门、临江门是"七门"和"三门"共同的活动空间。所以当木货运到之时，蹲守在码头的脚夫将纸面协议抛在脑后，抢运对方的货物也是非常自然的事情。

由此可见，差务杠杆其实只适于调控竞争者较少、竞争程度较低的商业领域，比如开埠前的重庆中介贸易行业。① 对于从业者众多、组织复杂、涉及商品种类繁杂的脚力业则很难起到有效控驭的作用。在这种情况下，脚力业开始服膺于新的游戏规则。

（三）自发脚夫帮的强势崛起与激烈对抗

从道光初年开始，自发脚夫帮渐成重庆脚力行业中最强势的存在。根据相关案卷，笔者对其发展历程和运作模式勾勒如下：

（1）新的帮派取代原有的帮派。在这一时期的案卷中，"西帮"和"南帮"消失了，代之而起的是"川帮"和"茶帮"。根据笔者所查阅的案卷，川茶两帮最早的登场是在道光元年（1821）的千厮门〔道3〕。自此以后直到同治十三年（1874），与自发脚夫帮相关的21个案件中，有17个都牵扯到这两个帮派，争议地段包括千厮门、朝天门、东水门、太平门、储奇门附近的许多街区。不仅覆盖了当时重庆最重要的商业空间，而且将嘉庆时期西帮和南帮的活动区域也包含在内。

道光初期，县衙频频接到成伙脚夫违规抢运货物的报案，有的明确指

---

① 参见周琳《"便商"抑或"害商"——从中介贸易纠纷看乾隆至道光时期重庆的"官牙制"》，（台北）《新史学》2012年第1期。

出是茶帮所为〔道3，道4，道5，道6，道9〕；有的则可以推断是川帮寻衅〔道1，道2，道3，道18〕；还有的虽然看不出肇事脚夫的来历，但可以断定他们不属于任何由官方管控的脚夫组织〔道8〕。这可以说明，当时重庆脚力市场正面临着一次洗牌，川帮和茶帮正在努力争占势力范围。因此之故，虽然我们无法确知川帮和茶帮究竟如何取代了西帮和南帮①，但却可以断定：在道光时期，川茶两帮经历了一个强势崛起的过程，深刻改变了重庆脚力市场的版图。下面笔者将分别描摹两帮的发展轨迹。

（2）茶帮——强势占据市场的异乡人。在诉讼案卷中，茶帮脚夫大多自称湖南茶陵州人。但事实上，他们还来自湖南攸县和江西永新县。② 李芳廷这样追述"茶帮"的前史：

> 情民帮各姓祖父自清初来渝插业，本境人少地阔，各省客商设立行栈，脚力无人接顶，各姓祖父各拥资斧，承买脚力生意……凡往来银鞘及督学两宪包扛杂项差务，尽归民帮应办。定规定矩，永为子孙基业〔同2〕。

这段叙述表明，茶帮其实是管行脚夫的联合组织。前文提到：乾嘉时期，官府曾经做出过努力，但一直未能使管行脚夫整合在一起，然而脚夫们却凭自己的力量做到了这一点。在笔者阅读的案卷中，茶帮脚夫都特别强调自己管行脚夫的身份。如道光二十九年（1849）十余位脚夫同时供称："小的是茶陵州人，平日在渝各药材行背负客货生理。"〔道17〕又如咸丰九年（1859）38份茶陵人的口供中，供认自己赴渝充当管行脚夫的有27人，提及自己有亲属、乡邻在重庆开设行店的有34人③。还有一些案件中，茶帮脚夫自己也开设行店。④ 这就说明，茶帮的确以行栈、店铺贸易为主要依托。那么茶帮如何留住和吸纳足够多的成员呢？谭维贞的供

---

① 山本进认为"南帮"是"茶帮"的前身。但笔者认为两帮只是籍贯上有部分重合，没有资料可以证明其承继关系。
② 案卷"道11"中马洪福提到："蚁等系湖南茶陵、攸县，江西永新人，由籍来渝"；案卷"道17"中周廷秀提到："各行栈货物均由茶、永、攸三县民人抬运。"
③ "咸1"。这38份口供相似度极高，不排除捏造的可能。但这样的说辞被录入县衙档案，恰说明这样的情况在当时的重庆是极为自然的。
④ "道17"中颜春和提到："情蚁在储奇门开药材铺生理，行栈原有脚力生意。""同8"中，川帮脚夫称："茶帮这尹维德周明时即周驼子们在仁寿宫侧边买铺房二间，估占小的们生意。"

状回答了这个问题：

> 小的与谭为平们原各有下力生理在渝各行，俱有顶头银两，家乡亦有田业耕种。每年弟兄数侄时常更替往来，如冬底回籍到新正初旬约伴来渝。若夏间回籍，到七月中元后约伴来渝，同行或数十人十余人不等〔咸1〕。

从这段叙述可知，在150多年前的重庆，已经有定期往返的外来务工人员。正是因为有原籍的"劳动力蓄水池"，茶帮才能够在道咸同时期的重庆劳动力市场上保持优势地位。正因为如此，茶帮夫头不满官府的判决时甚至敢于说出"民帮力夫不下数万人""民帮力夫甚众，贤愚不一，恶极仇深，是非难料"〔咸1〕恐吓之语。

综上所述，茶帮不仅是一个地域性的脚夫帮派，也是一个管行脚夫联合组织。山本进的一个重要研究结论是：从嘉庆时期开始，管行脚夫出现了脱离地域脚夫帮派的"自立化"倾向；① 而笔者看到的情况却恰好相反，像茶帮这样的组织之所以能在重庆站稳脚跟，正在于它一方面控制了行店的货物搬运权，一方面拥有茶、永、攸三县充足的人力资源。与其成长相伴随的并不是"自立化"，反而是越来越严格的"地域化"和"集团化"。所以这一时期"帮"的含义变为：既从事搬运业务又控制商业贸易的同乡脚夫联合体。

（3）川帮——异军突起的本地竞争者。在本节所探讨的时期，川帮是茶帮积怨甚深的竞争者，但川帮每一步的发展却也都是拜茶帮之所赐。

首先，川帮是茶帮一手扶持起来的一个组织。川帮陈学礼曾这样交代川帮的由来："渝城药行茶帮脚力背送行货，茶帮人等背送出街，转倩蚁等背送下河。"〔道17〕也就是说，正是茶帮的贸易体量和人力需求，为川帮的聚合提供了最初的契机。

道光元年，川茶两帮第一次出现在同一个讼案中〔道3〕，这或许可以标志着川帮的正式形成。但是茶帮此时设置了四名夫头管理脚夫、防止偷窃，而川帮却没有夫头。这说明此时川帮的发展还落后于茶帮。然而在道光三年川帮发生了一次内部纠纷，那时的川帮不仅设置了夫头，还设置了

---

① 山本進：《明清時代の商人と国家》，第91—120页。

公产账簿〔道7〕。而道光元年至三年正是两帮的第一轮竞争期，可见正是来自对手的压力催逼着川帮快速成长。此后，川帮和茶帮就投入了长期的、不断升级的对抗。川帮尽管起步较晚，但死死咬住、寸步不让，渐成足以与茶帮分庭抗礼的帮派。

（4）川茶两帮殴斗事件的"深描"。笔者根据目前掌握的案卷，清理出川茶两帮之间的31次殴斗事件[①]，发现这些扰攘纷乱的殴斗事件背后竟然隐藏着一些"程式"：

第一，双方冲突呈间歇性爆发，可一旦爆发，一连串殴斗就会随之而来。川茶两帮的殴斗集中发生在三个时段：道光元年至二年（1821—1822）；道光二十九年至三十年（1849—1850），同治三年至五年（1864—1866）。在这三个时段，共发生24次殴斗，最频繁的时候一月之内就发生4次。这与粗略浏览档案所得到的印象很不一致。如果仅阅读案卷情节而不建立清晰的时间序列，会觉得两帮脚夫随时可能在下一秒投入打斗。但事实上，大部分时间是静默的、无事件的。尽管如此，冲突还是很容易升级。在记录的31次殴斗事件中，有20次迅速越过争执、挑衅的临界状态升级为打斗，而且局部冲突极易升级为两帮的对抗。给人的感觉就是，如果被攻击的一方不能给对手迅速猛烈的还击，就无法向所有帮众交代。这很像社会学所说的"名誉金鱼缸"，即在紧密的社交网络中，人们需要以冲突来打造和维护自己的声誉。[②]

第二，在殴斗的过程中，双方会刻意避免造成严重的伤害。在诉状中双方会将冲突场面描述得惊心动魄。如"伊等统痞百余人，各持长矛短刀棍棒蜂拥入行，抄拆房屋，搜人打杀"，"屠殴蚁帮张洪发四人均受重伤"等〔同2〕。然而笔者查阅了这些案件的所有验伤单，却发现所验之伤都是轻微的木器伤、石块伤、擦伤，甚至是竹扇把戳伤。这说明行凶之人并没有使用锐利的、易造成严重伤害的武器。换言之，殴斗并没有双方渲染的那样血腥、惨烈。

[①] 笔者用4个标准来甄别真实的殴斗事件：1. 有验伤记录；2. 有调解记录；3. 重要细节也被纠纷对方所提及；4. 有第三方人士的目击证词。符合上述标准中的至少2个，才被认定为基本可信的殴斗事件。但即便如此仍难免误判。限于篇幅，未列出全部事件，需要的读者请向作者索取。

[②] ［美］兰德尔·柯林斯：《暴力：一种微观社会学理论》，刘冉译，北京大学出版社2016年版，第388页。

第三，在冲突有可能失控之时，甚至会出现类似"刹车"的举措。同治三年至四年，两帮爆发了新一轮冲突〔同1〕。一开始茶帮的攻势非常猛烈，同治四年三月二十四日，茶帮脚夫甚至冲入川帮行店，破坏房屋，抢劫财物，并掳走脚夫余兴顺。然而就在这一天之后茶帮态度迅速软化，不仅再没有斗殴行凶的记录，而且突然十分卖力地为一位名叫"李鸿义"的脚夫求情。这位"李鸿义"因参与当日的斗殴被拘押，茶帮夫头先是说他在狱中染病要求保释，后又说他患有精神疾病。而更加离奇的是，到五月初一日，保释在外的李鸿义居然死了。笔者认为，"李鸿义之死"实在是非常可疑。因为在禀报李鸿义死讯的当天，他的家人就以"尸臭水流，难以久停"为由要求免予验尸，而知县当即就批准了这一请求。这些反常的情节和快得令人来不及反应的节奏，使得整件事怎么看都像是茶帮导演的一场戏。它不仅使整个案件迅速尘埃落定，还在冲突渐趋失控之际向川帮传递了示弱、求和的信号。而且李鸿义"死"后，两帮冲突竟然真的不了了之。由此可见，川茶两帮之间的殴斗并不像表面上看起来那样混乱、莽撞，很多时候其实是有节奏、有分寸、有技巧的集体行动。

（5）官府的退却。与精心算计、粗中有细的脚夫帮相比，地方官府处理脚夫殴斗事件时的表现却是乏善可陈。在31个殴斗事件中，官员的批词大多是三种：命令脚夫按旧规处理，停止诉讼；指派乡约或客长进行调解；用"准唤讯"之类的套语表示会继续跟进。但除了道光元年（1821）的一桩之外〔道1〕，没有任何一个案件依赖官府的判决或督促得到解决。当前对于清代基层社会的研究较多强调"国家的在场"，但是对于川茶两帮脚夫而言，体会更深的恐怕是"官府的退却"。或许正是这种态度，鼓励了脚夫以殴斗的方式解决问题。而殴斗和随之而来的缠讼，又使得地方官府进一步退却。前文提到"帮"之于社会治理的双重意义，而此一时期重庆地方官府晦暗不明的态度和应对失据的作为，使得潜藏在帮派中那些危险、激进的因素迅速释放出来，终使整个脚力业陷入以暴制暴、深度撕裂的困局。

综上所述，在道咸同时期，从官府的视角来看，重庆脚夫组织已全面失控。官设的七门脚夫组织腐败低效，职能变异；自发脚夫帮派则行为暴力，难于管控。对于脚夫帮派而言，官府的懈怠固然使他们有了吸纳和控驭帮众的机会，但也基本断绝了他们依靠官府治理谋求生存和发展的期待，殴斗成为争夺业务空间、解决纠纷的首选之策。

余 论

本文讲述了乾隆至同治时期重庆脚夫组织生成、演变的故事。现在笔者将回答本文开篇提出的三个问题：第一，此一时期的重庆脚夫究竟是怎样的群体？从纵向来看：在这103年之中，其发展可划分为三个阶段：乾隆三十六年（1771）至嘉庆中期为第一阶段，特点是松散、缺乏自组织能力，易于接受官府管控，殴斗事件极少发生；嘉庆中期至嘉庆末期为第二阶段，特点是地方官府放松管控力度，自发脚夫帮派出现并用殴斗的方式解决问题；道咸同时期为第三阶段，特点是官府进一步丧失控驭脚夫组织的决心和能力，帮派日益坐大并用策略化的殴斗来维护和拓展业务空间。从横向来看：与"无赖"化的江南脚夫相比，本文中的脚夫并非沉溺于暴力的行为方式，也并非脱出既有社会结构之外，而且川茶两帮反而更加注重业务的稳定与承继；与清代的天津脚夫相比[1]，本文中的脚夫没有那样庞大和层级严密的组织，与官府之间的合作也没有那么稳定；与清代中晚期的汉口脚夫相比[2]，本文中的脚夫并未形成那种清晰可见的、赖以巩固城市社区的"共识"。

行文至此笔者发现，要以高度浓缩的、确定性的语句来定义乾隆至同治时期的重庆脚夫群体几乎是不可能的。因为这个群体总在应时而变，既没有一个相对固定的形象，也与学界的既有认知大不相同。本文讲述的故事更像历史人类学家所说的"结构过程"[3]，在这个"结构过程"中，决定性的要素包括政治军事（金川战争、啯噜）、官府治理（差务、司法审判、夫头体制）、商业环境（市场拓展、商人商帮）、移民历程（外来移民、移民社会）。脚夫正是利用这些要素灵巧、动态地选择组织结构和行为方式，官府和地方社会也是利用这些要素与脚夫合作、博弈，并不断重

---

[1] Gail Hershatter, *The Workers of Tianjin*, *1900-1949*, Stanford University Press, 1986, pp. 115-139；李里：《清代以降天津脚行与政府关系嬗变》，《中国经济史研究》2014年第1期。

[2] [美]罗威廉：《汉口：一个中国城市的冲突和社区1796—1895》，鲁西奇等译，中国人民大学出版社2008年版。

[3] 萧凤霞：《廿载华南研究之旅》，《清华社会学评论》2001年第1期；刘志伟：《地域社会与文化的结构过程——珠江三角洲研究的历史学与人类学对话》，《历史研究》2003年第1期。

新定义脚夫的社会角色。

本文试图回答的第二个问题是：对于脚夫群体而言，暴力究竟是内生的行为方式，还是一种适应性策略？笔者认为至少在本文设定的历史时空中，暴力更像是脚夫的一种适应性策略。虽然档案中充斥着他们的暴力记录，但在清晰的时间序列下会看到，这个群体在乾嘉时期长达 70 多年的时间里是不太暴力的。直到道光以后，其暴力倾向才越来越明显。这种印象和实际间的落差，促使笔者对"区域暴力问题"的研究取径进行反思。

以往对"区域暴力问题"的研究，几乎都是从"某个地区存在暴力问题"这个逻辑终点出发，从特定历史时空中倒推通向这个终点的原因或机制。正如罗威廉（William T. Rowe）所说："我想知道为什么中国的某些地区会呈现出异乎寻常的暴力倾向……为什么在这些地方，采用暴力方式解决问题似乎是一种习以为常的选择？"[1] 这样的研究被明确的问题意识所指引，但也可能使研究者只聚焦于那些与暴力直接相关的因素，却或多或少忽略了其他的事实。本项研究选择了从"脚夫组织演变"的角度迂回地观察暴力问题，结果意外地发现暴力既不是人们最初的选择也并不是最优的选择。

写作过程中笔者常常会想：如果地方官府更称职一些，如果湖广的劳动力有更多地方可去，这个城市的搬运业还会呈现出这样的暴力情形吗？虽然历史不能假设，但假设一些完全可能出现的情况会让我们看到，某些被视为理所当然的现象并不是历史进程唯一合理的终点[2]，从而更加谨慎、全面地描摹人们选择的过程，更加准确地识别支配着暴力现象的逻辑。而本文所讲述的故事也牵扯出了许多看似与暴力问题并不直接相关的线索，如移民、地方动乱、城市化、商品经济、地方财政，这些线索最终不约而同地指向了一个方向，即政府治理。这正是笔者接下来想要讨论的问题。

本文希望回答的第三个问题是：如何看待地方官府在此过程中的作

---

[1] ［美］罗威廉：《红雨：一个中国县域七个世纪的暴力史》，李里峰等译，中国人民大学出版社 2014 年版，第 2 页。

[2] 秦洁的研究显示：2010 年前后，重庆的"棒棒"虽然也是数量众多、流移不定且经常发生"抢业务"的冲突，但如本文中这种激烈的、大规模的殴斗事件却鲜有发生，"棒棒"多采用"取绰号"、忍让的柔性策略来化解同业冲突。参见秦洁《重庆"棒棒"：都市感知与乡土性》，生活·读书·新知三联书店 2015 年版，第 178—182 页。

为？笔者认为这个问题可以用"治理失当"四个字来回答，这正是重庆脚夫暴力倾向不断加重的主要原因。在此 103 年中，我们可以看到官府在两条线上的退却：乾隆三十六年（1771）至嘉庆中期，地方官府对脚夫抱持着较大的治理预期，不仅设立脚夫组织，编订脚夫名册，还通过七门组织实施对脚夫的人身、差务两手控制；到了嘉庆中后期，随着地方动乱的平息、市场的繁荣和外来移民的增加，地方官府终于放弃了对脚夫的人身控制（即类保甲职能的萎缩）。在官府退却的空间里，自发脚夫帮悄然崛起并取代官府对脚夫进行直接控制。而官府既未对帮派的积极面因势利导，也未对帮派的潜在危险严加防范；道咸同时期，随着七门组织的腐败和寻租化，官府对差务的控制也愈发力不从心，而日渐坐大的帮派又使得越来越多的脚夫脱离官府的辖制。总而言之，在本文所观察的 103 年里，官府既让出了管控脚夫的权力，又输掉了差务的博弈。在这一连串的失败中，有一部分是时势之限定，有一部分却是人事之未尽。

对于帮派而言，官府的退却也绝非幸事。由于不可避免的利益分歧和业务竞争，帮派之间必然会出现对立和冲突。然而官府在管控帮派和处理帮派纠纷方面的不作为，则会使帮派之间的对立演变成愈加深刻的撕裂。于是帮派只能用殴斗这种高风险、高代价的方式来维护利益、提出诉求，这就是殴斗背后最深层的逻辑。

笔者讲述这个故事，并不只为记录清代重庆脚夫群体的"高成本生存"状态和地方官府的治理失败。而是为了说明，清代中期重庆的市场和工商业者群体变得越来越庞大和复杂，因袭于传统乡土社会的规则，法律和治理方式，已经越来越不能回应现实的需求。必须要建立一套能够应对复杂的商业情景，协调陌生人之间博弈、合作的规则体系。不管那是法律、行规、商业伦理，风俗习惯还是其他。

附录 1 《巴县档案》中与乾隆至同治时期重庆脚夫组织相关的案卷

说明：本文使用的《巴县档案》案卷，除脚注中特别说明者外均来自本附录。本附录案卷的编号，汉字是案件发生时在位皇帝年号的简称，数字是该案卷在本附录中的排序。本附录采用原始文献的简称，《选编》指

《清代乾嘉道巴县档案选编》（下）；其余为四川省档案馆藏《巴县档案》，全宗号清6。

编号	案卷名称	年代	出处
乾1	朝天门码头徐殿扬等遵示认充夫头案	乾隆三十六年	清6-01-00129
乾2	七门码头认办差务单	乾隆三十六年	选编页1
乾3	巴县谕：现进剿小金川需用火药、军装，各铺店栈房派夫抬送毋得观望卷	乾隆三十七年	清6-01-00119
乾4	札饬查拿不法脚夫贺万元等把持滋事案	乾隆四十六年	清6-01-00077
乾5	为押运楠木进京接护皇筏等事巴县奉差承办差务卷	乾隆四十七年	清6-01-00163
乾6	南川县邓世全告罗姓勒要脚夫银钱不遂反将民叔殴伤一案	乾隆五十四年	清6-01-01426
乾7	朝天坊脚夫刘文宗为运货不给够足钱文将伊冤控屈责事控何恒顺	乾隆五十七年	清6-02-03001
乾8	巴县告示	乾隆五十八年	选编页2
嘉1	本城行户官广聚具告谭正禄扛脚夫不听使唤恶逆凶殴民一案	嘉庆四年	清6-05-04974
嘉2	本城乡约陈合兴禀请南纪厢等处码头无籍痞徒揽背客货一案出示晓谕	嘉庆十年	清6-06-08183
嘉3	本城七门夫头罗岐山等禀恳给力钱一案	嘉庆十二年	清6-06-08265
嘉4	夫头夏方才等告陈绍德等违规乱背货物并逞凶一案	嘉庆十二年	清6-03-00488
嘉5	朝天坊陈正刚具禀宁毓济等不给蚁脚钱反将蚁殴伤一案	嘉庆十五年	清6-05-05295
嘉6	本城各码头脚夫不听使不强抢搬运东西一案	嘉庆十六年	清6-05-04746
嘉7	巴县候补州正堂为剥船拢岸各货应由各行栈码头专管夫头派拨一事札文朝天门码头	嘉庆十六年	清6-05-04745
嘉8	各行帮头人妥议朝天门码头搬运条规禀呈县衙札谕施行	嘉庆十六年	清6-03-00475
嘉9	本城太平坊谭秉清与杨麻子等因争背客货互控各情一案	嘉庆十六年	清6-05-08440

续表

编号	案卷名称	年代	出处
嘉10	张文佳具告马年忘等霸码头估背民等西帮客货一案	嘉庆十七年	清6-04-03449
嘉11	千厮坊行户叶恒裕告阳明元等背客货纠纷案	嘉庆十八年	清6-06-07087
嘉12	千厮坊行户罗大丰等控脚力夫陈秀伦等背运各行棉花多索力钱案	嘉庆十八年	清6-06-07089
嘉13	太平门夫头谭秉清等告李德世等违断强背杂货等情案	嘉庆十九年	清6-05-04761
嘉14	朝天坊池洪才告岑教顺胆违旧规统众凶拥上舡霸夺搬运客货一案	嘉庆二十四年	清6-06-07076
嘉15	巴县索杠两帮立出永定章程合同约	嘉庆二十四年	清6-03-00504
嘉16	本城夫头夏芳才池洪才等为抗差不办等事互控一案	嘉庆二十五年至道光十年	清6-07-01137
道1	本城叶松茂等告谭月华率多人将蚁等殴伤一案	道光元年	清6-12-10847
道2	本城谭克和告李尚元勒取背夫钱反行凶霸占麻捆堆等	道光元年	清6-12-10855
道3	千厮坊周朝富等以估夺所背货物违背估抢生忌控陈恒泰等	道光元年	清6-11-09779
道4	本城王清等告陈泰恒等为争背货物纠众违霸案	道光二年	清6-15-17008
道5	千厮坊陈泰恒负力苦度生为争背货物告王清一案	道光二年	清6-15-17009
道6	茶帮陈太恒与下河川帮王清等为争背棉花客货事互控一案	道光二年	清6-07-00828
道7	千厮坊王清具存叶松茂屡欺辱民凶将帮内账本私窃一案	道光三年	清6-16-19252
道8	临江坊魏文朝告尹西狗统多人朋殴伤陈宗华等情案	道光四年	清6-12-11007
道9	铺民姚万森等具禀茶帮脚夫违禁估背钱包恳请示禁案	道光六年	清6-07-00829
道10	本城王朝喊控夫头尹正兴估骗工钱不给案	道光十三年	清6-06-07074

续表

编号	案卷名称	年代	出处
道 11	刘宗智等为脚夫背运客货生理有他不密其等背运上控吴远材一案	道光十六年	清 6-17-20305
道 12	东水厢夫头王太元等违规估背抬客货木植一案	道光十七年	清 6-07-00833
道 13	本城夫头夏方才等告王泰元等在码头争背木花板一案	道光十七年	清 6-15-01708
道 14	东水坊夫头刘移山具禀张义元等霸背客货并逞凶一案及吕一美具禀刘移山假冒夫头把阻背运客货卷	道光十八年	清 6-07-00834
道 15	本城夫头彭仕龙禀泰老幺行窃民请帮背的棉花一案	道光二十五年	清 6-14-15649
道 16	仁和坊朱国发等人充当茶帮夫头背运客货应办差务遭散刘快生等人不依程规肆行滥背害该等人不能收取厘金填还账等情告刘快生等人	道光二十九年	清 6-12-10755
道 17	本城陈学礼告周大癫子等为争背客货起衅肆闹凶殴等情案	道光二十九年	清 6-15-17234
道 18	重庆千厮门水巷子力夫川帮陈浩然和叶林富互相控告霸踞夫头侵吞公款	道光三十年	清 6-11-08021
咸 1	黔江递解湖南来川下力营生之谭维贞等回巴县讯明保释卷	咸丰九年	清 6-18-00303
同 1	储奇坊川茶力夫廖锡九杨坤山等为争生意地界斗殴案	同治三年	清 6-27-08568
同 2	本城周恒升等与茶邦李芳廷等人因争运客货地界构讼	同治四年	清 6-27-08592
同 3	本城川帮脚力李大成、贺洪顺等人为争地界构讼	同治五年	清 6-27-08638
同 4	千厮坊杨谭氏以夫生花铺遭茶帮滋祸,路过被痞拳打凶伤诬押难甘之情控李春发等一案	同治五年	清 6-27-09477
同 5	八省客民江安等禀朝天门抓拿帮明司盘查暗通窃匪串党公窃私偷棉花协恳示禁严拿及巴县示谕卷	同治六年	清 6-23-00314
同 6	仁和坊药行力夫贾恒春等与茶帮聚盛奎等为争运货构讼案	同治八年	清 6-27-08768

续表

编号	案卷名称	年代	出处
同7	东水坊保正吴国柱等禀不知名力夫因上船失足落水淹死一案	同治九年	清 6-23-01823
同8	仁和坊贾恒春控尹维德恃众凶横霸占脚力生意理斥反凶伤及讯结	同治十三年	清 6-30-16862

写在"写历史"丛书的边上（代结语）

陈　昊[*]

2015年在筹备"写历史"系列会议的时候，如何组织会议的主题成了一个问题，这是一场关于什么能够成为"写历史"基础的讨论。之后在2015年、2016年和2017年分别进行了以"空间""差异"和"网络"为主题的系列会议。在近十年之后，"空间"和"差异"会议的论文集在2022年、2023年出版，"网络"会议的论文集是这个系列的最后一册。在为"写历史"会议系列文集写下这段告别的文字时，却似乎"恍如隔世"，我们所处的世界在急剧的变化之中。那么，之前关于"写历史"的讨论是否依然有意义？在2015年促使"词汇/概念"成为会议主题的动力，并不完全是这些问题，而是对话的焦虑。高波将其称为惊奇和震惊："日常从研究领域差异巨大的同事与朋友处受到的启发，有时是如此意外而令人惊叹，令人恍惚间感受到作为学生初入行时经常体验到的那种面对广阔而浩渺的人文学世界的惊奇乃至震惊。"[①] 能从同事和朋友们那里得到启发，基于对话，什么构成了对话的基础？在与我们的"空间"会议大致同时期，另一场以空间和跨学科（interdisciplinary）为主题的会议和论文集呈现出近似的思考：一方面，将空间视为不同学科对话的可能性；另一方面，又用空间作为隐喻，来描述当下学科之间的关系，并尝试找到一个对话的中间空间（the in-between space）。更惊人的是，两场会议和两本论文集在词汇关联性上的不谋而合，比如，它

---

[*] 陈昊，北京大学科学技术与医学史系。

[①] 高波：《导言：探索人文学的"空间"》，高波、胡恒主编《"空间"还有多少空间？——重访多维度历史》，中国社会科学出版社2022年版，第1页。

们都将空间与差异关联；又比如，游戏（play）在这场关于空间探索中意义①。在这样的相似性中，主题词选择的背后逻辑似乎浮现了出来：在不同的学科中出现，可能构成对话的基础；可以作为分析和反思当下不同学科状况的工具；它可以提供一个有趣的探索机会，对每个研究者来说，可以是"多元的（multiple）、差异性的（differential）、个人性的（personal）、经历性的（experiential）和游戏性的（playful）"②。被选择的词汇，并非孤立的，而是关联性的。于是，从"空间"，到"差异"，再到"网络"，都是这样一种尝试的延续。那么现在的问题是，这些讨论在当下还有意义吗？所谓当下，意味着种种的危机既带来的思考的迫切性，却也强制性地给出了思考的时间。我们依然在消化这一场"思考的爆发"，并观察其后续的影响。同时，这个问题可以略为粗暴地拆为两个层次，第一，谈论重要的词汇或概念，还有意义吗，它们是否依然可以作为反思历史写作的基础？第二，我们需要更换新的词汇吗？我们是不是应该谈论"危机""不确定性""灾难"，也许乐观一点，谈论"希望"③？

从会议结束到论文集编辑的这些年中，"当下"以一种强有力的方式呈现在所有人面前，给历史写作带来了更大的冲击。历史学的写作似乎应

---

① Marijn Nieuwenhuis and David Crouch eds., "Prelude: Playing with Space", Marijn Nieuwenhuis and David Crouch eds., *The Question of Space: Interrogating the Spatial Turn between Disciplines*, Rowman & Littlefield Publishers, 2017, pp. ix-xxvii. "空间会议"的征稿函则这样陈述对空间的探索与文字游戏之间的关系："我们选定的第一块待清理路标，厥为'空间'。以其为现代世界图景与人文学的基础概念之一，且本身诞生并展开于近代'空间'之中。远溯近代早期发轫于自然科学的'空间革命'，近循十九世纪以来各人文学门类对'空间'概念的种种开掘（举凡世界体系、地缘政治、社会空间、文学场域不一而足），其文饰日繁，真意渐冥，颇有自我复制、自我指涉之嫌。故本次会议特设'空间还有多少空间'之题，文字之戏却成就为更深层的追问，非欲求一标准答案，乃借以开启重访多维度历史之机，以反省既有知识与学科的限度，探寻新实践的可能性，庶几合于路标之意——开放指示而非封闭设禁。"此段文字由高波执笔。
② Marijn Nieuwenhuis and David Crouch eds., "Prelude: Playing with Space", p. xix.
③ 如果回顾过去几年，空间—差异—网络依然是关键性的词汇。以空间为例，在 Peter Merriman 为"地理学的关键概念"（Key Ideas in Geography）丛书所写的《空间》（*Space*）一书中，专门添加了疫情和空间的附录，在他看来，在疫情期间，对空间和空间性的不同理解是都在被调动和构建。由此，他列出了一系列的相关概念：从 points, lines, vectors, surfaces, volumes, 到 Mobility, movement, turbulence, folding, 再到 relative space, physical distancing, personal space, bubbling, exclusion, 最后到 relational space, virtual spaces, cyberspace, mediated socio-spatial relations。见 Peter Merriman, *Space* (Routledge, 2022)。一个由"空间"和"网络"交汇的词汇"虚拟空间"（virtual space），在之前就存在，但却在最近几年快速变成了生活的必要组成部分：用于教育、工作乃至于社交。

该是关于过去的,一个与当下有区别的时间实体。2020 年第 2 期的《美国历史评论》(American Historical Review) 的编者专栏题为"在新冠年代教历史"(Teaching History in the Time of COVID-19)。编者将发言的机会让给威斯康星大学麦迪逊分校(University of Wisconsin-Madison)的历史学教授史蒂芬·坎特罗维茨(Stephen Kantrowitz)。坎特罗维茨 5 月 8 日为他所在学校历史专业的学生录制了毕业典礼的主题演讲,并将讲稿呈现给《美国历史评论》的读者们。坎特罗维茨的演讲是关于一个古老的话题,历史学,或者关于过去的知识,对我们应对当下的危机有何意义?在坎特罗维茨看来,历史学教会我们,如何分析论点,以及如何提出论点?如何权衡证据,以及何时求助于更专业的专家?如何找到这些专家,以及如何评估他们的优点?如何真正地阅读和写作?而这些技能有何帮助?坎特罗维茨说,在危机之中,考验我们如何做出判断和选择?驳杂的信息淹没我们,迎合我们已有的偏见和假设,要求我们放弃自己的判断和声音,以换取确定性。而我们需要运用历史学家的技能,从世界的历史中找到例证,那些例证是关于危机中的选择,也会给我们当下的选择提供镜鉴[1]。在坎特罗维茨这里,理解过去的路径,与应对当下危机的方法,被联系在了一起。一个实际的问题,与当年"写历史"会议开始组织的问题一样,我们要如何选择可以应对当下危机的历史例证?核心的词汇依然是一种选择吗?

迪迪埃·法辛(Didier Fassin)和维娜·达斯(Veena Das)在 2021 年主编《词与世界》时,声称要理解当下的世界,不需要发明新的词汇,只需要审查(vet)旧的词汇[2]。Vet 本身就意味着对过去记录的考察,这对历史研究者来说,似乎是习以为常并理所当然的实践。但是,其他领域的研究者却有不同的看法,2004 年,奥瓦·罗弗伦(Orvar Löfgren)和理查德·威尔克(Richard Wilk)曾邀请了来自人类学、社会学和考古学的 20 位研究者,要求她/他们发明(或重新发明)一个概念,以描述一个有趣的文化过程,提供一个分析某种文化动态的新视角。他们声称研究者一直在根据自己的研究需要开发新的分析概念,但是这种基于需要的开发,通常是零碎的。他们试图要求参与者们颠倒这个方向,明确地发明了新的过

---

[1] Stephen Kantrowitz, "From the Editor's Desk: Teaching History in the Time of COVID-19", *American Historical Review*, 125-3, 2020, pp. xvii-xix.

[2] Veena Das and Didier Fassin eds., *Words and Worlds: A Lexicon for Dark Times*, Duke University Press, 2021.

程，并重新激活了一些被遗忘的过程，以此来建议在快速变化的世界中需要什么样的分析。在论文集导论的最后，他们声称："所有的研究隐喻都是有轨电车。知道什么时候该上场，什么时候该下场，等待新的上场。"[1]奥瓦·罗弗伦、理查德·威尔克和迪迪埃·法辛、维娜·达斯之间的差异，并非只是在重审旧词和发明新词之间，也意味着词汇作为分析工具和分析对象的区别，而历史学的研究者却习惯将两者联系在一起思考：作为分析工作的词汇，一定有其历史，历史如何塑造了其分析的可能性和有限性？当它离开原有的历史语境，进入新的分析对象的世界里时，它能够找到对应物吗？它与对应物的互动，是否重新塑造了词汇的意义？

在大卫·阿诺德（David Arnold）的最新著作中使用了两个词汇，疾疫的全球大流行（pandemic）和当下主义（presentism）。在关于印度疾疫大流行的著作中，他指出，在危机时刻，我们倾向于转向过去，也许是为了寻找教训，或者是为了寻找起源、意义和后果。但是，过去不是简单地循环利用和机械地重复。然而，通过回归历史，也赋予了现在的人们权力，让他们能够以对过去的理解教育自己，提出问题并寻求答案，如果不是因为当下的危机，这些问题和答案可能永远不会被提出或解决。因此，大卫·阿诺德要写作一部当下主义的历史。他所说的，并不是说把现在的语言和价值观强加给顺从的过去，一种预先决定的叙事，在这种叙事中，过去的事件只是有目的地、不可避免地指向现在。相反，他打算对过去进行批判性的重新审视，对过去流行病的历史沉积物梳理，即使这样的梳理会让人不安[2]。

什么是当下主义的历史？似乎需要先回答，什么是当下主义。西奥多·萨德（Theodore Sider）这样界定当下主义，它是一种认为只有当下才是真实的学说[3]。不过，什么是当下，什么是真实？"当下主义"这个词在历史学中的盛行，需要归功或归咎于弗朗索瓦·阿赫托戈（François Hartog）。阿赫托戈在他著作的新版序言一开头，就宣称他讨论的是时间的危

---

[1] Orvar Löfgren and Richard Wilk, "In Search of Missing Process", Orvar Löfgren and Richard Wilk eds., *Off the Edge: Experiments in Cultural Analysis*, Museum Tusculanum, 2009.

[2] David Arnold, *Pandemic India: Coronavirus and the Uses of History*, New York: Oxford University Press, 2022.

[3] Theodore Sider, "Presentism and Ontological Commitment", *The Journal of Philosophy*, 96-7, 1999, pp. 325-347.

机。时间的危机与现实中的危机不同,却相关联。因为,危机和复苏(回归)的历史叙述是当下主义(présentisme)的体现,这次词汇意味着:只有当下:即时性笼罩一切的当下,原地踏步的永恒的当下。在阿赫托戈那里,当下主义得以提出,基于历史性的体制。历史性的体制是一种人造的概念,是由历史学家构建起来的。当下主义是由新的历史性体制支撑起来的,我们大概在1989年前后进入了这个体制,它与20世纪70年代以来发生的社会和经济变化不谋而合。阿赫托戈声称,意识到新的历史性体制和当下主义的历史学家,可以采取的是远距离视角,敦请人们摆脱当下[1]。

马雷克·塔姆(Marek Tamm)和洛朗·奥利维耶(Laurent Olivier)将当下主义的浮现与人类世(Anthropocene)相关联,并根据布鲁诺·拉图尔(Bruno Latowl)的看法,将人类世视为一个新的气候体制。但马雷克·塔姆和洛朗·奥利维耶提到人类世,不仅是为了指出,人类对地球上环境和生活条件的角色;而是强调在此背景之下,人文和社会学科中的"存在论转向"(Ontological Turn),人类被剥夺了文化和社会中心的地位;人们不再认为他们是塑造他们历史和命运的唯一因素。正如许多学者所指出的那样,人类的行为和思维并不仅仅是创造社会结构、文化对象和环境的原因。其他种类的生命,以各种人类之外的生物形式,也参与其中。后者不仅包括地方,还包括我们通常所说的东西:物体、建筑结构、材料。对人类世的讨论以及与之相关的人文社会科学转向为何会影响历史性体制呢?因为他们影响了我们期待未来的方式,气象学家担心,随着全新世的气候不稳定达到临界点,全球系统的状态将发生改变,最终将我们带入一个类似于更新世的混乱时期。但全新世似乎是地球能够维持当代社会的唯一状态。这强化了历史终结的意义,并将其扩展到了我们赖以生存的环境[2]。

阿赫托戈并不认为当下主义会一直持续下去,他将其视为一种暂时的状态,"直到其他事情发生"[3]。疫情是否就是这样的事情?疫情之后的世

---

[1] François Hartog, *Régimes d'historicité, Présentisme et Expériences du temps*, Paris: Seuil, 2003, édition augmentée, 2008, 2015, 中译可参考黄艳红译《历史性的体制——当下主义与时间经验》,中信出版社2020年版。

[2] Marek Tamm and Laurent Olivier, "Introduction: Rethinking Historical Time", Laurent Olivier and Marek Tamm eds., *Rethinking Historical Time: New Approaches to Presentism*, Bloomsbury Academic, 2019.

[3] François Hartog, "Historicité/régimes d'historicité", C. Delacroix, F. Dosse, P. Garcia, N. Offenstadt eds., *Historiographies. Concepts et débats*, Vol. 2, Paris: Gallimard, 2010, p. 770.

界,是否意味着一种创造中的历史性体制(historical regime in making)？历史学家会在这一次创造中扮演怎样的角色？取决于历史学家如何写历史？如何用写作的历史作品与公众沟通？问题的核心是如何在"历史终结"的时代重塑历史性(historicity),即,历史写作的知识论和存在论基础[1]。所以在这个时刻,我们将与"写历史"系列丛书告别,但是"写历史",作为一种反思性的实践[2],可能从未如此重要过。

---

[1] 虽然 Greg Anderson 批评的对象是现代主义(modernism),而不是当下主义,但他提出的方案是值得参考的。他认为,为了写出更合乎伦理、更具哲学活力、更有历史意义的历史,我们需要在每个非现代生活世界自己的存在论术语和形而上学环境中分析它。见 Greg Anderson, *The Realness of Things Past: Ancient Greece and Ontological History* (Oxford University Press, 2018)。戴梅可(Michael Nylan)和齐思敏(Mark Csikszentmihalyi)将这样的思考引入了她/他们对中国古代的研究中,见 Michael Nylan and Mark Csikszentmihalyi, "Introduction" (Mark Csikszentmihalyi and Michael Nylan eds., *Technical Arts in the Han Histories: Tables and Treatises in the Shiji and Hanshu*, Albany: State University of New York Press, 2021, pp.1-48)。这可以被视为一种重建的路径,另一则是以过去的时间和记忆挑战当下主义的路径,比如 Jérôme Baschet 以一个中世纪的例证指出,即使我们就处于一个当下主义的体制中,历史写作也必须努力重建过去的记忆和未来的可能性。见 Jérôme Baschet, *Défaire la tyrannie du présent. Temporalités émergentes et futurs inédits* (La Découverte, coll. 2018)。

[2] 实践和反思是"写历史"系列会议的核心概念,但在这里反思不仅指 reflection,更希望指向 reflexivity。两者都是批判性思考的基础,但两者基于不同的知识论和存在论基础,"写历史"系列会议并不希望以知识论的立场来区分实践中的历史学家,不过,本文涉及知识论和存在论转向的议题,reflexivity 是存在论的转向中的重要概念,相关讨论可参考 Martin Holbraad and Morten Axel Pedersen eds. *The Ontological Turn: An Anthropological Exposition* (Cambridge University Press, 2017)。